行政救済法

行政法研究 Ⅲ

遠藤博也

行政救済法

行政法研究 Ⅲ

学術選書
73
行政法

信山社

目　次

◆第一部　行政救済法

行政救済法

第一部　行政救済法

1 現代型行政と取消訴訟

一　はじめに

一　昨日の総会報告において園部会員は、取消訴訟を中心とする行政訴訟について却下率が高いこと、また、それとの関連で制定法準拠主義の傾向があることを指摘しておられた。事実、最高裁は、昭和五六年一二月一六日の大阪空港公害訴訟に関する大法廷判決（民集三五巻一〇号一三六九頁）において、空港を一定時間帯航空機の離着陸に使用させることの差止めを求める請求について、「行政訴訟の方法により何らかの請求をすることができるかどうかはともかくとして」とのべて行政訴訟の活用をほのめかすがごとき言説を弄しながら、やはりその後も環境訴訟のたぐいに広く門戸を開くことにはきわめて消極的な姿勢を示しているのである。都市計画法八条一項の一号にもとづく工業地域指定の決定や同三号にもとづく高度地区指定の決定について処分性を否定するのがその例である（最一判昭和五七年四月二二日民集三六巻四号七〇五頁、同判例時報一〇四三号四三頁）。

現代型行政が何であるかについて時間をついやす余裕がないため、とりあえず環境行政をもってその代表的例のひとつとして話を進めることとすれば、このように、現代型行政と取消訴訟とは、あまりしっくりとした関係にはないことがうかがわれる。しばしば、処分性、原告適格などの広く訴えの利益をめぐる問題や訴訟形式の選択の問題など、訴訟の入口のところで議論がたたかわされ、紛争の内容に入らないままで終ることがあることがこのことをよく示している。却下率の高さが指摘されるゆえんである。

二　このような事態に対応するひとつの策は、判例に批判を加えて、その門戸開放を強く迫ることである。数多くの判例評釈にその例をみることができる。もうひとつの方法は、入口の議論ではなく、むしろ本案の違法事由ないし取消事由として何がありうるかを明らかにすることである。本稿で、筆者はこれを試みることとする。けだし、裁判所が門戸開放に消極的であるのは、門戸を広げて中に入ったところで、何をどのように問題としてよいものか判然としないためであると考えられるからである。門戸をいたずらに広げても、手間ひまかけた挙句の果てが、特別の違法事由のみつからぬままの請求棄却しかないということになれば、裁判所が入口のところで消極的になるのもけだしやむをえないであろう。

ところで、入口論争に多大の努力と時間が実務上・理論上についやされているのは異常なことのように思われる。なぜであろうか。それはひとつには司法権に対する人の期待に大きな差異があるためであろう。しかし、もうひとつには、法と行政との関係、行政をめぐる多様な法相互の関係がいまひとつはっきりしないためではないであろうか。民商法と民事訴訟との関係、刑法と刑事訴訟との関係などと比較して、行政実体法と行政訴訟との関係には相当に異なる面があるようである。行政実体法が裁判規範として作られているかどうか。処分根拠規定を中心とする制定法が行政実体法の中でいかなる意味をもっているのか、また、裁判規範としていかなる機能をもつか。制定法以外の条理や法の一般原則にどれだけ期待をかけることができるか。このような最も基礎的問題に対する探究を深めることが、遠まわりのようにみえつつ、今日の問題への捷径だと思われるのである。

二　環境行政訴訟における取消事由

一　手はじめに環境行政訴訟における取消事由として何が考えられうるかを拾いあげてみることにしよう。

(1)　まず第一に考えられるのは、環境権侵害をもって違法とする実体的環境論権の立場である。しかし、権利侵害をもってただちに違法事由とすることに対しては批判がある。

(2)　そこで、公正かつ民主的な手続違背をもって違法とする手続的環境権論の立場が出てくる。権利侵害即違法ではなく、環境上重大な利害関係を有する者の立場を無視する手続の進め方を違法とするものである。

二　右の(1)(2)が当事者の権利構成から出発するのに対して、裁量論からアプローチすることも可能である。

(3)　有名な日光太郎杉に関する東京高裁昭和四八年七月一三日判決（行裁例集二四巻六・七号五三三頁）は、土地収用法二〇条三号所定の要件について「諸要素、諸価値の比較衡量に基づく総合判断」として行われるべきものとし、その際「本来最も重視すべき諸要素、諸価値を不当、安易に軽視し、その結果当然尽すべき考慮を尽さずまたは本来考慮に容れるべきでない事項を考慮に容れもしくは本来過大に評価すべきでない事項を過重に評価し、これらのことにより同控訴人のこの点に関する判断が左右されたものと認められる場合には、同控訴人の右判断は、とりもなおさず裁量判断の方法ないし過程に誤りがある」ものとしている。裁量判断の「方法ないし過程」といいつつ、実体的な利益の比較衡量の内容に立ち入り、利害のバランス論を裁判所みずから行っているところに特色がある。なお、右の引用文中にある「本来考慮に容れるべきでない事項を考慮に容れ」るという、いわゆる他事考慮については、車両制限令に関する興味ある事例があったが、最高裁昭和五七年四月二三日判決（民集三六巻四号七二七頁）は、この問題に対する判断をさけている。他方で逆に、他事考慮をなすべき義務をみとめた地裁判決がみられたが、控訴審で破棄されている（大阪地判昭和五〇年七月一一日判例時報七九九号二九頁、大阪高判昭和五五年三月一三日判例時報九七一号四二頁）。

(4)　裁量判断の内容と手続とをあわせた決定過程のかたより偏向を問題とするものに、計画裁量論、利害代表的行政訴訟、正常な行政過程論などの考え方がある。バランスにかけるべき利害の関係当事者に手続過程への関与をみとめることによって、全体としてバランスのとれた適正な判断がなされうるとするものである。

三　手続過程への関係当事者の参加やその前提としての情報の公開などについては、すでにさまざまの主張がされている。いわゆる手続法として理解された環境アセスメントにおいても、環境上影響を及ぼす利害関係者に対して、環境情報を公開し、その意見反映の機会を与えようとするものである。このような手続をふむことは、開発事業の許認可法と直結しないまでも（あるいは実定法上直結されていないにもかかわらず）、事実上、世論、行政指導による要請などを通ずる開発事業計画の自主的変更をもたらしやすい。したがって、一般抽象的な法が全国一律に適用をみるという古典的な法律の要請するところとは異なる事態が現出するおそれがある。けだし、現実の力関係によって、形式的には法治主義がゆがめられる可能性があるからである。

このような事態をいかに理解すべきであろうか。つぎのような考え方がありうる。

(1)　単なる事実上の次元の問題として放置する。

(2)　関係法令の趣旨・目的、社会通念、自治体の紛争調整機能の承認などを通じて、合理的範囲内での当事者自治的要素を部分的に承認する。

(3)　広く参加論にともなうありうる現象として許容する。

(4)　条件プログラムを内容とする伝統的な古典的法律とは異なった、目的プログラムを内容とする計画法という新しい法構造を想定することによって、新しい現象を包摂する。すなわち、政策目標実現の手段としての法律の性格上、具体的な状況依存性はある程度当然のこととして容認せざるをえないとするものである。

(5)　法制度の全般のとらえ方として、硬直したリーガリズムで全体を画一的にみるべきではなく、現実社会に生起するさまざまの問題を解決するための一手段として考える立場に立てば、全体として多少の矛盾や不揃いがあることは必ずしも致命的な欠陥というべきではない。広く現代社会の諸問題の複雑化にともなって、問題解決の手法や紛争処理の仕方が多様化し、「非公式の司法」（Informal Justice）のたぐいが多くみられるにいたった（Abel 編 The Politics of Informal Justice 一・二巻をみよ）。ひとり行政法に特有の現象ではないのである。

四　ひるがえって考えてみると、行政法の体系自体がそれほど硬直的なものであったであろうか。

まず、公法と私法との関係を二律背反的にではなく立体的重層的に考えるある学説は、「公法と私法とが共通の法益の保全をめざして、ことなる距離の下に協力し合うような関係にある場合には、公法（予防的行政規制法規）の執行責任者たる行政庁は、市民法的害悪発生前の行為をも形式的基準（事前許可制度等）で鎮圧できるのであるから、市民法上の害悪が発生した場合には、いよいよもって、これを鎮圧でき、また鎮圧しなければならない」はずであるとしている（高柳「公法、行政行為抗告訴訟」公法研究三一号一一九頁）。いうところは原理論の次元のものであって法解釈論の次元で展開されているものではないものの、この考え方を徹底すると、ひとつには、行政に関する公法である行政規制法規における立法の不備を一般法的な私法によって相当程度カバーすることが可能になる。また、もうひとつには、行政の関連する分野についても、一定の範囲と程度において、私的自治ないし当事者自治的要素を導入することが可能となる。

第二に、当事者自治的要素の導入は、とくに個別実定法分野において、実定法上すでに地域特性や当事者自治的要素への配慮がみられる場合には比較的容易であろうと考えられる。すなわち、たとえば、都市計画法制上、各種の地域地区制によって、地域特性に配慮した法規制を当然のこととし、また、建築協定、緑化協定をはじめ、市街地開発事業の促進にあたって関係権利者の意思に相当のウエイトを与えるほか、一般的に都市計画決定において利害関係当事者に意見反映の仕組みがとられている。したがって、この分野における実定法制の構造的特色そのものが、環境上の利害関係者の利害を実体法上ならびに手続法上配慮すべきものとしているわけであって、全国一律の画一的規制を予定していない。現地に即して利害調整が行政過程において行われなくてはならないのである。それゆえにこそ、利害調整は実体面からみても手続面からみても適正な行政過程においてなされなくてはならない。

なお、公務員労働法制においても、勤務条件法定主義や財政議決主義と団体交渉や団体行動を通ずる当事者自治的要素との間においていずれが決定的なウエイトをもつべきかをめぐって、激しい議論が存在していることは周知のとおりである。

三　関係する権利利益を配慮すべき手続過程

一　上記の実体的環境権論に対して、主観的な権利侵害からは行政処分の違法は生ぜず、行政処分の要件、効果などを定める客観的な行政規範に反した場合にだけ違法となるとする反論がある（例、札幌地判昭和五一年七月二九日判例時報八三九号二八頁）。たしかに権利侵害をただちに処分違法事由とすることは早計であろう。しかしながら、逆に、権利侵害がおよそ違法事由と無関係とすることもまた極端にすぎるであろう。「行政処分の要件、手続、効果などを定める客観的な行為規範」の中に権利侵害の要素を組み入れることは十分に可能だからである。

たとえば、ホップは計画裁量審査基準のひとつとして比較衡量の要請をあげ、さらに、その一内容として最小被害の要請をのべ、「私的利益は可能なかぎりこれを保護すべく、その侵害は過酷とならぬよう」にしなければならない旨を主張している（拙著『計画行政法』九八頁参照）。いわゆる比例原則からいって、ある意味で当然のことといえる。ただ、従来比例原則において考えられていた法益は、処分要件事由内にすでに配慮ずみのものであって、配慮外のものについては必ずしも及ぶものではなかった点に問題があると考えられる。公共施設建設における周辺環境上の利益への配慮がその例である。

他方、手続構成については、抽象的な適正手続の要請から一律に出てくるものではなく、関係する権利利益の如何に応じてそれぞれにふさわしいものが作られるべきであると考えられる。そうだとすれば、重大な権利利益の侵害は、場合によって、手続上の違法の疑いを推定させるとみることもあながち的はずれの考えでもないといえよう。

二　このように、権利から出発して手続構成なり手続過程のあり方を考えようとする立場は、それなりの合理性をもっているが、この考え方の傾向が顕著にみられるのが近年における西ドイツの判例学説においてである。その詳細に立入る余裕がないため、手っとり早く有名なミュルハイム・ケルリッヒ（Mülheim-Kärlich）原発に関する一九七九年一二月二〇日連邦憲法裁判所第一部の決定の理由中に概観されている判例学説のうち目ぼしいものを若干紹介することにしよう（BVerfGE 53, 30〔71 ff.〕）。

これによって、つぎのようにさまざまの表現の形をとって、基本権保障の本質的内容として手続保障を要請する考えが展開されている。いわく、ヘッセ判事によれば、判例によって次第に強調されている組織と手続による基本権の実現は近時の基本権解釈の最も重要な傾向の一つであること、いわく、ボエマー判事によれば、国家機関は、実体法上の基本権を尊重する義務をおうにとどまらず、これにふさわしい手続構成を通じて実効性を与えなくてはならないこと、いわく、さらに連邦憲法裁判所第一部第二部ともに、個々の基本権はそれ自体、実体法の構成に影響するのみならず、基本権保護を有効ならしめる手続構成の基準ならびに既存の手続規定の合憲的解釈の基準を設定するものであるとの立場をとっていること、いわく、また連邦憲法裁判所の判決によれば、行政と市民との間の対話の必要性は、国家における市民の地位の合憲法的理解に適合していること、等々である。

また、以上の手続重視の考えは原子力法上の認可手続にも及ぶのであって、しかもこの場合、基本となる安全性原則（Sicherheitsphilosophie）の具体的なあり方については人それぞれの立場や利害関係から分ちがたい価値判断にかかるところから、それだけ全利害関係者の立場、利害、危惧を適時に認可手続に提出し、原発事業者、利害関係住民、権限官庁間の対話の過程（Prozeß der Kommunikation）を通じて全ての基準となる観点を適正に配慮することを可能ならしめることがことのほか重要であるとされるのである（その他 H. Goerlich, Grundrechte als Verfahrensgarantien をみよ）。

三　権利と手続の関係は、わが国の行政事件訴訟手続と権利の関係においては、つぎの点にこれがみられる。

(1)　まず第一に、訴訟の入口である訴えの利益に関しては、訴訟の対象である処分性についても、原告適格についても、狭義の見体的な訴えの利益についても、権利ないし法律上の利益が重要な意味をもっていることは周知のとおりである。後二者について行訴法九条の本文ならびに括弧書が「法律上の利益」と明言しているほか、処分性については、私人の権利義務に変動を生じさせ、もしくは、権利義務の範囲を確定することがメルクマールとされている（例、最判昭和五三年一二月八日判例時報九一五号三九頁）。

(2)　ついで第二に、訴訟の内容である違法事由ないし取消事由に関しては、行政法一〇条一項が「取消訴訟においては、自己の法律上の利益に関係のない違法を理由として取消しを求めることができない」ものとし、ここにおいても「自己の法律上の利益」との関係が要求されている。

(3)　最後に訴訟の終結である判決に関しては、行訴法三二条一項が取消判決の第三者効を規定しているものの、一般には相対効として理解されている。けだし、同三四条の第三者再審の訴え、同二二条の第三者の訴訟参加においても、「処分又は裁決により権利を害された第三者」、「訴訟の結果により権利を害される第三者」というように、原告と利害相反するところの第三者の救済手続が問題となっているのであって、このことは逆に、行訴法三二条一項に規定された第三者効もまた原告の権利利益の救済に必要な限度でみとめられているのであり、それをこえて無限定に一般の第三者に及ぶ絶対的な対世効をみとめるものではないことを示しているのである（東京地決昭和四〇年四月二二日行裁例集一六巻四号七〇八頁以下、七四八頁参照）。すなわち、原告の権利救済のために、利害相反するところの第三者にまで判決の効力を及ぼす必要があるが、利害相反しない第三者に及ぼす必要はないから、立法的行為や一般処分について原告と同等の立場に立つ第三者には必ずしも判決の効力は及ばず、この第三者は原告勝訴の効果を享受できないのである。

このように、行政事件訴訟の中心である取消訴訟の全体の構造は、あくまで主観的な権利救済制度として、原告の権利利益との関連によって特色づけられている。

四　取消訴訟の構造がもつ主観的側面は、現代型行政をめぐる訴訟の取扱いにとってどのような意味をもつであろうか。一般的にいえば、訴えの利益などの入口論争にみられるように、現代型行政を裁判の俎上にのせることに対して消極的に働くであろう。しかしながら、それは決して絶対的なものではないといえなくてはならない。

(1)　まず、個人の権利救済を主として念頭において作られているため、環境行政のような多数の者の共通の利害にかかわる訴訟や団体的訴訟についてはスンナリとは受け入れにくい面があるであろう。

(2)　環境上の隣人訴訟に例をみるように、処分の相手方以外に利害の相反する第三者がいて、しかも、この者が原告となって訴訟を起す、いわゆる双面的効果をもった行政行為をめぐる争いにあっては、出訴期間の始期、不可争性発生の時期をはじめ困難な問題がある。

(3)　大規模な公共施設建設のプロジェクトをめぐる紛争や地域地区制をめぐる紛争などにあっては、①利害関係当事者の多数、②利害関係の錯綜（単純な隣人訴訟の場合よりも利害関係の複雑の度が高い）に加えて、③公共施設にしろ、地域地区にしろ、即地的な関係地域やそこから滲み出した周辺の環境上影響をうける地域以外の、全国的ないし全都市的な視野からする利害が関係するために、④おのずから政策的判断に踏み込まざるをえないことから、個人の権利救済システムの枠組みをこえる問題があるものとして、裁判所としては二の足を踏むことになりがちである。

(4)　しかしながら、(1)(2)にいうところは、訴訟手続が一般の場合よりはいささか複雑であるというだけのことだけであって、とくに強い障害というほどのものではない。(3)にいたってはたしかに難問ではあるものの、そのような全体の中にあって、重要な個人の権利利益の救済が問題となっていることはまぎれもない事実であって、むしろ全体の問題と個人の権利利益との関係を明らかにする努力をすることが必要であり、かりに直接的には権利救済が裁判によるよりも、行政過程のあり方によってその実があがるものであるとしても、裁判もまたその行政過程のあり方に応分の寄与をすることによって、間接的に権利の救済を図ることができるはずである。そのことは西ドイツの判例学説にその例がみられるとおりである。

わが国においては、取消訴訟のもつ主観的側面と客観的側面とは、適宜に使い分けられて、あるいは前者によって原告適格を否定し、あるいは後者によって違法事由が否定されるなどしている。しかし、取消訴訟の構造全体がもつ主観的側面は、まさしく権利救済制度たる基本に由来するものであって、この原点からみるかぎり、重要な権利利益の侵害があるとき、これが機能すべきはむしろ当然であり、その際に障害となりうる問題となっている権利利益と取消事由との関係を明らかにする努力をわれわれに課しているものといわなくてはならない。

四　根拠法令以外の法による行政の拘束

一　一般の理解にしたがえば、私的自治の原則がはたらく私法の分野と異なり、法律による行政の原理がはたらく行政法においては、行政法の法源は成文法規が原則であり、慣習法、条理などの不文の法は例外である。とりわけ、行政権限行使の対象となる私的分野に慣習にもとづく諸権利がみとめられることがあるのは別としても、行政権限そのもの特に処分権限のごときものが成文法規によらず慣習によってみとめられることは、おそらく法律による行政の原理に反するものとされるであろう。

ただし、はなはだ重要きわまりない法令公布の方式が官報によるという行政先例法によることが一般にみとめられたり、外国法人に対するわが国の裁判権が条理によってみとめられる（最判昭和五六年一〇月一六日判例時報一〇二〇号九頁）ことがあるほか、さらに処分権限についてさえ、明文の根拠規定はないにもかかわらず、条理上のものとしてみとめ（東京地判昭和五七年二月一日判例時報一〇四四号一九頁以下、二四三頁）、または、法の当然予定しているところとしてみとめる（東京地判昭和五六年五月二七日判例時報一〇四三号九一頁以下、九七頁）ものがある。

二　しかしながら、成文法規といえども、憲法をはじめ、信義則など法の一般原則を宣言する規定、組織規範など、多様なものが存在しているし、行政に関する法規範は、処分根拠規定にかぎられないから、処分根拠規定を機械的に適用・執行すれば事足れりとするものではないことはいうまでもあるまい。

(1)　まず第一に、民法一条二項三項に表現をみる信義則や権利濫用の法理が法の一般原則として行政上の法律関係に適用されることはすでに一般に承認されている。国の国家公務員に対する安全配慮義務を信義則上負う義務としてみとめ（最判昭和五〇年二月二五日民集二九巻二号一四三頁）、開発計画の変更が信義則に反することがありうることをみとめ（最判昭和五六年一月二七日民集三五巻一号三五頁）、教示に反する税賦課を禁反言の法理に反するものとし（東京地判昭和四〇年五月二六日行裁例集一六巻六号一〇三三頁。ただし、東京高判昭和四一年六月六日行裁例集一七巻六号六〇七頁）、また、私人の行為についても、退職願の撤回に関して信義則違反の有無が判断され（最判昭和三四年六月二六日民集一三巻六号八四六頁ほか）、自然公園法上の許可に関し申請権の濫用がみとめられる（東京地判昭和五七年五月三一日行裁例集三三巻五号一七二頁、なお、東京地八王子支決昭和五〇年一二月八日判例時報八〇三号一八頁参照）などがその例である。このような法の一般原則にあっては、これを表現する明文の規定の有無にかかわらず、その存在がみとめられるべきものであろう。また、明文の規定等により形式的には存在する法的権限ないし権能の行使がこれに反することによって違法とされる場合があることが注目をひく。

(2)　オーストリー、西ドイツのように、行政実体法をもふくんだ行政手続法典をもたないわが国においては、行政法総則に相当する行政法総論の内容は、その大部分を判例学説に負っているわけであって、そのほとんどすべてが不文の法原則であるといってよい。重大かつ明白な違法な瑕疵をもつ行政行為を無効とする明白説、授益的行政行為の職権取消について制限する職権取消論、これら重要なものがことごとくその例である。とくに無効論において通説的な目的論的見解ないし機能論的見解においては、処分要件の抽象的性格やその内容の軽重といった処分要件に視野を局限する（いわゆる論理的見解ないし概念的見解）ことなく、全体としての行政制度や争訟制度のあり方をも考慮に入れるものであるし、職権取消説において、その根拠をめぐって争いがあるものの（拙著『行政行為の無効と取消』一二〇頁以下、拙稿「規制行政の諸問題」現代行政法大系一巻四五頁以下、七七頁参照）、何らかの形での法益の比較衡量を重要な要素としている。いずれも処分根拠規定につきない内容をもっているといわなくてはならない。近年その重要性が一般にみとめられている公正な手続の要請やさらに全体としての行政過程の正常性などになっても事情は全く同様であろう。

三　処分をめぐる法律問題にとって当該処分根拠規定がいかなる意味をもつか。その他、若干の代表例をとりあげて簡単な検討を示すこととしよう。

(1)　まず、いわばタテの時間の流れの系列に属するものとして、行政上の強制執行と違法処分の職権取消とをとりあげよう。前者は行政行為による義務づけの内容を将来に向って実現しようとするのに対し、後者は、逆に、行政行為の内容を過去に向って排除しようとする。両者はこのようにその方向を逆にしているのであるが、両者ともにかつては当初の処分要件規定を根拠として、あるいは強制執行なしうるものとされ、あるいは取消変更事由と考えた時期があったものの、その後、それぞれ、強制については別途法律の根拠を必要とするものとし、あるいは、職権取消について別途法律の根拠を要求しないまでも、信頼保護など他の法的要請を考慮に入れた利益の比較衡量が必要とされるにいたり、いずれも処分根拠規定が決め手とはならなくなっている点に共通性がある。もちろん、後者にあってオーストリー型とフランス型の違いなども考えなくてはならないが、いずれにしても、処分根拠規定ははなはだ重要であるとはいっても、それにもとづいて処分がされたのち、義務不履行があったらどうするか、処分があやまっていたらどうするか、等々、処分根拠規定それ自体としては直接的には明示の解答を用意していない問題が多々存在していることを示しているのである。むしろ行政法上に生起する重要問題のほとんどすべてがこのような問題であるといってよい。その際、処分根拠規定を唯一の錦の御旗のごとくに振りかざして解答を拙速に導き出す説は、決して法律に忠実な解釈ではなく、多くの場合、世にいう短絡的思考の産物である。

瑕疵の治癒、違法行為の転換、理由の追完、再申請、許可期間の更新等々の問題にあっても、争訟制度のあり方や相手方の既得の地位の尊重など、さまざまの要素を考慮に入れなくてはならないこと、したがって、ここでも処分根拠規定は処分根拠規定として重要でありながら、しかし、それだけが決め手ではなく、多様な法の要請がときには相矛盾しつつ働きかけているものであることが示されている。

(2)　つぎに、いわばヨコの関係において、異なる法、手続、処分規定などが同時競合する場合がある。行政処分の先決問題として私的権限など民事上の法律関係について判断しなければならない場合、申請の競合の場合、さらには他の関係法令の要請など、いわゆる他事考慮が問題となる場合などがその例である。最初の場合については、農地買収処分や滞納処分と民法一七七条の関係として、すでに一般に論ぜられているが、その他、土地収用や土地区画整理事業、市街地再開発事業と私法上の法律関係との関係、公共施設設備と前提たる私的権限との関係など、実に多様かつ重要な問題が存在している。今その詳細に立ち入る余裕はないが、このような公法と私法が競合する場合に具体的法律関係に即して相互関係を明らかにしておくことが、最初に引いた大阪空港の事例などにあたって、より問題への対応を容易ならしめるのではないかと思われる。このような多種多様な法令相互間の関係として、他事考慮問題も、やはりこれまた具体的な法律関係の数々に即して検討をしておく必要がある。それが法と行政との関係の単純な見方を打破る近道であろう。

四　以上の大ざっぱな概観が示すところは、一口について、行政法における法の多面的構造である。まず、実体法もあれば手続法もある。しかも両者は複雑に相関連している。理由の追完や瑕疵の治癒における場合がこの例である。行政行為の無効については古くから、このことがいわれている。また、実体法といっても、処分根拠規定もあれば、当該法令の趣旨目的を表現する規定、さらに、相関連する他の法令があり、これらの相互関係は簡単とはいいがたい。そこに加えて、不文の法である法の一般原則、条理のたぐいがときとして成文の法規にもとづく権限・権能の行使を制約しうることがあるばかりか、当事者間の合意・協定等にもとづく当事者自治的要素を加味した問題の処理と法律主義（リーガリズム）的問題の処理とが衝突しうる場合もある。問題の沿革、背景、具体的利益状況等々の微細に入り込んだ屈折した局面が映し出す像はさらに多様を極めるであろう。

したがって、ここでいえることは、法と行政との関係を、処分根拠規定と処分といった狭い局面にのみ限定して考えてはならないということである。行政行為の無効論であれ、職権取消論であれ、裁量論であれ、適正手続論であれ、元来、処分根拠規定はそれ自体で他から切り離されて独自の意味をもつものではなく、むしろ常に、法の一般原則の中に包まれて意味をもってきたと考えられる。ましていわんや、今日問題となっている典型的な行政処分以外の多様な行政作用においては、処分根拠規定に過重な意味をもたせることは適切な問題の処理の仕方だとはいえないであろう。それゆえに、われわれは、かつて先人達が行政行為論の建設にあたり、法の一般原則を発見すべく、幾多の努力と試行錯誤を重ねた例にならって、新たな各種の現代の行政作用について、法の多面的構造の中からそれぞれにふさわしい法の一般原則を発見する努力をしなければならないのである。

五　おわりに

一　かつて権利救済における概括主義という言葉をいったことがある（旧『実務民訴講座』八巻七五頁）。明治憲法下における概括主義・列記主義の議論とは異って、今日における概括主義は単に立法政策論にとどまることなく、憲法に根拠を有するものであり（憲三二・七六・八一等、なお裁三）、私人に対する包括的かつ実効的な権利救済の一環として考えられるべきものであるがゆえに、したがって、また、特定の訴訟類型や訴訟対象を前提したうえでの概括主義ではなく、むしろ、この権利救済の概括主義から、いかなる訴訟類型がみとめられ、いかなる行為が対象とされるかも導き出されるのであって、順序は逆ではないわけである。

このことはもう一歩を進めれば、裁判段階にいたるそれ以前の段階においても、有効な権利救済ないし権利の実効性を確保するにたるだけの手続過程をふむことを要請するといわなくてはならない。適正手続をはじめ事前手続の公正さを要求する判例学説によって既に一般の承認をえているところである。事前手続はそれ自体における独自の権利の実効性確保機能とともに、同時に事後的な権利救済を容易ならしめることは周知のとおりである。すなわち事前手続・事後手続の両者をふくめた有効な権利救済（保護）手続はいかなるものであるべきかが探究されてきたわけである。したがって、直接的には裁判になじみにくい裁量の審査などにあっても、事前手続と組み合わせることによって、手続面のみならず実体面にも相当程度のコントロールを及ぼすことが可能となっている。このような工夫は今少しの操作を加えることによって、より複雑に利害関係が錯綜し、政策判断部分をふくむ作用についても、権利の実効性確保の見地からある程度のコントロールを及ぼすことを可能とするのであろう。

二　以上の見地からすると、原告適格論において、近年とくに強調される傾きがある、いわゆる「法律上保護されている利益救済説」と「法の保護に値する利益救済説」とを峻別する説には疑問の余地がある。前説にいう「法律」は最狭義には処分根拠規定をさしている。しかし、多くの問題において、処分根拠規定が唯一の決め手でないことは、すでにのべてきたところである。事実、この「法律」は当該法律の趣旨目的をはじめ、ときには、他の法令や憲法等にまで拡大解釈されることがある。ここにいたれば後説との差はなくなるのであって、両者の区別はできなくなるし、そもそも区別をすること自体が疑問である。

つぎに、裁量審査の現実においても、判例はすでに、公正手続違反や裁量権限不行使（東京高判昭和五一年三月三〇日行裁例集二七巻三号四三三頁）自体を違法としているのであって、処分根拠規定との関係にとらわれないで、より広い見地から審査をしているといえる。複数の処分権限・権能が組み合わせられて用いられることのある現代型の行政過程においては、ことにこのような審査方法が要請されるであろう。このような多様な行政手段やその複合作用に対して、多面的な法構造の下で有効適切な権利救済のための法の一般原則を発見することによって、訴えの利益をめぐる入口論争についても生産的な結果にいたる途が開かれるものと考えられる。

民事法などの分野において、政策志向型訴訟や公共訴訟に関する提言や試行がみられる今日、行政訴訟もまた、法と行政の関係いかんという原点に立ち帰って再検討を加える必要があるといわなくてはならない。

（公法研究四五号、一九八三年）

2　行政法上の請求権に関する一考察

一　はじめに

一　行政法が行政上の法律関係を規律の対象とするものであること、行政上の法律関係が、民事上の法律関係における と同様に、関係当事者間の権利義務の関係を内容とするものであること、この点については、一般に争いがないものと考えられる。概説書類においても、このことを当然の前提としたうえで論述を進めている。

しかしながら、行政法の内容として具体的に展開されているものをみると、関係当事者の権利義務として論じられているのは、国家補償法における国家賠償請求権や損失補償請求権のほかは、公務員法上の権利義務のような一定の身分地位を前提とした権利義務くらいで、比較的に乏しいものとなっている。たしかに、行政上の法律関係は多様であって、国家機関相互間、行政主体・機関相互間などの法関係のように、権利主体間の主観的な権利義務関係に解消しきれない、むしろ客観的な法秩序に属すべきものが少なくない。そのことごとくを権利義務として論ずることはできず、客観的な法制度として論ずべきものが相当広く存在する。しかし、まさに私人の権利義務にかかわる問題についてさえ、権利義務の問題としてよりも、客観的な法制度の問題としてとりあつかわれる傾きがある。行政行為論がそのもっとも顕著な例であって、その定義においては、私人の権利義務に変動を生じさせ、その範囲を確定するものであるなどとされながら、問題解決にあたっては、権利義務の具体的内容に立入ることなく、行政行為の抽象的性格によって事を決する傾向がある。権利義務の内容・性格を問題とすることは、かえって、かつての明治憲法下の公法・私法区別論の一内容であった公権論・公義務論への反発から、今日むしろ、消極的な評価をうけかねない風潮さえみられるように思われる。

二　もちろん、行政法において、関係当事者の権利義務が論じられないというように断定するのは一面的にすぎるであろう。権利義務がさかんに論じられる分野がないわけではない。環境行政や環境行政訴訟について環境権が論ぜられ、さらに、入浜権、健康権、安全権などが提唱されるのも、権利論のもつ法理論上の意義をうかがわせるものであるが、行政法においては、とくに行政手続上の権利（義務）が一般的に知られている。

周知のとおり、個人タクシー事件、群馬中央バス事件に関する最高裁判決（最判昭和四六年一〇月二八日民集二五巻七号一〇三七頁、同昭和五〇年五月二九日民集二九巻五号六六二頁）は、免許申請にかかわる聴聞手続、公聴会審理の手続について、関係当事者に実質的に主張・立証の機会を保障するような「公正な手続」をふまなければならないものとしている。法令の規定のうえからは内容が明確ではない聴聞等の手続について、右にいうような内容をもった「公正な手続」の保障を関係法令全体の趣旨から導き出して、これを法理として確立したところに、これらの判決例の意義がある。一般に「告知・聴聞をうける権利」として論ぜられる。

このほか、手続過程における権利（義務）として「申請の権利」、「調査義務」、「無瑕疵裁量権行使請求権」などがある。

三　いまひとつ、関係当事者の権利が明確にみとめられているものに訴訟上の請求権がある。行政事件訴訟法（以下、本文では「行訴法」、括弧内条文引用の際は「行訴」と略称）の「関連請求」に関する諸規定（行訴一三条、一六条ないし一九条、三八条一項、四一条二項、四三条一項）などをみても、訴訟の目的が行政事件訴訟においても民事訴訟同様に、請求権であることがはっきりしている。

ちなみに、行訴法一三条は、関連請求として、取消請求のほか、原状回復請求（農地買収処分の取消しを条件とする土地返還、所有権取得登記抹消・回復請求がその例）、損害賠償請求（同条一号）、不当利得返還請求（同条六号）などをあげているから、行政事件訴訟に該当する訴訟類型（行訴二条、三条ないし六条）上の請求権のほか、元来ならば民事訴訟の対象となるべき民事上の請求も、関連請求にあたる場合には、取消訴訟など行政事件訴訟の手続において併合審理される可能性をもっている。したがって、これらをもふくめて、行政法上問題とすべき訴訟上の請求権というべきであろう。

なお、行政事件訴訟類型にあたるものにおいても、形式的当事者訴訟（同四条前段）の対象のように私人間の紛争処理に行政が介入するものや、住民訴訟上の請求のあるもの（同五条、自治二四二条の二第一項四号）のように民事請求の性格をもつものがあることに注意しておく必要がある。

いずれにせよ、訴訟上の請求権は、法制度上その存在が最も明確なものであり、また、最狭義における法が裁判規範をさすものとすれば、法は、訴訟上の請求権の根拠・要件・請求手続等に集約されるともいうことができるであろう。行政事件訴訟もまた、請求権の存在を前提として、訴訟が構成されている。「訴え」なければ裁判なしといわれるが、「請求」なければ「訴え」は構成できないわけである。

四　先の行政手続における告知・聴聞をうける権利は、これが侵害されることによって、行政処分の違法事由を構成する（なお、手続上の違法が結果への影響の可能性を抜きにしてただちに取消事由となりうるかの議論はここでは立入らない）。すなわち、訴訟上の請求権の代表例である取消請求権の請求要件事由となる。行政手続過程上の権利義務がのちの訴訟上の請求権の請求要件事由となっているわけであって、行政手続の過程における権利義務が争訟（訴訟）手続の過程における請求権に転化し、過程の変化に応じた展開をみせているものとみることができる。このような手続の展開過程に応じた権利義務の考察は、いろいろな段階において私人が主張することのできる権利（義務）を明らかにする点で、意義があるといってよい。

ところで、最初にのべた行政法における権利義務論の貧困は、行政事件訴訟における抗告訴訟とくに取消訴訟中心主義、すなわち、訴訟上の請求権における取消請求権中心主義に由来するように思われる。言葉をかえると、取消訴訟中心であるがために、取消の対象となるべき行政行為をめぐる理論によって、取消請求権の探究が等閑に付されているためである。取消請求権に先行する行政手続過程上の権利義務、後述の、さらに、これをさかのぼる前提となるべき実体法上の権利自由などとのつながりを欠いた抽象的な行政行為論を基礎としたのでは、取消訴訟などの行政訴訟をめぐる議論も、あまりにも抽象的で、とらえどころのない禅問答に終わるおそれがある。

これまでの行政行為の特殊性のうえに築かれた行政法の体系においては、議論が抽象的であるばかりではなく、なによりも個別実定法と乖離する傾きがあった。本稿は、このような体系に代えて、行政実体法、行政訴訟法いずれも確固たる実定法の基盤のうえに再構成する試みのひとつとして、取消請求権をはじめとする請求権を中心とした行政法の体系のデッサンを描こうとするものである。

二　行政法上の請求権の体系

一　前提にある基本的権利自由（権利自由前提原則）　行政訴訟上の請求権の代表例である取消請求権は、行政手続過程上の権利義務である告知・聴聞の権利や適正に裁量権限を行使すべき義務などを前提として生ずる。ところで、この行政手続過程上の権利義務は何を前提として生ずるかといえば、法令にもとづく許認可制などの行政諸制度が存在しているからである。これら行政諸制度はなにゆえに存在しているのかといえば、それぞれの公共上の必要性があってのことであるから、これを公共性原則とよぶことができる。しかし、さらに、公共性原則は、なにゆえにみとめられているかをとえば、憲法典上の人権保障規定にあらわれているような基本的な権利自由が存在するからだと答えるべきであろう。

(1)　許認可制など広義の規制行政においては、営業の自由、土地所有権による土地利用ないし建築自由の原則などの私人の権利自由が前提となっている。私的権利自由を前提として、全くの自由放任にした場合に生ずるであろう弊害を防除するところに規制行政の存在理由がある。

(2) 広義の給付行政においては、ここでも一般的には、私的権利自由を前提としたうえで、その自由な活動の基盤や条件を整備するため、公共施設を設置管理し、公企業の供給確保の措置をとるなど、間接的な手法をとる。しかし、個人の自主性・自立性を前提としつつ、相互扶助・共済のしくみを制度化して社会保険の制度をもうけ、さらに必要な場合には、生活保護などの直接的な手法を用いている。

(3) 侵害行政ないし調達行政においては、私人の権利自由を侵害(剝奪・制限)するところに特色があるから、これと真向から衝突するようにみえるが、しかし、私的権利自由を前提とする点において、他と異ならない。たとえば、土地収用の制度は、土地所有権をはじめとする私的財産法秩序を前提とし、公共施設等の用地といえども、私的権原なくして、これを利用することができないゆえに、私的権原を取得するために存在している。ただし、その価値に応じた補償をすることを要件としている。また、租税制度も、営業の自由などを基礎とする私的経済活動の存在を前提としてもうけられている。公共用地や財源の調達を封建的な特別の負担や絶対制下の特権的な特許などによって行うのではなく、一般的な私的権利自由を保障する制度を確立したうえで、行うところに今日の調達行政の特色がある。

(4) 最後に、組織行政においては、純粋に私的な権利自由とはいいがたいが、能動的に統治に参画する権利である私人の公務員就任権(明憲一九条、憲前文、一四条、一五条参照)を前提として、今日の公務員ならびに、公務にかかわる制度が構成されている。

(5) なお、以上の行政の諸分類は便宜的なものであって、公共用地の取得からはじまる公共施設の設置・管理の一連の過程には、上記諸分類における行政のすべてが顔を出すことからもわかるように、重複するところが少なくない。さらに、以上とは異なる観点から今日の行政(法)の構造的特色を表現する計画行政(法)においては、あたかも権利自由が計画の中に包摂され、権利自由前提原則そのものの存在があやしくなっている事態もみられるが、これについては別の機会にゆずることとしよう（拙著『計画行政法』参照）。

二　行政手続過程上の権利義務　憲法上の営業の自由（二二条）、土地所有権にもとづく建築の自由（二九条）、また、生存権的基本権にもとづく生活保護受給権（二五条）など、基本的な権利自由は、現実に行使する際には、法令にもとづく行政諸制度上の手続をふまなければならない。許認可などの行政諸制度は、一面において、公共性実現の手段であるとともに、他面において、権利自由実現のための手続でもあるといえる。さらに、憲法上の納税の義務（三〇条）は、租税法上の手続によって具体的に租税債務として確定され執行される。憲法上の人権規定などに表現される基本的な権利自由・義務は、このように、行政手続過程において具体化されるわけである。

この具体化の過程において、まず、前提にある基本的権利自由は、行政諸制度の構成すなわち処分要件などについて制約的条件として働く。営業規制立法の合憲性の判断にあたって、問題となっている権利自由との関係において、規制の必要性・合理性などを判断するのがその例である。

ついで、行政諸制度の運用にあたっては、前提にある基本的権利自由の実現のための手続であるとの趣旨目的にそう運用が要請される。たとえば、「申請の権利」について、手続上の権利であって、実体上の権利の有無を問わないとはいわれるものの、それは、場合によっては拒否処分がされるかもしれず、当然には申請を満足させる許認可等の処分が与えられることを保障するものではないことを意味するものであるから、拒否処分であれ、きちんと行政庁の処分がされれば、取消訴訟を起こして行政庁の判断を争い取消判決の拘束力によって許認可等の処分を得る可能性、または、行政庁の判断にしたがって申請をやり直して許認可等の処分を得る可能性がひらかれる。前提にある権利自由実現のため行政手続の促進をはかる手段だといってよい。また、「告知・聴聞をうける権利」は、個人タクシー事件、群馬中央バス事件の前記最高裁判決（九六頁）がいうように、営業の自由など、基本的権利自由とかかわりがあることが、これをみとめる重要な要素とされている。

このように、「申請の権利」や「告知・聴聞をうける権利」に代表される行政手続過程上の権利の発掘は、それ以前において行政の自由な運用にまかせられてきたものが、しだいに私人に対する関係で義務となり、私人の側からその義務違反を訴訟上追及できるものとなりつつあることをしめしている。内部的な行政運営の問題とされてきたものが、外部的な権利義務関係となり、内部の法が外部化しつつある現象のひとつのあらわれとみることができる。個人タクシー事件において、裁量権限行使の内部的基準（ないしその適用上必要な事項）の告知などが問題とされたのは、その顕著な例である。

行政における内部の法の外部化の近時の例のいまひとつは、いわゆる情報公開であって、閲覧請求権などが問題とされている。これに、武器平等の原則を加味すれば、さらに、行政不服申立段階における反論書送付請求権（行審二二条）や書類等閲覧請求権の範囲（同三三条）などが問題となる。

三　訴訟上の請求権　　行政諸制度の前提にある基本的権利自由も、行政諸制度の運用によって展開されることとなる行政手続過程上の権利義務も、最終的には、訴訟上の請求権（の実質的な根拠・要件など）として結実しなければ、狭義における実定法上の権利義務としての意義はみとめられない。ところで、訴訟上の請求権は、実体法上の請求権の成熟性の程度によるところが大きいとともに、訴訟法上の訴訟類型のさだめ方によって制約をうける面もまた大きい。憲法二九条三項の規定にもとづいて直接に損失補償請求権がみとめられるのに対し、環境権侵害がただちには取消請求権を基礎づけないとされるのは、前者の面にかかわる例であり、かつての訴訟事項の列記主義や今日の義務づけ訴訟をめぐる問題は、後者の面にかかわる例である。

そこで、行政訴訟上の請求権をとりあえず、行訴法上の訴訟類型にそって分類すると、つぎのようになる。

(1)　まず、大きく、主観的訴訟（行訴三条、四条）にかかわる請求と、客観的訴訟（同五条、六条）にかかわる請求とが区別される。後者は、私人の権利利益の救済をはかろうとするものではなく、「法律に定める場合において、法律に定める者」（同四二条）に限っておこすことができるものであるから、本稿がいう権利自由前提原則（ならびにこのための憲法三二条の「裁判を受ける権利」）には関係がない。ただし、住民訴訟のうちの四号請求（自治二四二条の二第一項四号）は、地方公共団体がもつ民事請求を住民が代位して行使するものである。

(2)　主観的訴訟は、抗告訴訟（同三条）と当事者訴訟（同四条）からなる。抗告訴訟にかかわる請求としては、取消請求、無効等確認請求、不作為違法確認請求が法定され、このほかに、義務確認請求、義務づけ請求、給付請求などが許されるかどうかをめぐって争われている。当事者訴訟にかかわる請求としては、形式的当事者訴訟にかかわるものとして、土地収用法一三三条にもとづく損失補償請求、実質的当事者訴訟にかかわるものとして、国公立学校学生や公務員の地位確認請求、公務員の俸給請求などがあげられる（くわしくは、南博方編『条解行政事件訴訟法』一四三頁以下＝碓井光明執筆）。

(3)　行政と関連がありながら、民事請求の形をとるものとしては、国家賠償請求、民事賠償請求、民事差止め請求、「争点訴訟」（行訴四五条）が問題となる農地買収処分の無効を前提とする土地返還請求、移転登記抹消・回復請求などのようなものがある。

(4)　仮の救済のための保全訴訟にかかわるものとして、執行停止申立て（同二五条以下）、民事の仮処分申請がある。さらに、行政上の義務の不履行について行政上の強制執行の手段を欠くとき、「行政主体が私人を被告として行政上の義務の履行を求める訴を提起することができる場合においては、右請求権を被保全権利として仮処分を求めることができる」（大阪高判昭和六〇年一一月二五日判例時報一一八九号三九頁）とする考えが有力である。これは、行政の側が私人に対して求めるものであって、他の場合とは逆となっているが、行政と私人の間の関係を権利義務関係として構成する思考方法になじみやすい考えといえよう。

四　理論構成上の権利義務　以上にのべるところは、ごく大まかに、基本的な権利自由が、行政手続過程における展開をへて、訴訟上の請求権へと結実するにいたる過程のうち主要な局面をピック・アップするにとどまる。請求権の体系としては、なお個々の請求権ごとに個別実定法に即して具体化過程を精確にフォローする作業がともなわなければならない。たとえば、損失補償請求権ひとつとりあげても、憲法二九条三項については直接請求権説が通説判例とはいわれるものの、実際には憲法のこの規定を直接の根拠として訴訟上の請求権をみとめたものは稀であって（最判昭和四九年二月五日民集二八巻一号一頁の原審＝東京高判昭和四四年三月二七日判例時報五五三号二六頁のほかは、予防接種事故に関する東京地判昭和五九年五月一八日判例時報一一一八号二八頁、名古屋地判昭和六〇年一〇月三一日判例時報一一七五号三頁、大阪地判昭和六二年九月三〇日判例時報一二五五号四五頁において類推適用等をみるくらいである）、一般には、個別実定法のさだめる手続によって確定されることとなっているが、この手続ははなはだ多様である（たとえば、村上敬一「損失補償関係訴訟の諸問題」『新実務民事訴訟講座10』一三五頁参照）。

これに加えて、判例学説上には数々の権利義務が登場する。理論構成上の権利義務というべきものであって、その用いられ方や、それにともなう法効果などは多彩である。たとえば、注意義務、予見義務、結果回避義務の違反が過失を構成し、道路について絶対的安全確保義務が課されたり、農地買収処分などの行政行為の無効基準である明白説について職務誠実義務説がいわれるのがその例である。かつて「公法関係に対する私法規定の適用」の問題としてとりあつかわれた問題が、行政処分の前提問題である「民事上の法律関係に関する調査義務」の問題であるとされる（拙著『行政法スケッチ』三一頁）のもその一例である。

このほか、準権利・準義務とでもよぶべきものが少なからず存在することが注目をひく。たとえば、損失補償を否定すべき理由としていわれる地域的拘束性などの権利の内在的制約がその例であるが、判例にも、貸倒れ債権にかかる租税の不当利得返還請求事件において、「是正措置をとるべきことが法律上期待され、かつ、要請されているもの」とし、貸倒れの存在等が明白な場合には、是正措置がなくても、課税処分の効力を主張することができず、不当利得返還請求が成立するとするものがある（最判昭和四九年三月八日民集二八巻二号一八六頁）。

これら準権利・準義務もふくめて、理論構成上の権利義務を、行政法全体の体系の中に適当に位置づけなければならない。筆者は、このための全体体系としては、請求権に関する一般論について、訴訟上の請求権を、是正措置を内容とする「適法性に関する法」と、損害・損失の塡補を内容とする「責任に関する法」の二大分野に分かち、それぞれの請求要件事由を明らかにする部分において、行政手続過程上の権利義務と理論構成上の権利義務をとりあつかい、そのあとで、訴訟上の請求権を実現すべき訴訟手続をとりあつかうこととした（近刊予定の拙著『実定行政法』参照）。

三　取消請求権

一　行政行為論と取消請求権　行訴法は取消訴訟中心主義をとっているものとみられている。それは、①無効確認訴訟等との関係において、取消訴訟を原則とし、②義務づけ訴訟などの無名抗告訴訟との関係において、同じく取消訴訟を原則とし、③関連請求にかかる訴訟との関係において、取消訴訟を中心としてこれに上記訴訟を併合するしくみをとり（大阪高決昭和四八年七月一七日行裁例集二四巻六＝七号六一七頁）、④同じく当事者訴訟との関係においても、取消訴訟を中心としてこれに関連請求訴訟としての当事者訴訟を併合すべきものとする（東京地決昭和五五年七月一一日行裁例集三一巻七号一四八六頁）考えなどにあらわれている。

その結果、行政法理論は行政行為論中心主義を脱却できないままの状態にあるように思われる。すなわち、元来は、前提にある基本的権利自由の実現・回復・救済等の手段のひとつである取消請求権の問題としてとりあつかうべきものの多くが、行政行為の効力論や瑕疵論として論ぜられる状態が今なお続いているのである。

たとえば、わかりやすい例をあげると、行政行為の形式的確定力といわれるものは、取消請求権を実現すべき訴訟手続に出訴期間の制限（行訴一四条）があることをいいかえたにすぎないものであって、当然、取消請求権の時間的制約とよぶべきであろう。

また、複雑な例をあげると、行政行為の公定力といわれるものは、取消請求権を実現すべき訴訟手続が、訴訟手続分配原則の結果、行訴法上の取消訴訟手続に限定されているために、その他の訴訟手続においては、取消請求要件事由である単なる違法を主張することによって、行政行為の効力を否定することができないことを意味するにすぎない。したがって、むしろ、取消請求権の手続的制約とよぶべきであろう。少なくとも、いわゆる手続的公定力観により公定力を取消訴訟の排他的管轄の問題とする立場（兼子仁『行政行為の公定力の理論』がその代表説）に立つかぎり、行政行為の効力論として構成する立場そのものを棄てて、取消請求権の手続的制約として構成する立場に進むべきだと考える。なお、かりに実体法的観点を加味する立場に立つとしても、国家機関相互間の権限分配原則や取消請求権とその他の請求権の相互関係の問題として考えるべきであって、行政行為の公定力のような多義的であいまいな言葉をいつまでも学問上の用語として用いるべきではあるまい。

二　取消請求権の機能　　行政行為論から出発すると、取消とくに訴訟による取消は、客観的な抽象的違法性を理由として、行政行為を取消御破算にする単純な行為であるにすぎない（訴訟取消と職権取消の区別については、拙稿「職権取消の法的根拠について」田上穣治先生喜寿記念『公法の基本問題』二三五頁以下参照）。しかし、個別実定法のさだめや実際の機能に即してみると、取消請求権のはたすべき機能は、そのような単純なものにかぎられない。つぎのような諸機能が数えられる。

(1)　まず最初に、単純な行政行為の取消御破算による権利の回復・救済がある。土地の収用裁決、農地買収処分の取消によって、土地所有権（これにかかわる登記）を回復するのがその例である。なお、しかし、これらにあっては、処分のうち補償の額をさだめる部分にかぎって不服があるときには、別途に、損失補償に関する訴訟の手続によらなければならないこととなっている（収用一三三条参照）。

(2)　ところが、土地収用とならんで調達行政のもうひとつの代表例である課税処分の取消にあっては、法は、取消により「減少した税額に係る部分以外の部分」の租税の納税義務に影響しない（税通二九条三項、地税二〇条の九の二第四項）ものとしているため、ここにおいては、取消請求は減額請求として機能している。あたかも土地収用法一三三条などによる損失補償の増減請求と同じような機能をはたしているとみることができる。いずれも、訴訟に先行する行政手続の過程において、抽象的には憲法上すでに存在する損失補償請求権（憲二九条三項）、納税義務（同三〇条）を具体的に確定する処分がされ、さらに、訴訟の過程において、権利義務の内容が最終的に確定されている。なお、両者ともに公法上の金銭債権にかかわるものである点に共通性がある。先行する処分は、金銭債権の内容を確定する手段であり、訴訟はその内容である金額の多寡を争うものである（ただし、もちろん、両者では、金銭債権の根拠が憲法か法律か、先行する処分の訴訟上もつ意義などは異なる）。

(3)　規制行政や給付行政においてひろく一般的にみられる申請を前提とする行政行為のうち、申請を却下・棄却する処分（許認可の拒否処分など）の取消にあっては、取消判決の拘束力により、判決の趣旨にしたがって、あらためて申請に対する処分をしなければならないとされている（行訴三三条二項）ため、ここでは、取消請求はやり直し請求である。営業の自由、土地所有権にもとづく建築の自由、社会保障請求権などの権利自由を実現するために、行政手続の過程において申請をし、それのかなわぬときには、訴訟の手段に訴えるわけである。かりに、行政庁の認定判断が結局正しかったものとして敗訴しても、その場合には、行政庁の認定判断にしたがった再申請をすることによってやはり権利自由を実現する余地がみとめられる。

なお、比較的に定型的事由にもとづく確定金額給付を内容とする社会保険給付申請にかかわる処分の取消にあっては、取消判決の拘束力によるさきのやり直し請求の機能は義務づけ請求類似の機能をもつことがある。

(4)　このほか、取消請求には、行政過程の初期段階の行為（計画など）に取消訴訟の対象となるべき行政処分性がみとめられれば（なお、加えて訴訟の迅速性が現実に期待できれば）、差止請求の機能がみとめられ、また、行政行為の執行後等の行政過程の後期段階にも訴えの利益が消滅しないとする法理が構成できるならば、（行訴九条括弧書。なお、西ドイツ行政裁判所法一一三条一項二・三号参照）、原状回復請求の機能がみとめられ、さらに、場合によっては、違法確認請求（行訴三一条。なお、西ドイツ行政裁判所法一一三条一項四号参照）の機能がみとめられる。

これらの諸機能は、判例の現状においては（比較法的にみても、極度にせまい行政処分性、原告適格や訴えの利益の結果）、ほとんどんみとめられていないというほかない。しかし、それは、まさに行政行為論的な発想にわざわいされた結果というべきであって、問題を前提にある基本的権利自由を実現・回復・救済すべき行政手続過程上の権利義務、最終的にこれを確保すべき訴訟上の請求権である取消請求権としてとらえようとする権利自由前提原則からする発想からは、是認しがたい結果である。のみならず、わが国の実定諸規定をみても、たとえば、行訴法一三条一号の原状回復請求の文言や同三一条の規定の趣旨からいって、この原状回復請求を主として農地買収処分取消を条件とする土地返還請求などの民事請求として理解し、行政行為執行による既成事実完成後、事実状態の原状回復請求などおよそふくまないものと理解することによって、取消請求の訴えの利益消滅を当然とする解釈が一般化している現状は、きわめて疑問である。行訴法三一条によっても、公共の福祉に大して影響がなければ原状回復請求をひろくみとめて一向にさしつかえないのではないか。

三　取消請求権の主観的側面　取消請求権が、前提にある基本的権利自由から出発して、これを具体化すべき行政手続過程における権利義務を経て、訴訟上の請求権として結実したものであるとするならば、当然に、関係当事者の権利自由の実現・救済・回復をはかるものとしての主観的側面をそなえていることになる。

この点については、まず第一に、取消請求の対象となるべき行政処分性の判断基準として、判例が、「直接国民の権利義務を形成しまたはその範囲を確定することが法律上認められているもの」（最判昭和三〇年二月二四日民集九巻二号二一七頁、同昭和三九年一〇月二九日民集一八巻八号一八〇九頁など）をあげているところにあらわれている。

ついで第二に、取消訴訟の原告適格として論じられているものは、まさに取消請求権の主観的側面をとりあつかっている。ただ、しかし、西ドイツ行政裁判所法一一三条一項一号が行政行為の違法性と並んでこれによる権利侵害を取消判決（すなわち取消請求権成立）の要件としているのと異なり、わが国の通説的見解は、取消訴訟の訴訟物を行政処分の違法性一般としているため、権利侵害の要件は、本案である取消請求権の成否の要件とは考えられないで、もっぱら本案審理の前提である訴訟要件とされている。となると、さきの行政処分性、ここの原告適格、さらに狭義の訴えの利益を加えた広義の訴えの利益という主観的側面はもっぱら訴訟要件において問題とされ、本案である取消請求権については客観的な違法性だけが問題とされるという区別が厳然と存在することになる。しかしながら、この区分にもかかわらず、取消請求権には、つぎのような点において主観的側面をみとめることができる。

①　原告適格は、取消請求権の帰属すべき主体の要件を明らかにしている。

②　筆者自身はとらない見解であるが、原告適格や訴えの利益などの訴訟要件事実についても証明責任は原告にあるとして請求要件事実同様に厳格な証明を要求する見解が有力にとなえられている（南博方編『条解行政事件訴訟法』四〇〇頁以下＝前田順司執筆）。この見解によるときは、訴え却下、請求棄却の表現と判決文構成上の差異は存在するものの、実質的には西ドイツにおいて権利侵害を請求要件事由とするのとあまり違わない結果となるように思われる。なお、この問題はくわしくは、別の機会にゆずりたい。

③　わが国の判例に登場する事案のうち、とくに環境行政訴訟において周辺住民などに原告適格を承認する場合にあっては、受忍の限度をこえるような被害をこうむるおそれがあるかどうかが基準とされることがある。このときにおいて、そのような程度の被害を生じさせる場合においては、これについて十分に配慮すべき実体上・手続上の義務があるものとする立場をとるときには、原告適格に関する判断と違法に関する判断とが事実上に重なる可能性がある。

第三に、取消請求である行政処分の違法性そのものに主観的側面がみとめられるのではないか、の問題がある。行訴法一〇条一項は、取消訴訟においては「自己の法律上の利益に関係のない違法」を理由として取消請求をすることができないとしている。逆にいうと、「自己の法律上の利益に関係のある違法」を取消請求事由としなければならないはずである。たとえば、個人タクシー事件、群馬中央バス事件の上告審判決（前掲）は、免許申請にかかわる公正手続違反を、実体上の認定判断に影響し、異なる結論（処分）に到達する可能性がある場合にかぎって、取消事由としている。これは、個人タクシー事件上告審判決が、免許申請人は「公正な手続によって免許の許否につき判定を受くべき法的利益を有するものと解すべく、これに反する審査手続によって免許の申請却下処分されたときは、右利益を侵害するものとして、右処分の違法事由となる」としつつ、私人の権利義務を左右するものは行政処分であるゆえに、処分にひびかないものは取消事由としない考えによるものであると思われる。もちろん、手続上の権利利益に固有の意義をみとめる立場に立てば、実体上の結論は異ならなくても「やり直し請求」をみとめるべきであるとする考えは十分になりたちうる。なお、行政庁の権限の有無は、行政部内における権限分配原則に由来する公益的なものにみえるが、公正手続などにより適正な権限の行使を求める私人の法的利益は、とうぜん権限行使主体の適正におよぶはずである。無権限なものによる行政処分はとうてい適正な権限の行使とはよぶことができないし、権限あるものの行政処分によって権利義務が左右されるべきはずだからである。このほか、取消請求事由のもつ主観的側面については、別の機会（拙著『行政法スケッチ』三〇三頁）にふれたので、ここでは割愛する。

四　取消請求権の主観的範囲　取消請求権についてみとめられる主観的側面からすると、取消請求権の成否、理由の有無に関する判決の効力のおよぶ範囲についても主観的制約がみとめられるのではないか。

最高裁昭和四五年一二月二四日判決（民集二四巻一三号二二四三頁）は、源泉徴収による所得税の納税告知について、支払者が、税額に関する税務署長の判断と意見を異にするとき、「当該税額による所得税の徴収を防止するため、異議申立てまたは審査請求（税通七六条、七九条）のほか、抗告訴訟をもなしうるものと解すべきであり、この場合、支払者は、納税の告知の前提となる納税義務の存否または範囲を争って、納税の告知の違法を主張することができる」。しかし、「納税の告知は、課税処分ではなく徴収処分であって、支払者の納税義務の存在・範囲は右処分の前提問題たるにすぎないから、支払者においてこれに対する不服申立てをせず、または不服申立てをしてそれが排斥されたとしても、受給者の源泉納税義務の存否・範囲にはいかなる影響も及ぼしうるものではない（中略）。支払者は、一方、納税の告知に対する抗告訴訟において、その前提問題たる納税義務の存否または範囲を争って敗訴し、他方、受給者に対する税額相当額の支払請求訴訟（または受給者より支払者に対する控除額の支払請求訴訟）において敗訴することがありうるが、それは、納税の告知が課税処分ではなく、これに対する抗告訴訟が支払者の納税義務また従って受給者の源泉納税義務の存否・範囲を訴訟上確定させうるものでない故であって、支払者が、かかる不利益を避けるため、右の抗告訴訟にあわせて、またはこれと別個に、納税の告知を受けた納税義務の全部または一部の不存在確認の訴えを提起し、受給者に訴訟告知をして、自己の納税義務（受給者の源泉納税義務）の存否・範囲の確認について、受給者とその責任を分かつことができる」としている。

この判決は、納税の告知が課税処分ではなく徴税処分であるという処分の性格から出発し、訴訟上確定すべき権利義務の客観的範囲を問題としているかのようにみえる。しかし、「支払者の納税義務の存否・範囲は右処分の前提問題たるにすぎない」とはいっても、「納税義務の存否または範囲を争って、納税の告知の違法を主張することができる」とし、すなわち、抗告訴訟の訴訟物である行政処分の違法事由を構成するものとされるのであって、それゆえにこそ、この訴訟で敗訴すると支払者は困ったことになるのではあるまいか。この敗訴判決で支払者の納税義務も訴訟上確定していないなら、受給者との訴訟で敗訴した場合も、事前に徴収の防止はできなかったとしていも、後に国に対し不当利得返還請求などが可能なはずで別に困らないからである。この判決は、むしろ基本は、納税の告知が支払者に対してのみされ、受給者に対してされないのに、それによって、支払者の納税義務とともに、受給者の源泉納税義務の範囲まで確定するのがおかしいとする、行政手続上ならびに訴訟手続上の行為の効果の主観的範囲を問題としているとみるべきではないかと思われる。

右のような見地からすると、一般的に、取消判決の第三者効（行訴三二条一項）についても、いわゆる相対効説をとるべきだということになるが、これも別の機会にふれたので（拙著『行政法スケッチ』三三九頁）、ここでは割愛する。

なお、取消請求権に、違法是正のほか、権利の実現・回復・救済という（訴訟要件上もしくは実体請求要件上）主観的側面がみとめられるものとすれば、行政自らの是正措置である職権取消と訴訟取消とが性格を異にすることは明らかであろう（拙稿「職権取消の法根拠について」前掲参照）。職権取消とくに利益処分の職権取消にあっては、私人の側からは、自己の権利利益に対する配慮請求ないし適正な利益の比較衡量の請求がみとめられる。たとえば、違法な許認可といえども、前提にある基本的権利自由の具体化の結果である資本・労力の投下などがある以上、簡単に職権で取り消されては困るからである。逆に、不利益処分の職権取消については、出訴期間経過後、なお一定の要件の下で再判断・再決定の請求権をみとめるべきか（西ドイツ行政手続法五一条参照）が検討の余地のある問題である。

四　請求権の相互関係

一　関連請求における関連性　行訴法一三条は、取消請求の「関連請求」として、①当該処分または裁決に関連する原状回復または損害賠償の請求、②当該処分とともに一個の手続を構成する他の処分の取消請求、

③当該処分に係る裁決の取消請求、④当該裁決に係る処分の取消請求、⑤当該処分または裁決の取消しを求める他の取消請求、⑥その他当該処分または裁決の取消しと関連する請求をあげている。

右のうち、①の原状回復請求は、農地買収処分の取消しを条件とする土地の返還、所有権取得登記の抹消・回復請求などの民事請求をその主要例とする。同じ①の損害賠償請求も、通説判例によれば、国家賠償法にもとづくものにあっても、私法上の請求権とされているから、これまた民事請求である。

②の一個の手続を構成する処分とは、農地買収手続における農地買収計画と買収処分、土地収用手続における事業認定と収用裁決、代執行手続における戒告、通知と代執行など、(「違法性の承継」が問題となるような）一連の手続の一環としておこなわれる処分をさしている。

③と④は、処分の取消請求と裁決の取消請求とが相互に関連請求の関係にあることをしめしている。

⑤は、取消請求の対象となっている同一の処分または裁決に対して他に取消請求が存在する場合であって、結局それは、同一の処分または裁決について、これを争うべき複数の関係当事者が存在している場合をさしている。多数当事者を元来予定している一般処分、周辺住民の生活環境に影響をおよぼす処分が争われる場合のほか、土地の収用裁決を所有者と借地権者が争い、差押処分を所有者と抵当権者が争う場合がその例である。

⑥の例としては、①に準ずるものとして、処分の取消請求と当該処分に原因する不当利得返還請求、②に準ずるものとして、一連の手続を構成する先行処分の取消請求と後行処分の無効確認請求、⑤に準ずる場合として、甲乙競願関係にあるときに、免許を拒否された乙が提起する甲に対する免許処分の取消請求と乙に対する免許拒否処分の取消請求があげられている。

これら関連請求における関連性は、つぎの三つのタイプを区別することができる。

(1)　まず第一に、取消請求の対象となっている行政処分の相互関係という客観的性格によるものがある。①一個の手続を構成する処分、②処分とその処分についての審査請求を棄却した裁決、③競願関係にあって「表裏の関係」にある（最判昭和四三年一二月二四日民集二二巻一三号三二五四頁参照）免許付与処分と免許拒否処分がその例である。

(2)　第二は、同一の処分または裁決の取消しを求める複数当事者が存在するという主観的性格によるものである。これは、さらに大きく二つに分けると、①告示のような一般処分や周辺住民の生活環境に影響をおよぼす処分のように、多数当事者が予定されているものと、②土地の収用裁決や差押処分のような対物処分であって、対象となる物について、所有権者のほかに、用益物権者や担保物権者が存在するものがある。なお、共有物件にあっては、複数の共有権者が存在する。

(3)　最後に第三に、請求権の内容上の相互関係から関連性がみとめられたものがある。①原状回復請求、②損害賠償請求、③不当利得返還請求などがその例である。これらの請求は、取消請求同様に、違法な処分または裁決による結果を是正するとともに、それにもとづく損害等の塡補をはかることを目的としている。同一の原因にもとづく多様な権利侵害に対し、権利の救済・回復をはかるための諸手段のひとつである点で共通する。しかし、取消請求の実現による取消しを条件とするかどうかについては、①のように、これを条件とするもの（最判昭和四七年一二月一二日民集二六巻一〇号一八五〇頁）もあれば、②のように、これを条件としないもの（最判昭和三六年四月二一日民集一五巻四号八五〇頁）もあり、さらに③のように、一般的には条件としつつ、例外的場合にはこれを条件としないもの（最判昭和四九年三月八日民集二八巻二号一八六頁参照）がある。

これらのうち、以下、最後の請求権の相互関係によるもので、近年問題となっているものをとりあげることにしよう。

二　取消請求権と損害賠償請求権　取消請求権の請求要件事由は行政処分の違法性であり、損害賠償請求権は、ここでは国家賠償法にもとづくものにかぎれば、同法の一条一項ならびに二条一項にかかげるものをその請求要件事由としている。とくに一条一項の要件においては、故意・過失等のほか、違法性も要件事由としてあげられている。しかし、取消請求権における違法性は、行政処分という法的行為が目的とする法効果を発生させるべきかどうかの見地に立って、その法効果発生の前提要件に欠けるところがあることを意味するのに対し、損害賠償請求権における違法性は、現に生じた損害から出発して、これを塡補すべき負担を誰に負わせるのが公平であるかとの見地に立って、手落ち、手ぬかりなど、損害との関連において一方当事者の責めに帰せしめるべき加害行為の客観的かつ消極的な法的評価を意味している。したがって、両者は、その意義・性格、判断基準・内容・資料、判断構造等を異にしている（くわしくは、拙著『行政法スケッチ』二一〇頁以下参照）。

このように、「適法性（legality; légalité）に関する法」において、違法な法的行為の是正措置を求めるべき取消請求権と、「責任（liability; responsabilité）に関する法」において、損害・損失の塡補を求めるべき損害賠償請求権とは、請求要件における違法概念を異にするのであるが、これについては、なお、つぎの諸点が指摘できる。

(1)　国家賠償法一条一項における違法を、法的行為の法効果発生にかかわる違法とは区別して、とくに限定的に解する判決例が存在している。争訟の裁判について「上訴等の訴訟上の救済方法によって是正されるべき瑕疵」はこれにあたらないものとし、「違法又は不当な目的をもって裁判をした」など「付与された権限の趣旨に明らかに背いてこれを行使した」とみとめられる特別の事情を必要とするもの（最判昭和五七年三月一二日民集三六巻三号三二九頁）のほか、検察官の論告（最判昭和六〇年五月一七日民集三九巻四号九一九頁）、中央労働委員会の救済命令（東京地判昭和六〇年一〇月二八日判例時報一二一〇号八六頁）、仮処分決定（神戸地判昭和六一年三月三日判例時報一二一二号一三三頁）、検察官の公訴の提起追行（仙台高判昭和六一年一一月二八日判例時報一二一七号三二頁）などについて、これに類似した考えをしめすものや、国会議員の立法行為について、立法内容の違憲性の問題（憲八一条参照）と区別し「立法の内容が憲法の一義的な文言に違反しているにもかかわらず国会があえて当該立法を行うというごとき、容易に想定し難いような例外的な場合」に限定するもの（最判昭和六〇年一一月二一日民集三九巻七号一五一二頁）などがその例である。

もちろん、これらの違法を限定的にとらえる考えに対しては批判がありうるであろうし、また、これらの行為は、一般の行政処分などとは異なった特殊なものばかりである。刑事司法手続上の行為については、かねてより、結果違法説ではなく、職務行為基準説がとられてきた（最判昭和五三年一〇月二〇日民集三二巻七号一三六七頁）のもこのことをしめしている。ただ、しかし、行政処分である敷地二重使用を理由とする建築不確認処分において、法令解釈をあやまった点について、第一審判決が過失なしとして判断したのに対し、控訴審の東京高裁判決（昭和五四年九月二七日判例時報九三九号二六頁）が、「行政処分としての効力はともかく、少なくとも、これをもって国家賠償法一条一項所定の帰責原因としての違法な公権力の行使に当ると断ずることは許されない」として、違法性なしと判断しているのは、損害賠償法における違法が、法的行為の法効果発生にかかわる違法とは異なり、過失におけると同様に、損害塡補責任を帰せしめるべき一方当事者の手落ち手ぬかりの判断であることをよくあらわしている。さらに、これまた行政処分である労災法上の請求棄却決定についても、その法効果内容である遺族補償等の相当額でなく、その法効果内容とはかかわりのない業務外認定の具体的理由にもとづく慰藉料請求にあっては、右処分の取消訴訟において請求棄却判決が確定しても、なおかつ国家賠償請求訴訟において主張できるものと解すべきであろう（札幌地判昭和四五年四月一七日判例時報六一二号四八頁は反対。拙著・前掲書一一七頁参照）。

(2)　さきの争訟の裁判に関する最高裁昭和五七年三月一二日判決には「上訴等の訴訟上の救済方法によって是正されるべき瑕疵」という言葉があったが、最高裁昭和五七年二月二三日判決（民集三六巻二号一五四頁）は、「不動産の強制競売事件における執行裁判所の処分は、債権者の主張、登記簿の記載その他記録にあらわれた権利関係の外形に依拠して行われるものであり、その結果関係人間の実体的権利関係との不適合が生じることがありうるが、これについては執行手続の性質上、強制執行法に定める救済の手続により是正されることが予定されているものである。したがって、執行裁判所がみずからその処分を是正すべき場合等特別の事情がある場合に格別、そうでない場合には権利者が右の手続による救済を求めることを怠ったため損害が発生しても、その賠償を国に請求することはできないものとしている。

かりに、右の考え方を一般化するときは、違法の行政処分については取消訴訟によって是正をはかる救済手続が用意されているがゆえに、とくに処分の法効果内容と同一内容の損害に関するかぎり、そちらによるべきだということになる。たとえば、さきの労災補償など確定的な金銭給付を内容とする処分にあっては、損害賠償請求は、その内容が取消請求によって得られるものと同一であるために、形を変えた取消請求にすぎないのではないかとの疑問がある（拙著『国家補償法』上巻二〇七頁、二一七頁参照）。もしも、このような考えが成り立つものとすれば、取消請求権と損害賠償請求権、是正を求める手続と損害塡補を求める手続、それぞれの間において、機能分担がはかられることになる。その反面、行政処分の法効果内容とはかかわらない損害が問題となるときには、損害賠償請求訴訟において、取消訴訟における違法とは異なった独自の違法判断がされて然るべきだというべきであろう。

(3)　右のような考え方の一般化に対して、たちどころに予想される反論は、営業許可申請等の拒否処分の取消請求とあわせて逸失利益喪失による損害賠償請求が判例上みとめられている（最判昭和五六年二月二六日民集三五巻一号一一七頁参照）ことをどう考えるか、ということであろう。ここでは、本来許可すべきであったにもかかわらず許可しなかったことによる損害という、まさに行政処分の法効果内容による損害の賠償が求められているではないか。また、取消請求における違法と損害賠償請求における違法はとうぜんに同一ではないか。

右のような反論は常識的にはなはだもっともな印象を与える。しかしながら、よく考えてみると、行政処分の法効果内容それ自体による損害、すなわち許可がされるべきであるのに許可されないことによる損害それ自体としては、違法処分が取り消され、取消判決の拘束力にしたがって許可がされるという是正措置がとられることによって解消するはずである。許可されないことによる損害は、許可がされることによって解消している。もちろん、にもかかわらず、それ以外に損害が残存している。ひとことでいって、それは許可の遅延による損害である。右に引いた最高裁判決も、「許可等の申請に対して違法な拒否処分がされた場合に、たとえその拒否処分がその後判決で取り消されたとしても、これによって直ちに許可等の処分がされたと同一の効果を生ずるものでないことは原判決の説くとおりである。しかしながら、違法な拒否処分によって損害を受けたとする者が、右のような効果の発生それ自体を主張し、これを前提として始めて生ずべき損害の賠償を請求するものではなく、本来申請に対して許可等の処分がされるべきであったのに違法にこれがされなかったものであること、そしてそのために許可等の処分がされるべき時期にそれがされたならば、その許可等に基づく行為をし、それによって一定の利益を取得することができる関係にあったのにそれができなかったため、右の利益を取得することができず、これによって損害を受けたことを主張するにすぎないものであるときは、その主張のとおりの事実に加えて当該処分者の故意、過失が認められるかぎり、右損害に対する賠償請求権を肯定することができるのであり、この場合における損害賠償請求権の成否は、右拒否処分が取り消されるかどうか、その取消によって許可等の処分がされたと同一の効果を生ずるかどうかとは、なんら論理上の関係をもつものではない」としている。この判決の言葉を文字どおりにとると、損害賠償請求権の成否にとっては、許可等の申請に対して、拒否処分が介在する必要もなければ、拒否処分が介在するときにも、これの取消が介在する必要もなく、ただ適時に許可がされなかったということで十分である。したがって、建築確認申請に対し、行政指導中の確認留保などの、よくある不作為の違法事例と異なるところはないし、さらに、申請に対し、拒否処分やその取消をおよそ介在させることなく、ただちに申請どおりに許可等の処分がされたときにあっても、ただ、それがあるべき時期より遅かったときには、やはりこの損害賠償請求権はみとめられるべきはずである。そうだとすると、損害原因である違法も損害の内容も、いずれも、処分内容の違法でもなければ、その法効果内容にかかわる損害でもないということになる。是正措置を求める取消請求の手続と損害填補を求める損害賠償請求の手続はここにおいても異なる機能をはたしているわけである。

しかし、右の論理の進め方に対しては、なお、観念的な想定にもとづくものであって、現実に拒否処分があり、かつ、これを違法として取り消す判決が存在する以上、許可の遅れによる損害も、違法な拒否処分が原因であり、損害賠償請求要件事由としての違法もこの処分の違法とすべきであるとする反論が、容易に予想される。たしかに、この場合、是正手続上の違法と損害賠償請求手続上の違法をあえて区別する必要性は乏しいようである。しかしながら、両者の同一性を前提とするとき、いうところの損害はもっぱら是正手続の遅延ないし不備に由来するのではないか、との疑問を禁じえない。というのは、同一の違法であるなら、その結果は是正手続が除去できるはずのものだからである。違法処分の取消は、処分の法効果を遡及的に失わしめることによって、処分がなかったのと同じ状態を回復することをねらいとしている。是正手続がとられたにもかかわらず、なお損害が残るものとすれば、取消訴訟手続に長時間がかかるという是正手続の遅延と遅延にもかかわらず仮の救済に欠けるという是正手続の不備によるものである。たとえば、営業許可取消処分の取消訴訟の場合には、処分の執行停止により営業を継続することによって、裁判の遅延による損害をさけることができる。ところが、申請拒否処分などにあっては、このような仮の救済の手段を欠いている（なお、熊本の水俣病申請者治療研究事業による医療費等が未認定患者に支給がされていることが不作為損害賠償請求訴訟において損害額算定に際して参酌されている。福岡高判昭和六〇年一一月二九日判例時報一一七四号二一頁参照）ため、営業上の逸失利益の損害賠償の請求が必要とされる。ちなみに、処分の相手方以外の第三者に取消訴訟の原告適格、執行停止の申請人適格がみとめられるとき、この第三者の申請による許可処分等の執行停止によっても、同様の損害が処分の相手方に生ずる。この場合の損害賠償責任の要件・内容・負担者はどうなるのであろうか（阿部泰隆『行政救済の実効性』二〇六頁以下参照）。

このようにみてくると、取消請求と損害賠償請求における違法が全く同一のものとみられる場合においてさえ、両請求の手続はそれぞれ異なる機能をはたしつつ、相互に補完しあって、前提にある基本的権利自由の実現・救済・回復につかえていることがわかる。この見方を徹底すると、たとえば、一方において、是正手続の不備・欠陥が著しいとみられるときは、損害塡補責任について結果違法説的発想に立って広くこれをみとめ、他方において、是正手続の不備・欠陥が軽微とみられるときは、職務行為基準説的発想に立って損害塡補責任を限定的に解するという解釈も可能となるであろう。

(4)　最後に、まさに是正措置がとられることによってはじめて生ずる損害がある。農地買収処分が無効とされ取り消されることによって、その後の売渡処分、被売渡者からの転々譲渡行為がさかのぼって無効となり、転得者が土地所有権を失い、土地上の建物を除却し、営業を廃止せざるをえなくなるなどの損害をこうむるのがその例である。「行政処分が違法であることを理由として国家賠償の請求をするについては、あらかじめ右行政処分につき取消又は無効確認の判決を得なければならないものではない」（最判昭和三六年四月二一日前掲）ことは確立した判例であるが、しかし、右のような場合には、是正措置がなければそもそも損害が発生しない。たしかに、さかのぼれば違法処分に起因するとはいうものの、違法処分の是正措置がなければ、違法処分にもとづく既成事実をくつがえすことによる損害は生じない関係にある。したがって、損害は是正措置を前提要件事由としている。このため、損害賠償請求権の消滅時効の起算点は是正措置の時とすべきであろう。

この関係で問題は、民法七二四条後段の二〇年を判例学説の大勢（判例学説については、仙台高判昭和六一年一一月二八日判例時報一二一七号三二頁における当事者主張参照）[1]にしたがって除斥期間と解し、その起算点である「不法行為ノ時」について文字どおりに加害行為時説（直接請求可能説）をとるとき、再審無罪の場合などが事実上救われないことになることである。これに対しては、権利行使可能時説（再審経由説）も有力にとなえられている。たしかに、この場合は、理論的には、是正措置（再審）をまって損害が発生しているのではなく、最初の加害行為（原判決とその執行）によって損害が発生しているから、最初から損害賠償請求をすることが不可能ではない。しかし、実際上には不可能といってよい。そこで、除斥期間であることを前提としつつ、なんらかの救済の法理を考案するものとすれば、有罪判決とその執行という重大な権利侵害行為については、万一あやまっているときには、是正措置（検察官による再審請求・再審無罪判決）をとるべき義務を想定し、あたかも作為起因性の不作為におけると同様に、この作為義務に違反する違法の不作為をもあわせて加害行為とする解釈をとるべきであろう（結果的に再審経由説と一致する）。ちなみに、買収農地について第三者のもとでの取得時効完成による土地所有権喪失について「違法な状態を放置してこれを取消すなどの原状回復義務を懈怠したために生じたもの」として、買収処分時ではなく、その取消処分時を起算日としたものがある（大阪地判昭和五八年四月二五日判例時報一〇八六号一二三頁）。

以上ごく簡単にみるところからも、違法是正のための取消請求手続と損害塡補請求手続の関係にはさまざまであって単純なものではないことが知られる。なお、この点からしても、西埜章『国家賠償責任と違法性』のとる国家賠償法一条にもとづく責任に関する違法責任説には疑問がある（なお、そこでは、刑事司法手続行為に関する結果違法説、職務行為基準説の理解にみられるような責任根拠、違法評価の対象、評価基準などの間の混同、国家賠償法二条にもとづく責任の構成における「通常」性判断の中への予見可能性・回避可能性・不可抗力論の混入など、いささか単純な論理の展開がみられ、従来の学説判例の流れを無視した一面的で断定的なもののように思われるが、詳論は別の機会にゆずりたい）。

三　取消請求権と損失補償請求権　損失補償請求権の確定・争訟の手続は多様であるが、ここではとくに土地収用法一三三条にもとづく訴訟の性格をとりあげる。

この訴訟の性質をめぐっては、給付（確認）訴訟説と形成訴訟説の対立がある。相当以前より実務上、学説上ともに給付訴訟説が大勢をしめて、これが定着するかにみえつつ（下出義明「損失補償に関する訴における訴訟上の諸問題」実務民事訴訟講座９巻二五頁、大阪地判昭和四八年七月五日判例時報七四三号五〇頁・同コメント、名古屋地判昭和四九年一二月二三日判例時報七七七号三七頁・同コメント、鈴木禄弥・高原賢治編『土地収用法50講』二〇六頁・

二〇九頁（池田敏雄）、綿貫芳源「行政判例研究」自治研究五二巻八号一〇七頁、小高剛『土地収用法』六二七頁、小沢道一『逐条解説土地収用法』下巻五八七頁など参照）、なお、近年においても、形成訴訟説に立つ判決例（高松高判昭和五九年一二月二四日行裁例集二五巻一二号二三三三頁、東京地判昭和六〇年一二月一九日判例時報一一九四号六一頁）、司法実務家の説（宍戸達徳「公用負担関係事件の審理における二、三の問題」新実務民事訴訟講座10巻八五頁、村上敬一「損失補償関係訴訟の諸問題」同上書一三五頁）、学説（鈴木庸夫「当事者訴訟」現代行政法大系5巻一〇〇頁、南博方編『条解行政事件訴訟法』一五七頁（碓井光明）。ただし、前者は、収用裁決の公定力ではなく、その形成力を排除するものとし、後者は、請求の趣旨においては給付ないし確認を求めるものでよいとするため、実質的には、給付訴訟説とちがわない）が散見される。

行政実務家の目から見ても、「この問題は、増減額訴訟の『請求の趣旨』において『裁決の変更を求める』旨を記載しなければ確認または給付の請求をなしえないのか、という問題であり、多分に訴訟技術上の（その意味では、理論的にはともかくとして、裁判を求める国民の側からすれば枝葉末節の）問題にすぎない。このような問題のために国民の裁判を受ける権利（憲法三二条）の行使が妨げられるべきものではない」（小沢・前掲五九一頁）し、また、平均人を前提とする訴訟観からみても、「裁判所が釈明権行使、請求の趣旨善解など後見的機能を発揮すれば、実際上さしたる意味をもたない机上の遊戯」（阿部泰隆『行政救済の実効性』一七頁、同「収用と補償の諸問題(上)」自治研究六二巻一一号三頁以下）に終わるべきはずのものである。しかし、「一般理論を機械的に適用して救済を拒否する一見理論派の裁判官」が登場する心配がないわけではない（阿部・前掲論文六頁）。また、この訴訟の性質を明らかにしておくことは、収用裁決取消訴訟にこの訴訟を追加的に併合したり（最判昭和五八年九月八日判例時報一〇九六号六二頁参照）、逆に、この訴訟に収用裁決取消訴訟を追加的に併合する（東京高判昭和六〇年六月二五日判例時報一一七二号三〇頁参照）場合の後訴の出訴期間の遵守（起算日）の問題や、これらの訴訟の当初からの主観的予備的併合の許容性の問題（南博方編『条解行政事件訴訟法』五三四頁（宍戸達徳＝金子順一）、小沢・前掲五九五頁など参照）などにとっても、意義があるであろう。

それでは、この訴訟の性格は何か、といえば、いうまでもなく、給付訴訟説をとるべきである。その理由は、つぎのようなものである。

(1)　収用裁決はもともと一個の行政処分であるにもかかわらず、土地収用（の範囲・時期）に関する部分と損失補償（の方法・金額の多寡）に関する部分とに二分され、訴訟の手続が二分されている（収用一二九条以下、一三三条）。土地収用それ自体は争わないで、むしろ収用は前提としつつ、補償金額の多寡を争う訴訟にあっても、この一個の行政処分の一部分の判断を争っている以上、この処分の変更を求めるものだとみる見方は、それなりに理解できる。しかしながら、実は、収用裁決はもともと一個の行政処分というべきではなく、もともと土地収用に関する決定と、損失補償に関する決定という二個のものが、一つに合体されたものである。それは、もっぱら「補償なければ収用なし」の事前補償の趣旨を徹底するために、補償決定を収用決定の中に組み込み、補償金等の払渡等をもって収用裁決の効力発生の前提要件とする（収用一〇〇条）ことによって、補償債務の履行確保をはかる目的でされている。このため、事前補償の原則が徹底できない場合においては、補償裁決を民事執行法上の債務名義とみなすことによって、別途、その履行確保をはかっている（収用九四条一〇項以下、一二四条二項、公共用地特措三七条）。なお、土地収用法一三三条が損失補償請求訴訟の出訴期間を三ヵ月に限定しているのも、損失補償請求権を早期に確定させようとする趣旨に出たものと解すべきであろう。たまたま取消訴訟の出訴期間（行訴一四条一項）と一致するが、だからといって、「抗告訴訟原則」にかえった（高田賢造『新訂土地収用法』四九四頁）とみるのは正しくない。この出訴期間の三ヵ月は、明治三三年土地収用法八二条一項以来のことで、現行の行政事件訴訟法施行にいたるまでは、収用裁決取消訴訟については二週間の出訴期間がさだめられていた（旧土地収用法八一条三項、土地収用法旧一三三条参照）ため、両者は異なっていた。現行法上の一致は偶然の結果にすぎない。

(2)　以上のような実定法制度を前提にすると、請求の趣旨においては、むしろ、収用裁決の変更を求めてはならない。収用裁決の取消を求めたのでは、損失補償の基礎となるべき収用そのものが消滅することになることは明らかであるが、その変更を求めるものにあっても、やはり困ったことになるからである。それは、収用裁決にかかわる補償金等の払渡等が収用裁決の効力発生要件とされているため（収用一〇〇条）、ここのところの補償金等が変えられては、やはり収用裁決の取消と等しい結果となってしまうのである。そこで、法は、事前補償確保の見地から補償決定を収用裁決の構成部分としつつ、右のような事態をさけるために、わざわざ争訟段階では、その手続を二分しているのである。法は、収用裁決「に係る」補償金等とし、収用裁決「において定められた」補償金等とは書いていないし、課税処分の場合のように、その取消の効果を限定するような規定（税通二九条三項、地税二〇条の九の二第四項）も設けてはいない。

(3)　形成訴訟説の中には、収用裁決が収用委員会という専門家からなる行政委員会により比較的に整備された手続をふんでおこなわれるものであるため、あたかも特許審決の訴訟におけると同様に、補償金額の多寡をめぐる争いについても、訴訟段階でも、行政委員会の判断を尊重する形で審判すべきでないかとする考えがうかがわれることがある。「収用委員会は、補償額を裁決するについては、客観的な損失額の如何を問わず、起業者の申立てを下限、被収用者の申立てを上限とする申立ての範囲に拘束される（収用四八条三項、四九条二項、九四条八項）ものとされているが、補償金の増減額請求の訴えにおいては、当事者は、裁決手続における申立ての範囲（裁決書の事実摘示欄に摘示される）を超えて増減額請求をすることができない」（村上敬一・前掲一六〇頁）とするのがその例である。しかし、このような、さきの阿部説によれば「一見理論派の裁判官」の説とみられかねない見解は（なお、同氏は、「無効等確認の訴え」現代行政法大系4巻二六七頁以下、二九六頁においても、行訴三六条の現在の法律関係に関する訴えの語を形式的にとらえ、「営業許可申請却下処分等についても、それが無効というのであれば、それを前提として、行政庁が改めて申請の許否を決しないことの不作為が違法であることの確認を求めて不作為の違法確認の訴えを提起することで救済としては必要かつ十分であろう」としておられる[2]、明治憲法下の美濃部説（『公用収用法原理』二一二頁）においても排斥されている。補償金額について行政庁の決定を介在させている趣旨は、もっぱら事前補償の趣旨にのっとり、可及的に迅速かつ簡易な救済を与えようとするものであり、明治憲法時代においてさえ司法裁判所による救済がみとめられたのは、権利（この場合は財産権）の最終的な擁護者の判断を留保すべき必要性が高いとしたからである。両者あいまって前提にある基本的権利自由の実現・救済・回復に万全を期している。行政庁の認定判断を前提とし、これを再審査する形をとらなければ、行政庁の認定判断を介在させた趣旨に反するといった役所の縄張り根性からではなく、実定制度の原点に立ちかえって理論構成をする必要があるのではないであろうか。

(4)　小沢道一・前掲書には、収用裁決後の新たな事情等にもとづく新たな増減額請求が訴訟においてみとめられるべき場合が数々あげられている（前掲一三五頁、一四七頁、一七一頁、一七八頁、一八五頁、二八一頁。なお、土地価格算定時について大審院は裁決時でなく収用時説をとったため、裁決後の地価低落を理由とする減額請求が可能であった。美濃部・前掲三二五頁参照）。この点からしても、収用委員会の認定判断を争うべきものとする形成訴訟説は疑問であろう。

四　損害賠償請求権と損失補償請求権

この両請求権の競合が問題とされているものに近年の予防接種事故に関する判決例がある（①高松地判昭和五九年四月一〇日判例時報一一一八号一六三頁、②東京地判昭和五九年五月一八日判例時報一一一八号二八頁、③名古屋地判昭和六〇年一〇月三一日判例時報一一七五号三頁、④札幌高判昭和六一年七月三一日判例時報一二〇八号四九頁、⑤大阪地判昭和六二年九月三〇日判例時報一二五五号四五頁）。

まず、予防接種事故という生命・身体侵害について損失補償請求権が成立するか、の論点があるが、ここでは省略する（ジュリスト八九八号特集における諸論稿など参照）。ここでは、その成立を一応前提としたうえで、これと損害賠償請求権との関係、とくに両請求の訴訟上の併合の問題をとりあげることにしよう。

この点について、消極的な見解をとるものに④があり、つぎのようにいう。「行訴法は（中略）、基本となる請求とその関連請求との間に主従の区別をしており、関連請求が民事訴訟の場合は、これを主とし行政訴訟を従とすることは、行政訴訟手続を中心として規定する行訴法の予想するところのものではないというべきである。更に一般的に民事訴訟に行政訴訟を併合することを認めると、その審理手続がどのようになるかとの問題があり、主たる民事訴訟の手続で審理されることになると解するときは、そのような結果は行訴法の趣旨を没却することになり、妥当でないと考えられる（中略）。行訴法一九条一項の規定の類推適用を根拠として民事訴訟である本件国家賠償請求に当事者訴訟である本件損失補償請求を追加的に併合することは許されない」と。

これに対して、積極的見解をとるものに③と⑤がある。③は、「本件損失補償請求とは違法無過失の公権力の行使に基づく損失補償請求に他ならないと解すべきところ、かかる法分野は公法、私法が交錯する新たな法分野、ないし伝統的概念による公法、私法が接する限界上の未開拓の法領域であり、その法律関係を敢ていずれかに截然と区分することは不可能であり（中略）、本件損失補償請求権が私法上の権利といい得る側面をも有していることは否定できないものと認められ、結局右請求を民事訴訟手続によるか、行政事件訴訟手続によるかという選択は、本件のように公私法領域が深く交錯する特殊な事案の場合には、これを原告が行なっても差し支えがない」とし、また、かりに「単純な金銭の給付請求である損失補償請求は、これが実質的当事者訴訟であるとしても損害賠償請求と密接な関連性を有するものであり、かかる場合には、行訴法一六条一項の規定は、当初係属している行政事件訴訟に民事訴訟を併合する場合のみならず、当初係属している民事訴訟に実質的当事者訴訟たる行政訴訟を併合する場合にも準用される」ものとする。

また、⑤も、「原告ら主張の損失補償請求権は、適法な原因行為による法の予想しない（その意味で違法な）結果に基づくものとして、前二者（損害賠償請求権と損失補償請求権――遠藤注）の中間領域に成立するものとみられるから、これを一概に純正な公法上の権利であると評価することができず、従って、右請求権を訴訟物とする訴訟を単純に実質的当事者訴訟とみることはできないこと、また、（中略）、原告らは、右損失補償請求を本件訴えの提起時よりなし、前記準備書面は、単にこれを明確化したのにすぎないものと評価できる余地がないわけではないこと、加えて、本件訴訟の経過に照らし、右請求の併合が許さないことによって、原告らに多大の時間的、経済的損失の生ずることが予測されること、以上の各事情を考え併せると、右原告らの申立てを実質的当事者訴訟の追加的併合の申立てとみて、訴えの客観的併合の要件（民訴法二二七条所定の訴訟手続の同質性）を欠くことを理由に、右申立てを不適法とすることは、原告らに極めて酷な結果となり、相当でないというべきである。もっとも、原告ら主張の右損失補償請求権が公法上の権利としての側面を持つものであることは否定できず、この面に着目すると、原告らの右申立てを請求の追加的併合の申立てとみる限り、行訴法が行政訴訟の特殊性より定めた特則規定（同法二三条、二四条、三三条等）との関係で、原告らの右申立てを許した場合に生ずる被告の応訴上の不利益を考慮しなければならないけれども、本件訴訟の性質及び進行状況に徴し、被告に右応訴上の不利益のあることは、認められないので、原告らの右損失補償請求にかかる訴えの追加的併合は、これを許すべきである」としている。

この消極、積極の両説のうち、いずれをとるべきか。速断はさけるべきであろうが、つぎの理由から、積極説に傾いている。

(1)　行政訴訟である当事者訴訟のうち、形式的当事者訴訟には、元来、私人相互間の紛争収拾のために行政決定が介在し、訴訟段階では再び本来の紛争当事者間の訴訟の形にかえるものであるため、結局、私人間の紛争の実質をもつものが少なくない（客観訴訟ではあるが住民訴訟のうちのいわゆる四号請求も民事請求を内容とする）。逆に、いわゆる争点訴訟（行訴四五条）においては、若干の手続的手当てがされているものの、民事訴訟の先決問題審理において行政処分の効力の有無等の判断ができることとされている。民事訴訟と行政訴訟の間の垣根はさほど高くないといってよい。

(2)　行訴法四一条二項は、関連請求に関する規定を当事者訴訟に準用している。同一三条等における取消請求を当事者訴訟の目的となる損失補償請求などの請求に置きかえるものとすれば、損失補償請求にとって損害賠償請求が関連請求であることはまちがいない。前者に後者を併合することは許されるが、後者に前者を併合することはできないとするのが消極説の考えである。たしかに、いうところの主従の区別があって、規定上取消請求訴訟中心主義がとられているようにみえる。しかし、準用規定においても行政訴訟中心主義がとられているのであろうか。実質的にみても、紛争の根源である行政処分の取消を中心として紛争の処理をすることには理由がある。しかしながら、当事者訴訟にそれだけの理由がみとめられるであろうか。

(3)　取消請求とその関連請求の間には、上記の主観的・客観的性格にもとづく関連性の場合を別にして、請求要件事由や目的効果を異にするという差異が認められる。損害賠償請求と損失補償請求とでは、たしかに請求要件事由を異にするものの、目的効果である金銭給付請求にさほどの差異があるわけではない。とくに予防接種事故事例において、請求要件事由における差異もいわば理論構成次元のものであって、事実上の加害行為など法的評価以前の社会的事実は同一のものを基礎としている。いいかえると、両者の併合、他方の追加的併合による被告の応訴上の不利益は大したことはない反面、みとめないことによる原告側の不利益は大きい。また、訴訟物の構成によっては、両請求は、同一請求の理由づけの差異とみる余地もあるであろう。

五　残された問題

一　取消請求と「現在の法律関係に関する訴え」にかかわる請求との関係、公法上の金銭債権（拙著『行政法スケッチ』一一四頁参照）などについてもなお検討を予定していたが、時間と紙幅の制約から、別の機会にゆずらざるをえない。

二　請求権の体系としての行政法の体系を描くことが筆者の当面の課題である。その概要は、近刊予定の拙著『実定行政法』に展開している。まだキメ粗いものであるが、きびしい批判を期待したい。同書では、第一編で請求権の基礎理論、第二編で取消請求など「適法性に関する法」における諸請求の請求要件事由を、第三編で損害賠償請求、損失補償請求といった「責任に関する法」における請求要件事由をそれぞれとりあつかったあと、第四編において、これら請求権にかかわる訴訟手続をとりあつかっている。

（１）　筆者所持の準備書面の当事者主張において学説判例の集成がある。紙面節約のため参照にとどめたが、判例集には登載されていなかった。平均的法学者に探索容易な論点であるため、省資源の見地から、ここでも省略する。

（２）　最高裁昭和六二年四月一七日判決（民集四一巻三号二八六頁）は、行訴法三六条について形式的な還元説をとらず、実質的な目的実現説をとったものと解される。同条が現在の法律関係に関する訴訟を原則とする趣旨が、紛争の終局的解決を求めるべきだとする点にあるものとすれば、不作為の違法確認ではなく、むしろ義務確認訴訟こそをみとめるべきではないかと思われる。

（北大法学論集三八巻五・六合併号、一九八八年）

3　取消請求権の構造と機能

一　問題の提起

1　序　言

雄川一郎教授の主著は『行政争訟法』（一九五七年、法律学全集）であり、行政争訟法を主たる研究分野とされた。また、現行行政不服審査法、行政事件訴訟法の立法過程にも参画されたことはよく知られている。

ところで、現行行政事件訴訟法は取消訴訟中心主義をとっているものとみられる。それは、当事者訴訟に対する関係で、抗告訴訟がより一般的な訴訟類型とみられ、ついで、抗告訴訟の中においても、ひとつは、無効等確認訴訟に対する関係で、他のひとつは、義務づけ訴訟などの無名抗告訴訟、不作為違法確認訴訟に対する関係で、取消訴訟が一般的な訴訟類型と考えられているためである。もちろん、学説上には、当事者訴訟や義務づけ訴訟について積極的立場をとるものも珍しくはない。しかし、司法実務上において、取消訴訟が他に対して圧倒的な比重をしめていることは否定できないように思われる。

このような現状を前提とするとき、取消訴訟のあり方が、国民の権利救済にとって決定的に重要な意義をもつことはいうまでもない。また、取消訴訟がこのように一般的であることは、その中に種々雑多なものを抱え込むことをも意味する。ひとくちに取消訴訟といっても一様ではないわけである。そこで、本稿は、取消訴訟によって実現されるべき取消請求権の機能の多様性やその構造的特色に注目しつつ、取消請求権の実現にとって実効的な取消訴訟のあり方を、立法論的提案をまじえながら、論ずることとする。

２　取消請求権の構造

取消請求権の構造と機能については、かつてつぎのようにのべた[1]。

「取消請求は複雑で屈折した構造をもっている。

取消請求にあっては、実体法上の権利がそのままの形で訴訟上の請求を構成するのではない。実体法上の権利と訴訟上の請求の間に、いくつかの手続過程が組み込まれ、折り込まれているがゆえに、屈折した構造をもつことになる。それは、簡単にいえば、実体法上の権利を実現するための行政諸制度にもとづく行政上の手続過程の存在であり、手続過程上の権利義務の存在であり、この手続過程における結節点のひとつとしての行政処分の存在である。営業上の権利自由であれ、土地利用上の権利自由であれ、このような手続過程をへて具体化され実現される。しかし、行政手続過程やその結果である行政処分に不満であるときは、裁判に訴えることによって、実体法上の権利自由の実現・救済・回復をはかる途が用意されていなければならない。その手段のひとつが取消請求であり、上記のような意義をもつ行政手続過程上の行政処分の取消を通じて、実体法上の権利の実現につかえている。しかし、行政処分の取消が即ただちに実体法上の権利の実現に直結しているわけではない。取消判決の拘束力による申請の再判断（行訴三三条二項）のように、再び行政手続過程に問題処理が投げ返される場合も少なくないからである。

このように、取消請求・取消判決の前後にいわば行政手続過程・行政処分が折り畳み込まれて、はじめて実体法上の権利と相関連する屈折した構造となっている。しかも、この行政手続過程・処分のあり方が問題となっている実体法上の権利などによって一様ではないため、その構造はまことに複雑だといわなくてはならないであろう」

3　取消請求権の機能

「行政処分取消訴訟にあっては、問題となる実体法上の権利、これを問題とする行政手続過程・処分も多種多様であるため、取消の意義内容も多様であって、一律に論ずることができない。行政処分取消訴訟における取消請求の機能には、代表的なものとしてつぎのようなものがある。

①単純な取消請求　すなわち、破棄、取消御破算による権利の救済・回復がある。収用裁決、農地買収処分、懲戒処分の取消がその例。

②減額請求　課税処分の取消にあっては、法は、取消により『減少した税額に係る部分以外の部分』の租税の納税義務に影響しない（税通二九条三項、地税二〇条の九の二第四項）としているため、取消請求は減額請求として機能している。あたかも土地収用法一三三条による損失補償請求訴訟における減額請求と類似の機能をもつ。ただし、最終的な税額確定訴訟としては構成されていない（税通七一条一号参照）。

③やり直し請求　規制行政や給付行政においてひろく一般にみられる申請を前提とする行政処分について、申請を却下・棄却する処分の取消にあっては、取消判決の拘束力により、判決の趣旨にしたがって、あらためて申請に対する処分をしなければならない（行訴三三条二項）とされているから、取消請求はやり直し請求である。手続上の違法を理由とする取消も同様。

④義務づけ請求　社会保険給付申請など、比較的に定型的事由にもとづく確定金額給付を内容とする処分申請にあっては、上記のやり直し請求は実質的に義務づけ請求ないし給付請求の機能をもつ。

⑤差止請求　行政過程の初期段階の行為（計画など）に行政処分性がみとめられれば（なお、加えて訴訟の迅速性が現実に期待できれば）、この行為の取消請求は実質的に差止請求の機能をもつ。

⑥原状回復請求　行政処分の執行後などの行政過程の後期段階にも訴えの利益が消滅しないとする法理が構成できるならば（行訴九条括弧書。なお、西ドイツ行政裁判所法一一三条一項二号・三号参照）、原状回復請求の機

能をもつ（後略）。

⑦違法確認請求　事情判決（行訴三一条）の場合のほか、さきの免職処分取消による身分回復の余地がないときでも給与請求等の他の請求のために必要があるときには訴えの利益が消滅しないとされる場合の取消請求は実質的に違法確認請求の機能をもつ（なお、西ドイツ行政裁判所法一一三条一項四号参照）[2]」

4　本稿の課題

本稿は、拙稿「行政法上の請求権に関する一考察」[3]（拙稿①と略称）、「収用裁決取消判決の第三者効について」[4]（拙稿②と略称）の続稿である。すなわち、本稿においても、行政行為論的アプローチによってではなく、行政過程論的アプローチをとり、取消請求権を、憲法上などの基本的法的地位としての権利自由が行政手続過程上の権利義務をへて、訴訟上の請求権として結実したものであって、行政処分をふくむ行政諸制度の前提にある権利自由の救済・回復・実現の手段であるとする立場をとる。この立場に立って、あるべき取消請求権の実効性の見地からみるとき、現行の行政事件訴訟法にいかなる問題点があり、それを是正する方策としていかなるものがありうるであろうかを探究することとする。

なお、本稿では、取消請求の主観的側面を強調するため、取消請求権の語を取消請求と同義的に用いている。

二　問題の現状——行政事件訴訟法の内容——

1　取消請求権の特定（単位）

行政事件訴訟法上、取消請求権の特定ないし単位はつぎの原則にしたがっているものとみられる。

(1)　一処分一取消請求（行政処分単位）の原則　取消請求権は一個の行政処分ごとに成立する。それは、一個の手続を構成する複数の行政処分が存在する場合、それぞれの行政処分ごとに各別に取消請求が成立し（行訴一三条二号参照)、また、第一次的な処分とこれに対する審査請求にかかわる裁決についても、それぞれ各別に取消請求が成立する(行訴三条二項・三項、一〇条二項、一三条三号・四号)とされることによって示されている。

(2)　一当事者一取消請求(当事者単位)の原則　ついで、取消請求は関係当事者ごとに各別に成立するのを原則とする。すなわち、一個の行政処分に対する取消請求であっても、複数の関係当事者がいる場合には、これら当事者ごとに各別に取消請求権が成立する(行訴一三条五号参照)。一つの収用裁決に対して土地所有者と借地権者や複数の共有者が取消を求めて、これを争ったり(拙稿②参照)、都市計画決定を多数の地域住民が争うのがその例である。

(3)　一請求一訴訟(個数単位)の原則　以上の取消請求の個数単位の原則は、とうぜんのことながら、一個の請求が一個の訴訟を成立させることを前提としている。すなわち、民訴法上、審判の対象となるべき訴えの内容は、請求によって特定され、これが訴訟の目的である(民訴二一条ないし二三条、五九条ないし六三条、七一条、一九九条、二三九条など)。審判の対象が不明確であっては、判決の既判力の客観的範囲が明確とならないため、関係当事者間において法律関係を確定させようとする訴訟の目的を達しないのである。

(4)　一請求一訴訟(類型単位)の原則　一請求一訴訟の原則は右の個数単位という量的側面のほかに、訴訟類型判断という質的側面がみとめられる。すなわち、請求それぞれの各別ごとに、その請求内容に応じて、訴訟の種類・類型が一つずつ判断される。われわれが問題としている取消請求においては、何年何月何日づけのかくかくの「行政処分を取り消す」ことを請求の趣旨として求めているがゆえに、取り消訴訟の類型にあたるものとされ、行訴法上の取消訴訟手続によって審判されることになる。申請拒否処分を取り消したうえで、許認可処分等をすべきことを義務づける請求にあっては、義務づけ請求として義務づけ訴訟によって審判されるべきことになる。

２　取消請求権相互の競合と関連

取消請求は、このように、請求内容によって他の種類の請求と区別されるとともに、それ自体にあっても、客観的に行政処分ごとに、主観的に関係当事者ごとに区別されることによって、細分化されている。このように、細分化された請求ごとに一つの訴訟手続がみとめられることを基本とする。しかしながら、請求相互間に実際上に密接な関連がある場合が少なくない。このような場合には、訴訟手続上にも、複数の請求を相互に関連させたとりあつかいをしたほうが、ムダな手続の重複や判断の矛盾抵触をさけることができるために好ましいことがある。そこで、行訴法上の規定や実際の裁判例において、競合する請求を相互に関連させたとりあつかいをすることとしている場合がある。まず、取消請求権が相互に関連する場合をとりあげることにしよう。

(1)　行政処分性の判断　　取消請求権（ないし無効確認請求権）の対象となるべき行政処分性がみとめられるかどうかの判断にあたって、後行行為に対して取消請求権がみとめられることを理由として、先行行為について、これを否定するものがある。区画整理事業計画に対して抗告訴訟の対象としての行政処分性を否定する理由のひとつとして、換地処分などの具体的な処分段階で取消請求権をみとめれば十分だとするのがその例である。(5)

(2)　訴えの利益の判断　　競合する取消請求権の対象となっている行政処分の内容が重複するものであるために、取消請求の目的もまた実質的に重複するものとなるとき、従たる取消請求について訴えの利益が否定されることがある。原処分とこれを維持した裁決の取消請求が同時にされている場合に、原処分取消請求を棄却するときは裁決取消請求の訴えの利益を肯定し、(6)原処分取消請求を認容するときは裁決取消請求の訴えの利益を否定するのがその例である。(7)

(3)　主張・審理事由の制限　　旧行政事件訴訟特例法の下で問題のあった原処分と裁決の関係について、現行行訴法は、処分取消訴訟と裁決取消訴訟とを区別しつつ（行訴三条二項・三項）、判断内容の重複矛盾をさけるため、いわゆる原処分主義をとり、原処分取消請求と裁決取消請求の両者が競合しうる場合には、後者の裁決取消訴訟において、原処分の違法を理由として取消を求めることができないとしている（同一〇条二項）。実体法的にいえば取消事由の制限であり、訴訟法的にいえば主張・審理事由の制限である。なお、処分取消請求と裁決取消請求は、相互に、後掲の関連請求とされている（同一三条三号・四号）。

(4) 関連請求の併合　行訴法一三条所定の関連請求については移送・併合の手続がみとめられている（同一三条、一六条ないし二〇条、三八条一項、四一条二項、四三条）。関連請求には、取消請求と他の種類の請求との間のものと、取消請求相互間のものとがある。後者には、①上記の原処分と裁決取消請求相互間（同一三条三号・四号）のほか、②「一個の手続を構成する」複数の行政処分取消請求相互間（同一三条二号）、③一個の行政処分に対して成立する複数の取消請求相互間（同一三条五号）、④その他関連する取消請求相互間（同一三条六号）のものがある。

右の②の「一個の手続を構成する」複数の行政処分には、土地取得手続（農地買収計画と買収処分、事業認定と収用裁決）、都市計画手続（施設設置のための事業計画と許認可、地域地区に関する計画と土地利用上の許認可）、強制執行手続（代執行、滞納処分）などの多様な場合があるが、客観的に行政処分の相互関係にもとづく関連請求である。④の例としては、放送免許申請にかかわる免許付与処分と拒否処分という「表裏一体の関係」にある複数の処分取消請求があげられる[8]。これも客観的な行政処分の相互関係にもとづくものである点で②に類する。これらに対して、③は、収用裁決を複数の関係当事者（土地所有者と借地権者、複数の共有者）が争うのがその例であって、単一の行政処分について複数の関係権利者が存在するという主観的事由にもとづくものである（拙稿②参照）。

3　他の請求権との競合と関連

取消請求権がその他の種類の請求権と競合し相関連づけられることがある。ここでは、多くの場合、行政処分を取り消すとともに、行政処分の法効果内容の是正等を図ろうとするものである。農地買収処分を取り消すとともに農地所有権の確認、登記の抹消・返還を求め、課税処分を取り消すとともに超過部分の不当利得返還請求をするのがその例である。したがって、複数の取消請求権相互間におけるように、主要なものがみとめられれば、他のものについて、行政処分性が否定されたり、訴えの利益がみとめられないといった相互排他的な関係はみられない。むしろ、ここでは、他の種類の請求は、あやまった行政処分の後始末のためのものであり、また逆に、行政処分の取消を条件とするなどのゆえに、相互補完的な関係にあるといってよい。あやまった行政処分の後始末すなわち是正措置を求める請求のうち代表的なものとして、つぎのようなものがある。

(1)　金銭給付請求　行政上に問題となる金銭給付請求にはさまざまなものがある。①公務員の俸給請求、②社会保険上の給付請求、③生活保護法上の給付請求、戦傷病者戦没者遺族援護法上の給付請求などをふくめて、広義の社会保障上の給付請求、④損失補償請求、⑤損害賠償請求、⑥不当利得返還請求などが代表的な例である。

右のうち、①②③は、個別的立法にもとづくものであって、数かずの立法にもとづく例は他にも少なくない。行政庁のあやまった給付決定を争い、申請拒否処分の取消を求めたうえで給付請求をするのを例とするが、①の場合、俸給請求の前提となる地位を回復するため、免職処分の取消を求める形をとることがある。④は、個別的立法にもとづくもののほか、憲法二九条三項に直接もとづいて請求するものがある。前者の場合、行政庁の給付のための決定・裁決などを介在させるのが通例であるが、損失補償請求にあたって、これらの決定・裁決などの取消を必要とするかどうかについては、実定諸制度のいかんと解釈論上の見解の相違によって、分かれている（拙稿①参照）。⑤について、国賠請求にあっても、原因となった行政処分の取消等を必要としないことは判例上確立している[9]（ただし、消防六条参照）。⑥については、一般には原因となった行政処分の取消を条件とするが、例外もみとめられている[10]。

(2)　現状確認請求　あやまった行政処分なかりせば、あるべきはずの現状の確認を請求するものである。免職処分の取消や無効を前提とする公務員であることの地位を確認する請求、退学処分の取消や無効を前提とする国公立学校の学生である地位を確認する請求がその例である。これら公法上の地位確認請求は、公法上の当事者訴訟（行訴四条）に属する。なお、先の金銭給付請求も、一般的には、⑤をのぞいて、公法上の当事者訴訟上の請求と考えられるが、これについては学説上の争いがある。

(3)　原状回復請求　行政処分以前の原状への回復を求めるものである。農地買収処分の取消や無効を前提とする農地所有権確認請求、同移転登記抹消・返還請求がその例であって、この場合には、民事訴訟によって実現されるべき民事請求の形をとる。

行訴法三六条は、この民事訴訟と先の当事者訴訟との場合をふくめて、「現在の法律関係に関する訴え」とよび、行政処分の無効確認請求を本案とする訴訟に対する関係においては、訴訟類型として前者を原則とし、後者を例外とする立法政策をとっている。しかしながら、ここで注意すべきは、それはあくまで行政処分の無効確認請求との関係においてであって、その取消請求との関係においてではない。むしろ逆に、「現在の法律関係に関する訴え」における請求は、行政処分の取消を条件とするものであるため、取消請求を前提としなければならない（もちろん、論理的にいえば、無効確認請求も同様だが）。その反面、「現在の法律関係に関する訴え」を提起すべき必要性は必ずしも常にはない。農地買収処分取消訴訟中に、売渡しをうけた占有者のもとにおける取得時効の進行を中断するために処分の取消を条件とする原状回復等の請求をする場合[11]などの例外をのぞいては、後述の取消判決の拘束力により行政処分取消後の必要な後始末がされるはずだからである。

(4)　その他の請求　以上のほか、義務づけ訴訟において問題となる請求をはじめ、数かずの請求が考えられるが、ここでは省略する。ただ、義務づけ請求のうち、社会保険給付などにかかわるものについて、給付にかかわる決定の取消判決の拘束力により、実質的に、義務づけ判決と同様の効果が得られることを理由として、義務づけ請求を内容とする訴訟類型を否定する見解があることに注意を喚起しておくにとどめることにする。ここでも、請求と訴え、訴えと判決の対応関係が破れていることが注目される。

4　取消判決の拘束力

行訴法三三条のさだめる取消判決の拘束力の性質・根拠・範囲などをめぐっては、数かずの議論があるが[12]、ここでは立入らない。ただ、同規定が行訴法の中でも「疑義の多い規定[13]」とされる理由のひとつを指摘しておくこととしたい。結論をあらかじめいえば、筆者は、その理由を請求と訴え、訴えと判決という訴訟の基本構造をなすべき対応関係に整合性を欠く点があるところに求める。

まず、行訴法は、取消請求の認容を内容とする取消判決の効力として、同三二条において形成力の規定をおいたうえで、ついで同三三条において拘束力の規定をおいている。拘束力の内容の主要なもののひとつは、同一内容処分のくり返し禁止効という処分行政庁の将来の新しい処分に対して向けられている。しかし、これをのぞくと、おおむねは取消の対象となった過去の処分にともなう違法状態の除去、後始末という是正措置を内容とする。たしかに、同条二項・三項の規定が示唆するように、「やり直し請求」、やり直しの内容が社会保険給付にかかわる定型的事由にもとづく確定金額給付を内容とするときの「義務づけ請求」など、将来の新たな行政措置や処分に向けられたものがほかにもある。しかしながら、これらも広義には是正措置と考えることができる。

ところで、訴えは請求によって構成される。被告に対する原告の請求が、裁判所に対する審判の申立てである訴えの内容である。この請求が認容されることによって、原告は訴えの形式的目的（訴えの審判）のみならず、実質的目的（勝訴）をも達成する。もちろん、一般の民事訴訟においても、給付判決の場合は、執行力の実現（民事執行）をまって現実的満足を得る。しかし、これは判決内容そのままの実現である。観念的には、請求内容は請求認容の判決によって完全に満足させられているといってよい。行政処分の取消請求の場合はどうか。ここでも、請求どおりに、これを認容して、目的とした行政処分を取り消したのだから、満足すべきはずだという答えが予想される。形式的にはそのとおりだが、しかし、この答えはまちがっている。その理由はいろいろ考えられる。主要なものをあげると、つぎのようなものがある。

(1)　本案の取消請求の対象とした行政処分が取り消されることによって完全に満足できるならば、行訴法三二条に加えて、同三三条の規定は必要ないのではないか。取消判決の拘束力の内容は、行政処分取消後の単なる事実上の次元での後始末につきないものがある。

(2)　その代表例は、先に取消請求権相互間の競合のゆえをもって行政処分性や訴えの利益が否定された事例、または、取消請求権が他の請求権と競合・関連する事例において、形式的には、本案の取消請求と異なる独立の請求となりうるものでありながら、いわば本案請求に吸収されたり（計画段階の行為や内部的行為の取消がその例）、本案請求成立を前提的条件とし、もしくは、そこから結果的に導き出されるものであるため省略されたり（免職・退学処分を前提とする地位確認請求がその例）した場合に、その処理が取消判決の拘束力によって行われることである。すなわち、本案の取消請求自体、数ある請求の中から選別された代表請求である場合が少なくない。

(3)　そもそも行政処分の取消請求という訴訟類型そのものが立法・判例によって人為的に作られたものであって、原告自らが選んだものではない。行政処分性、原告適格、訴えの利益の要件、義務づけ請求の排除など、取消請求をいろんな側面から限定しているものは、ことごとく原告本人の要求ではない。逆に、原告本人の要求を限定し制約しているものである。このような限定や制約が不要であるとする立場を筆者はもちろんとらない。とうぜん必要である。しかし、問題は、その根拠、制約のあり方、範囲、程度のいかんである。取消判決の拘束力の規定の内容のあるものは、原告の要求のうち、必ずしも全面的に排除されるべきではないものも、行政処分の取消請求の形式をとって私人の要求を限定づけたために、若干はみ出した雑多な夾雑物が広義の是正措置の一環として処理されることを示している。正当な要求でありながら、取消判決それ自体によっては自足的完結的には満足させられていない。だから、これに加えて、取消判決の拘束力が必要である。

(4)　民事訴訟にも訴訟類型論がある。訴訟類型のいかんによって判決の効力の性格・範囲が違ってくるなどの重要な意義をもっている。しかし、基本的には、おおむね学説上の分類であって、行政事件訴訟におけるように、訴訟類型の微細な差異による訴え却下（門前払い）の例は乏しいように思われる。ましていわんや、請求認容判決である取消判決に、請求どおりの行政処分の取消のほかに、雑多な内容をもった取消判決の拘束力の規定があって、これをまってはじめて最終的に原告の要求が満足させられるばかりか、拘束力の向けられた先が、一方当事者たる行政（被告行政庁にかぎらず、ひろく行政）であり、かつ、その自主的、自律的履行にゆだねられるといった特異な処理の仕方は、民訴においてはみられない。

三　問題の検討――あるべき訴訟構造からする検討の試み――

1　請求と訴え、訴えと判決

訴訟の基本構造は、「訴えなければ裁判なし」のことわざの示すとおり、「訴え」とこれに対する最終の裁判である「判決」を中心の骨格としている。「訴え」が訴訟手続の始まりであり、「判決」がその終結であるばかりでなく、「訴え」による審判の申立てに対して応えるのが「判決」であって、この両者が訴訟構造のかなめであることは、行政事件訴訟も一般の民事訴訟におけると異ならない。また、この「訴え」を構成するものが原告の被告に対する「請求」であることも事情を同じくしている。

行政事件訴訟の代表的な取消訴訟は、取消請求によって構成される。取消請求によってその審判の対象が特定される。審判の対象が特定されないままでは最終の結論である判決の効力の範囲が不明確となって訴訟制度の目的を達しないから、請求による審判対象の特定を厳密に求めるのはとうぜんの要請である。このため、先にのべたように、行政処分の取消請求それ自体が客観的見地からも主観的見地からも細分化されている。また、他の種類の請求とも厳密に区別されている。もちろん実際上の見地から関連請求の併合などの制度はもうけられているが、それは、このような請求の細分化や訴訟類型上の区別（一請求一訴訟の原則）をとうぜんの前提としている。

判例はいちいちはあげないが、司法実務は、これにしたがって、この点については相当きびしい立場をとっていることはよく知られている。(14) それは、ある意味で、訴訟の基本構造と現行行政事件訴訟法の規定に忠実な態度とみることができる。

しかしながら、他方で、取消訴訟の終結点である判決のうち、請求認容を内容とする取消判決についてみると、目的とした行政処分の取消を内容とする本来的な効果というべき形成力のほかに、雑多な是正措置等を内容とする拘束力という名のいささか得体の知れないものがみとめられている。しかも、その中には、本来他の種類の請求の対象となりうるものの処理さえふくまれている。たとえば、「現在の法律関係に関する訴え」に属する請求のうち、公務員の俸給請求や地位確認請求がその例であって、このような公法上の当事者訴訟にあっては、その被告となるべき行政主体は免職処分取消訴訟の被告行政庁と実質的に同一だから、取消判決の拘束力によって相当程度然るべき是正措置が期待できる。しかしながら、買収農地の返還請求などの民事請求ともなると、その相手方となるべき者は、被告行政庁とは異質の第三者であって、たしかに行訴法三二条により取消判決の形成力はこれら原告と利害相反するところの第三者にも及ぶとはいうものの、登記返還などの民事手続まで行政庁による是正措置の一環として整備されているかは疑問である（税法などの例外を別として、わが国の諸立法は行政庁の過誤にもとづく是正措置については、およそ定めがないのが通例である）。さらに、いわれることのある取消判決の拘束力による義務づけ請求の実質的実現も現実にはかなり不確かだといわれている。(15)

このようにして、取消判決の拘束力は、雑多な内容をもつとともに、その実現が一方当事者にすぎない行政の自主性、自律性にゆだねられたものである。しかも、取消判決の形成力だけでは、取消請求に代表される原告の要求を満足させるのには必ずしも十分ではない場合が少なくないものとすれば、行政事件訴訟の代表例といわれる取消訴訟は、その訴訟の基本構造において、通常の民事訴訟などとくらべると、かなり違ったもの、悪くいえば、ゆがんだものということになる。たとえば、取消判決の拘束力によって義務づけ請求認容と同様の効果が期待できるといった見解は、まさに泥棒に縄をなわせるにひとしいといってよい。訴訟の入口である請求の細分化と一請求一訴訟の原則の適用においては民事訴訟以上に厳格でありながら、訴訟の出口・終結、肝腎の判決においては、およそ訴訟の基本構造とは似つかわしくない一方当事者の自主的自律的処理がみられるという落差がいちじるしい。言葉を変えると、訴訟の入口で原告に対する関係では、訴訟の基本構造に由来する要請をきびしすぎるくらいに要求する反面、訴訟の出口で被告に対する関係では、訴訟の基本構造に反することを大っぴらにみとめている。前後首尾一貫しているものとはとうていいいがたい。なお、執行停止に対する内閣総理大臣の異議の制度について違憲説などの消極説をとる立場においても、やはりこの制度が訴訟の基本構造に反するとの主張がみられる。

2　行政事件訴訟の特色

これら行政事件訴訟法における行政事件訴訟とりわけ取消訴訟を中心とする抗告訴訟の特別のとりあつかいは、これを支持する学説においては、権力分立論ないし行政庁の第一次的認定判断権にその特殊性の根拠を求めるのが通例である。

たとえば、田中二郎博士が「行政事件訴訟法が『抗告訴訟』として定めているのは、『行政』に関して、権限を有する行政庁の第一次的判断の存在すること――行政庁の判断が一応の妥当性、すなわち、いわゆる公定力を有すること――を前提とし、その判断の違法を主張する訴えの提起をまって、裁判所がこれを再審査し、行政庁の第一次的判断を媒介として生じた違法状態を排除することにより、国民の基本的人権その他一般に権利利益の保護救済を与えることを目的とする訴訟である(16)」とし、「違法な行政の是正の手段・方法を考えるにあたっては、このような行政の第一次的判断権を無視し、行政について責任を負うべき立場にない者が、これに代わる最終的判断を下すような制度を採用することは許されない(17)」とし、雄川一郎教授が「抗告訴訟の訴訟物は、行政行為ないしその客観的な違法性自体」にあるとし、「わが国法上は、行政上の法律関係を新たに形成することは、原則として行政権の第一次的判断権に属せしめられているのであって（行政的意欲の発現としての行政行為によって、行政上の法律関係を新たに設定せしめるところに、この制度の実質的意義がある）、その権限の行使に代る結果を生ずるような判決をなすことは、司法権の機関としての裁判所には、行政と司法の分立の趣旨に照らして、否定せられるべきである(18)」とするのがその例である。

右に引いた二つの学説は、義務づけ訴訟の可否をめぐる議論を念頭において論ぜられていることは明らかであるが、さらにひろく、取消訴訟をふくめた抗告訴訟一般の処理についても、最終的には行政庁の権限行使によってなされなければならないことが主張されているとみることができる。すなわち、右にいうところの行政庁ないし行政権の第一次的判断権とは、時間の目からみての事前に、すなわち、訴訟提起前に行政庁の認定判断が存在し、あらかじめ存在するこの認定判断（すなわち行政行為）を対象として訴訟を提起すべきであるというにとどまらず、裁判所の終局的な判断である取消判決後の問題処理においても、行政庁の最終的判断権を中心とする行政権自体による処理にゆだねられなければならないとする考えである。ここにいう「第一次的」とは、時間的前後関係における事前や終局に対する暫定的の意味(19)では毛頭なく、権限の優劣関係ないし、排他的帰属関係における優越性を表現している。この考えによるときは、行政上の法律関係の形成が、訴訟の前後をつうじて終始、専属的排他的に行政権限に属するとの考えがつらぬかれるときは、取消判決の形成力の規定と並んで取消判決の拘束力の規定が存在することは、いわば必然ですらある。行政上の法律関係の形成が、訴訟の前後をつうじて終始、専属的排他的に行政権限に属するとの考えがつらぬかれるときは、取消判決後、判決の趣旨にしたがって行政権限の行使に問題処理をゆだねる規定がとうぜんに必要だからである。

以上の考えは、行政行為論的発想に色濃くいろどられている。しかし、行政過程論的発想によると、どうなるであろうか。

行政過程論的アプローチによれば、行政行為は、神秘的な公定力をそなえた特別な存在ではなく、権利救済上の必要からみとめられた行政手続過程上の一結節点にすぎない。田中二郎博士も、取消訴訟は「処分又は裁決を違法として、当該処分又は裁決そのものの取消を求める訴訟の外観を呈しているけれども、その真の狙いは、一定の事実関係を基礎としてされた当該処分又は裁決を手がかりとして、それらと密接不可分に結びついた処分の効果ないし事実上の結果、すなわち、原告が被害者の立場において主張する違法状態の排除を求めることにある[20]」としている。行政行為（例、許認可）を一結節点としてふくむ行政手続過程（例、許認可手続）は実定諸制度（例、営業規制法、土地利用規制法）によって与えられる。なにゆえに実定諸制度が存在するか、といえば、これら実定諸制度に先立って前提として存在している私的権利自由（例、営業の自由、土地所有権、建築の自由）のためにこそある。行政上の実定諸制度も、行政手続過程も、行政行為も、ことごとく私人の権利自由実現の手段である。その実現が行政手続過程において満足させられなかったとき、権利自由の救済・回復・実現をめざして行われるものが訴訟上の請求権であり、取消請求権にほかならない。いわゆる行政行為の公定力は、この取消請求権の訴訟手続上の制約にすぎない[21]。

この行政過程論的アプローチによるときは、取消請求権などの訴訟上の請求権が本来目的としている基本的前提にある私的権利自由の救済・回復・実現にとって十分に有効なものとして機能できるような制度や運用がされなければならないということになる。立法論と解釈論の両面において、この目的を可及的に実現することが、行政事件において憲法三二条のさだめる「裁判を受ける権利」を具体化することにほかならない。この見地からすると、訴訟の入口において原告にきびしく、訴訟の出口において被告に甘い現行行政事件訴訟法とその運用、さらに、これを支える行政行為論的発想に立つ先の解釈学説は、本末顚倒した論理にもとづくものだというべきである。そこで、これを本来の姿に返すための試みを以下に示すことにしよう。

3　訴訟の入口の簡素化

取消請求権などの訴訟上の請求の細分化とこれに応じた訴訟類型の細分化によって、行政事件訴訟は、平均的市民にとって、きわめて利用しづらいもの、また、かりに利用しても、長年月後に上級審にいたって、下級審と異なる訴訟類型判断による訴え却下などにより、不必要な負担を強いられるものとなっていることは屢々指摘されている。[22]

その理由は、上記のような本末顚倒の論理におちいっているためであって、言葉をかえると、「第一には、いわゆる『条文法学』の弊に陥っていることで、法令の条文のみを根拠として法を見出さんとし、社会的正義と社会的利益に対する充分の考察を欠いていることが随所に見出される。第二には、行政法学の基礎原則ともいうべきものが、充分に理解せられておらぬ憾がある（後略）。第三には、官権偏重の思想が恐らく無意識の間に裁判官を支配していることが往々にして認められる遺憾がある」[23]ことである。まことに残念ながら、行政事件訴訟の現状をあらわすのに、約六十年前の美濃部達吉博士の言葉ほど適切なものはほかにないであろう。

それでは、どのような改善策が考えられるであろうか。それは、主観的行政事件訴訟の訴訟類型の一本化である。あるいは、審判対象を請求によって特定することが必要だとしても、その負担ないし特定にともなう危険を一切原告におわせず、被告行政庁ないし裁判所におわせることである。これは、一見すると、はなはだ乱暴な見解のようにみえる。しかし、本当はそうではない。その理由は、つぎのようなものである。

(1) 一般の民事訴訟においては、原告となり被告となるものは対等の私人である。いやしくも他人に対して権利を主張するものは、自己の請求内容を特定し、相手方に対する関係での自己の請求を明確にしなければならない。これに対して、行政事件訴訟においては、すでに行政庁の側から一方的に、私人の権利義務を左右し、その権利利益に影響を及ぼす行為がされた後に、これの是正措置を求めようとするものである。いやしくも他人の権利義務を一方的に左右し、これに影響を及ぼす行為をしたものは、その是正措置のあるべき内容、「原告が被害者の立場において主張する違法状態の排除」[24]のため、最適の請求や訴訟形式が何であるか、は自ら（行政庁）の負担と危険において明確にしなければならない。それが「社会的正義」[25]の要求するところであろう。

(2) このような負担や危険を一般私人に課すことは、屢々過酷であり、「現実に行政救済を阻むもの」[26]となるおそれが強い。これに対して、処分行政庁におわせることは、なんら過酷ではなく、原則としてきわめて容易なはずである。行政は一般に私人に対して圧倒的な組織力をもっている。いわんや、処分行政庁は、当該問題を所管するところであり、最高の専門家であって、何よりも是正措置の主役である。いやしくも、行政行為によって私人の権利義務を左右するものは、同時に、その是正措置にともなう全ての責任をおうべきである。私人間の民事訴訟におけるとは、およそ事情を異にしている。

(3)　主観的行政事件訴訟の一本化は、なんら乱暴な議論ではない。現に、明治憲法下の行政裁判法では行政訴訟一本である。明治憲法下に行政裁判制度の改革案が数多く出されている[27]が、そこでも制度上の訴訟類型としては、行政訴訟ひとつである。もちろん、学説上の訴訟類型としては、抗告訴訟と当事者訴訟とが区別され、また、行政訴訟の例としてあげられているものの中には、公共工事の差止、設計変更、原状回復または除害施設を求めるもの[28]のように、今日いう義務づけ訴訟にあたるものも一部ふくまれている。なお、明治三五年第一六帝国議会に提出された政府提出改正案の「行政裁判所構成及行政裁判手続法[29]」四〇条の訴状記載事項の三号には「要求及ヒ其理由」となっている。たしかに、この言葉尻をとらえて行政訴訟一本化なり請求の包括性をいうのは早計であって、この時同時に提出されている「行政裁決及行政裁判権限法案[30]」の一六条ないし七三条には、訴訟事項が数かず列記されている。したがって、列記された事項別に、行政訴訟は細分化されているといえる面がないではない。しかし、請求の質量両面からする請求と訴えの細分化とこれに厳密に対応させた訴訟類型の厳守の要求はみられない。事情は、第二次大戦後の行政事件訴訟特例法時代においても同様でなかったかと思われる。ただ、この時代に生じたさまざまの問題整理のため、現行行政事件訴訟法では、訴訟類型の明確化とこれに応じた適用法条の明確化が図られることとなった。しかし、現在は、どうもその結果、利用者である私人にとって酷な面が表面化しているように思われる。行政事件訴訟の法の精神ではなく、技巧が先走る本末顚倒の解釈や運用がみられるためである。

(4)　現行行訴法は、前半二一条まではおおむね訴訟要件に関するものであり、二五条ないし二九条は執行停止に関する規定であり、三八条、四一条、四三条などの準用規定などをのぞくと、残されたものはまことに貧困な内容のものであって、全体としても、不細工というほかはない。しかし、これが現行法であるかぎりは、主観的行政事件訴訟一本化といっても、解釈論としては、訴訟類型や請求細分化を前提とする諸規定に反することはできない。これらの諸規定をいかに解すべきであろうか。筆者は、基本的に、これを「内部の法」と解して、原告のために最適の訴訟形式を選択すべき行政庁ないし裁判所の負担とすべきだが、その選択にともなう危険は一切原告に帰すべきではないものとして運用すべきであると考える。

4　訴訟の出口の厳密化

訴訟の入口の簡素化ないし原告の利益のための緩和化の反面、訴訟の出口は被告に対する関係においてより厳密化が図られなければならない。訴訟の入口の簡素化論に対しては、あるいは訴訟の基本構造からする批判があるかもしれない。しかし、この種の批判がありうるものとすれば、まず何よりも訴訟の出口に対して向けられなければならないはずである。原告の要求を代表する取消請求認容という取消判決の形成力だけによっては、十分には要求を満足させることができず、さらに加えて、取消判決の拘束力を必要とし、しかも、この内容充足が訴訟の一方当事者である被告行政庁の自主性、自律性にゆだねられているものとすれば、とうてい訴訟の体裁をなさないからである。すなわち、訴訟の一方当事者である原告に対して十全の意味での訴訟上の請求権を与えたことにはならないし、したがって、他方の訴訟当事者との間の対等性、ならびに、これらとの関係における裁判所の中立第三者性が十分とはいいがたい。原告の要求に応えて下された判決の内容が被告を法的に義務づけるものでなければ、それを裁判とよぶことはできないであろう。判決の趣旨を事実上に尊重して然るべき措置をとるであろうとの信頼だけでは物足りない。

いまひとつ、行政事件訴訟の特色は、民刑事訴訟が一般に、過去の事実関係を基礎として、現在の法律関係を判断するのに対して、申請拒否処分や不許可処分の取消が示すように、権利自由の救済・回復にとどまらず、将来に向かってその実現が問題となることが少なくない。そこで、たとえば、取消判決の拘束力に反する事態が生じたならば、その違反を違法事由として新たに取消訴訟を提起することができ、また、これによって、取消判決の拘束力は法的義務づけとみることができるとする形式論は、取消判決が長年月を要する実情にてらして、あまりにも非現実的というべきであろう。やはり、取消判決の拘束力に反する事態がそもそも生じないように、あらかじめ義務内容を可及的に特定化しておく必要がある。また、内容が特定されてはじめて、義務の名に値するであろう。

取消請求には、たしかに、「やり直し請求」の機能のように、内容不確定のまま、ともかく手続上の違法を理由として手続をやり直させるというのもあってもよい。しかし、内容確定が相当程度に可能であり、場合によっては、実質的に当事者訴訟的義務づけ訴訟[31]のように、実際に確定可能である場合であるにもかかわらず、行政裁量の存在や先の行政庁の第一次的判断権のゆえをもって、形式的な手がかりとして代表請求とされている取消請求の対象となっている行政処分の取消どまりで、それから先、「原告が被害者の立場において主張する違法状態の排除[32]」のために必要な是正措置の内容の一切を一訴訟当事者たる被告行政庁を中心とする行政側に白紙委任するのは好ましいとはいえない。いやしくも行政行為に踏み切った以上は、それなりの調査検討のうえでのことであるはずだから、法解釈なり事実認定なりの過誤が明らかとなったとき、先の行政行為の是正措置なり代わるべき措置の内容はあらましすでに明らかであるべきはずではないか。とくに取消を条件とする義務づけ請求[33]などにあっては、訴訟段階でありうる義務内容は行政庁側で明らかにすべきであろう。

行政事件訴訟とりわけ抗告訴訟とよばれるものや、当事者訴訟においても、その前提として抗告訴訟上の請求成立を条件とするものの特殊性は、行政庁の一方的行為による私人の権利義務の変動がすでに先在するところにある。それゆえに、その是正措置を図るこれらの訴訟において、判決の効果内容・範囲の明確化を図るべき負担と責任は、原告となる私人ではなく、何よりも処分行政庁におわせるべきである。行政側として許容可能な代替策を複数あらかじめ出させる方法によって、義務づけ訴訟の可否をめぐる問題も実際的な解決が試行されるべきではないだろうか。

四　結びに代えて――立法論的提案――

1　教示・準備手続

以下、筆者が日頃感じている感想をのべて、結びに代えたい。

時折、個人として、または、組織として出会う機会のある訟務検事の方がたについては、その優秀さに驚かされることが多い。それだけに、行政事件訴訟の原告が気の毒に思われてならない。現行行政事件訴訟法の構造からいって、現行行訴法に忠実なかぎり、これまた優秀な裁判官もおのずから構造的に行政寄りになっている。さらに、行政そのものが多数の優秀な人材を集め、しかも、当該事件にかかわる事項を所管している。平凡な平均的市民が行政事件にまきこまれたとき、金さえあれば優秀な弁護士を依頼することができるとはいっても、行政事件専門の弁護士は数少ないうえ、もし依頼できても、これでは、三対一の比率で大きなハンディを背負っている。行政と対等に戦うことはむずかしい。

そこで、この比率三対一を対等の二対二にするためには、訟務検事の方がたに被告行政側から原告私人側に動いてもらったらいいのでないかというのが筆者の夢物語のひとつである。法務大臣権限法の改正は必要だが、各地の法務局訟務部を行政事件相談部にかえる。素人の私人がここに相談に行くと、最適の訴訟形式の選択等の一切をやってくれ、また、被告行政庁に対し代替案の提供などの要求もやってもらうこととし、論点が煮つまったうえでの出訴、訴訟手続上の行為も一切合財やってもらえるという仕組みである。自ら当該事項を所管し、人の権利義務を左右する行政行為をした行政庁が、いざ訴訟となると、訟務部まかせで訴訟を追行する現状とくらべると、少しもおかしな話ではない。刑事事件には国選弁護の制度もあるし、不利益な処分に加えて、訴訟の負担は大変なものだから、その負担は、不利益な処分をした国家が可及的におうべきである。

２　行政手続法の整備

いまひとつの夢は、行政手続法の整備である。よくいわれる統一的行政手続法典の制定は、行政セクショナリズムが立法過程にも及んでいるわが国において、文字どおりの夢物語に近い。しかし、規制緩和や行政の簡素化、窓口の一本化など、内外の経済界からの要望の強い営業規制手続については、実際上の必要とも結びついているから、その手続法制定には現実性があるように思われる。また、いくたびとなく政府案までこぎつけた環境アセスメント手続を中心として土地利用規制手続を制定することにも可能性がある。

行政処分性や原告適格などをめぐって行政事件訴訟上に問題となることが実際上に多いのは、これらの二大規制分野である。訴訟要件をめぐる数かずの議論にある程度思い切った立法的決着をつけることによって、訴訟の促進を図るべきであろう。また、請求の特定化と関連して重要なのは、第三者の利害に対する配慮である。先にのべたように、被告行政庁に対する関係だけからは、原告の請求を厳密に特定化すべき必要はあまりみとめられない。しかし、第三者の利害に対する配慮は軽視することは許されない。この点からも、行政手続上第三者などの利害関係者の地位を明確にしておくことによって、訴訟上にもとりあつかいの明確化が図られるべきであろう。

３　行訴法の改正

第三の夢は、現行行政事件訴訟法を改正することである。その改正の方向は、利用者が利用しやすい形にあらためることである。上記の訟務部の行政事件相談部への改組は別としても、平均的市民にとって利用しやすいものとしなければならない。もちろん、平均的市民にとっても、行政訴訟以外の住民運動とか有力議員などを介した政治的・行政的解決の途もないではない。大企業ともなれば、手続簡便で税金も安い外国に住所を変えることも不可能ではない。他に代替手段や方法が皆無ではないが、やはり行政事件訴訟手続には、他をもっては替えがたい固有の価値があるはずだから、その本来の価値を発揮させるための努力は怠ってはならないであろう。

4　おわりに

諸般の事情で、本稿では、きちんと詰めた議論ができず、あやふやな立法論議を展開するにとどまった。雄川一郎先生に対して申し訳ない次第であるが、いつか先生がこのような論文集について「参加することに意義がある」とおっしゃっておられたことを想い出し、この言葉にはげまされて本稿をとりまとめた。他の執筆者の方がたのご海容を乞いたい。

近年、同僚の木佐教授から西ドイツの行政裁判事情について耳学問をする機会があり、利用者本位の裁判が現実のものとなっていることを聞いて驚いている(34)。また、最近のCNNニュースによると、動物愛護派の運動の結果、ニューヨーク、ロンドンなどの主要デパートから毛皮が姿を消したとのことであるし、アメリカ国内航空便の禁煙はパイロットにまで及ぼうとしているらしい。さらに、隣国の韓国では、地価高騰抑制のため土地保有制限立法があるとの話である。少し行き過ぎと思われるものもないではないが、具体的当否を別にして、諸外国には理想を現実ものとする力が生きている。それがうらやましい。わが国にはこのような力はみられない。社会全体の老化現象というべきであろうか。

(1)　遠藤博也・実定行政法（一九八九年・有斐閣）三六六・三六七頁。
(2)　最判昭四〇・四・二八民集一九巻三号七二一頁。
(3)　北法三八巻五＝六合併号（上）一頁（一九八八年）。
(4)　北法三九巻五＝六合併号（下）五二七頁（一九八九年）。
(5)　最判昭四一・二・二三民集二〇巻二号二七一頁。
(6)　大阪高判昭五〇・九・三〇行裁集二六巻九号一一五八頁。
(7)　京都地判昭五〇・六・二〇行裁集二六巻六号八〇二頁。

（8）最判昭四三・一二・二四民集二二巻一三号三二五四頁参照。
（9）最判昭三六・四・二一民集一五巻四号八五〇頁など。
（10）最判昭四九・三・八民集二八巻二号一八六頁。
（11）最判昭四七・一二・一二民集二六巻一〇号一八五〇頁。
（12）南博方編・注釈行政事件訴訟法（一九七二年・有斐閣）三〇三頁以下〔阿部泰隆執筆〕ほか、行訴法の各種コンメンタール参照。
（13）前出注(12)三〇四頁〔阿部〕。
（14）くわしくは、阿部泰隆・行政救済の実効性（一九八五年・弘文堂）一頁以下（「訴訟形式・訴訟対象判定困難事例の解決策」参照）。
（15）阿部泰隆「義務づけ訴訟論再考」田中二郎先生追悼論文集・公法の課題（一九八五年・有斐閣）一頁以下参照。
（16）田中二郎・司法権の限界（一九七六年・弘文堂）三〇頁。傍点筆者、以下同じ。
（17）田中・前出注(16)一六頁。
（18）雄川一郎・行政争訟法（一九五七年・有斐閣）六一・六二頁。
（19）兼子仁・行政行為の公定力の理論（一九六一年・東京大学出版会）における予先的特権の語参照。
（20）田中・前出注(16)八二頁。
（21）公定力概念の多義性と学問上の概念としての有害無益性については、四半世紀前、遠藤博也・行政行為の無効と取消（一九六八年・東京大学出版会）二一三頁以下で展開したので、ここではくり返さない。
（22）阿部・前出注(14)。
（23）美濃部達吉・評釈公法判例大系上巻（一九三三年・有斐閣）序四頁。
（24）田中・前出注(16)。
（25）美濃部・前出注(23)。
（26）田中二郎・行政争訟の法理（一九五四年・有斐閣）一七一頁以下の論文名参照。
（27）田中・前出注(26)三九八頁以下（「行政裁判制度の改正案及改正意見」参照）。
（28）美濃部達吉・行政裁判法（一九二九年・千倉書房）一一四頁。

(29)　田中・前出注(26)四一四頁。
(30)　田中・前出注(26)四〇四頁。
(31)　遠藤博也・講話行政法入門（一九七八年・青林書院）八七頁以下、同・実定行政法（一九八九年・有斐閣）三五三・四〇〇頁。
(32)　田中・前出注(26)。
(33)　遠藤・実定行政法三九九頁。
(34)　木佐茂男・人間の尊厳と司法権（一九九〇年・日本評論社）参照。

（雄川一郎先生献呈論集『行政法の諸問題(下)』、一九八九年）

4　取消請求権に関する一考察

一　本稿の課題

1　取消訴訟の主観的側面

取消請求権は、本稿では、行政事件訴訟法（以下「行訴法」と略称）上の取消訴訟を利用できる法的地位をさす。

行訴法は、つぎの諸点において、取消訴訟の主観的側面をみとめている。

(1)　その対象を「行政庁の処分その他公権力の行使に当たる行為」すなわち「行政処分」としている（本稿では、行訴法三条二項の「処分」と同三項の「裁決」とをあわせて「行政処分」とよび、処分取消訴訟と裁決取消訴訟とをあわせて取消訴訟という。行訴法九条最初の括弧書参照）。ところで、「行政処分」とは、行政主体の行為のうち、「その行為によって、直接国民の権利義務を形成しまたはその範囲を確定することが法律上認められているものをいう」とされている（最判昭和三九年一〇月二九日民集一八巻八号一八〇九頁など）。

(2)　その原告適格を行政処分の取消しを求めるにつき「法律上の利益を有する者」にかぎってみとめている（行訴法九条）。

(3)　その取消事由を「自己の法律上の利益」に関係のある違法に限定している（行訴法一〇条一項）。

(4) その取消判決の第三者効については絶対効説、相対効説の争いがあるが、相対効説も有力である（拙稿「収用裁決取消判決の第三者効について」北大法学論集三九巻五・六合併号一七六七頁以下参照）。

2　取消請求権の帰属

取消訴訟に右のように主観的側面がみとめられるものとすれば、当然のことながら、このような取消訴訟を利用できる地位が誰にみとめられるか、すなわち、取消請求権の帰属を決するのは、いかなる根拠、基準によるべきか、が次なる問題として登場する。従来、主として、原告適格をめぐって論ぜられた。しかし、右の主観的側面の四ついずれの点についても問題となる。

たとえば、よくある環境訴訟類型において、環境上の利益への配慮が処分根拠規定の上に明記されている場合には、これにかかわる行政上の措置について、行政処分性も、原告適格も、取消事由としての違法の主張などもみとめられやすい。逆に、そうでない場合には、これらのことはみとめられにくい。学説上には、配慮義務論をはじめさまざまの試みがみられるとはいうものの、判例の大勢を動かすにいたっていない。判例は、むしろ、原告適格論にいわゆる「法律上保護されている利益」説に固まりつつあるかの形勢にある。しかしながら、これと「法の保護に値する利益」説との区別は相対的なものであり、右の「法律」の中に、直接の処分根拠規定ばかりではなく、根拠法令の趣旨目的、関連法令から、さらに憲法までふくませることにすれば、前者はかぎりなく後者に近づくであろう（拙著『実定行政法』三六二頁参照）。現に新潟空港訴訟に関する最高裁判決（最判平成元年二月一七日民集四三巻二号五六頁）は、処分根拠法である航空法上の免許権限の行使にあたって、同法一条の目的のほか、「関連法規」である「公共飛行場周辺における航空機騒音による障害の防止等に関する法律」の趣旨を尊重すべきものとして、空港周辺住民の原告適格を承認している。実質的に「法の保護に値する利益」説に近づいているとも解する余地がある。ただ、しかし、右判決は、根拠「法第一条の目的」を介して「関連法規」の尊重をみちびくとともに、両法上の権限がともに「同一の行政機関」である運輸大臣に属することを条件としている。

したがって、処分根拠法令と省庁タテ割りのセクショナリズムという枠の中において、取消請求権の帰属を判断している点で、なお、判例の大勢である「法律上保護されている利益」説の基本線を踏み出していないというべきであろう。

3　基本的問題

行政事件訴訟の最も一般的な訴訟類型であるとされる取消訴訟は、憲法三二条の「裁判を受ける権利」を具体化した権利救済制度として十分に機能しているものとはいいがたい現実がある。その原因と考えられる基本的問題は、さまざまの角度から、つぎのように表現することができる。

(1)　本末顚倒の論理がみられることである。公権力の行使を制約するためのものであったはずの法律による行政の原理の一環としての法律の留保論が取消請求権を制約するために用いられるのがその典型例である。元来、適用法条を明確にするための現行行訴法における訴訟類型の明確化が原告に対して逆用されているのと類を同じくする。

(2)　司法行政法が官庁行政法に追随していることである。行政組織上の基本原則である省庁タテ割りのセクショナリズムは、明治憲法、現行憲法を通ずる、法律についての「主任の国務大臣」（明治憲法五五条一項、憲法七四条）、すなわち所管の省庁の観念の承認などにより、立法過程、統治構造全体の構造的特色となり、立法の内容にまで及んでいる（拙著『実定行政法』一一頁以下）。各省庁は各自の縄張りの中で政策、法律案の立案をし、制定された法律について行政立法である政省令、訓令通達などの行政実例によって具体的内容を与える。これを官庁行政法とよぶことができる。そこにおいては、環境アセスメント法案の立法過程がよくしめすように、環境上の利益といったいわば横割り的な利益については（敵意をもつとはいわないまでも）あまり関心をもっていない。このような官庁行政法において無視された利害は、もちろん行政において配慮されることなく、しかも、立法、行政において無視された利害は、官庁行政法に忠実な司法によっても無視されることになる。公害対策基本法を中心とする基本法制がありながら、省庁タテ割りのセクショナリズムが立法、行政、司法の全体を貫いている。

(3)　処分根拠規定のもつ意義、すなわち行政法体系全体の中での位置づけが明らかにされていないことである。処分根拠規定の意義については、①瑕疵論における能力的規律と命令的規律の区別（美濃部説）、②裁量論における処分根拠規定の規定形式基準説（佐々木説）、③処分根拠規定が強制執行権限の根拠となりうるかの議論（広岡説）、④職権取消論、国賠責任論における処分根拠規定の意義の検討（遠藤説）など、部分的には、それぞれの問題との関連での検討がなかったわけではない。しかし、その全般的検討は、とくに訴訟取消論との関連では、配慮義務論、行訴法一〇条一項の「自己の法律上の利益」論（たとえば、大西有二「取消事由の制限に関する一考察」北大法学論集四〇巻五・六合併号六二一頁以下参照）、行政権限の競合・融合論などにおいて若干の試みがみられるものの、なお十分とはいえない現状にある。

(4)　行政法学が未熟であることである。さきに司法行政法が官庁行政法に追随しているといったが、その最大の原因は、行政法学の内容である学説行政法が官庁行政法に追随しているからである。すなわち、いまだ独自の理論的体系を確立するにいたらず、官庁行政法の法理そのままの判断枠組みの中で議論を展開しているために、司法行政法の自立的形成にあまり寄与していないのである。本末顛倒の論理がみられるのもこのためといってよい。

4　本稿の目的

以上の基本的問題については、別途に執筆準備中の『行政法総論』（現代行政法学全集、青林書院〔本書『行政法研究Ⅲ　行政救済法』〕）において論ずる予定であり、紙幅の限られた本稿においては、その準備作業のひとつとして、二、三の概念的整理をするにとどめる。とりあえず用語上の整理をしておくことが、今後の議論の混乱をさけるために必要だと考えられるからである。

二 行政行為の相手方と行政処分の当事者

1 相手方と当事者の区別

行政手続上に行政行為の相手方とされた者と、行政訴訟上に行政処分の当事者とされる者とは、具体的に、一致する場合と一致しない場合とがある。前者が多いが、後者も少なくない。

(1) 許認可等の申請却下・棄却処分を申請者が争う場合、懲戒処分、制裁的処分などの処分を受けた者がこれらを争う場合、両者は一致する。

(2) 農地買収処分、土地収用処分〔収用裁決〕を、被買収者、被収用者である旧土地所有者がこれらの処分を争う場合、一般的には両者は一致する。しかし、行政手続上には相手方とされなかった真実の所有者が、まさに相手方とされなかったことを理由として、これらの処分を争う場合、両者は一致しない。農地買収処分と民法一七七条の問題として論ぜられている判決例〔高柳信一「行政処分と民法第一七七条」田中二郎先生追悼論文集＝公法の課題三〇三頁以下参照〕の場合がその例である。農地買収処分の場合、所有者のいかん〔不在地主か在村地主か、農地保有面積など〕という人的要素が、その手続上の要件ばかりでなく、その実体上の要件を構成しているから、この点の過誤が取消事由となることは明らかである。これに対して、土地収用の場合、収用の要件としては被収用者の人的要素は入っていない〔収用二〇条参照〕。いわゆる「対物処分」〔拙稿「収用裁決取消判決の第三者効について」北大法学論集三九巻五・六合併号一七六七頁以下、一七八五頁参照〕の典型例のようにも思われる。しかしながら、他方で、土地収用法は、一定の時期〔権利取得裁決については権利取得の時期、明渡裁決については明渡しの期限〕までに補償金の払渡等をすることを収用裁決の効力発生〔失効しないための〕要件としている〔収用一〇〇条〕。すなわち、収用裁決は収用決定と補償決定を合体したものであり、補償決定上の補償義務の履行を収用決定の効力発生要件とすることによって「補償なければ収用なし」という事前補償の原則の徹底をはかっている。損失補償請求権はいうまでもなく主観的なものであって、収用裁決手続上の相手方とされた者についてさえ、右の補償義務の履行がされないときには、収用裁決が失効するものとしている。そうだとすると、ましていわんや最初から手続上の相手方とされていない者については収用裁決が効力を発生する余地がないことになる。ただし、土地収用法は、真実の権利者探究の困難をおもんばかって、不明裁決の制度をはじめ、「過失なくして知ることができない」場合に、この点の調査義務の程度を軽減する規定（収用四八条四項・五項、四九条二項、三六条二項、四六条二項、九五条二項二号等）をもうけている。過失の有無の判定は微妙であるから、収用裁決手続上に相手方とされなかった真実の所有者に対する関係で、右の点で過失のあるとき収用裁決が当然に無効であるとは一般的にはいえないであろう。しかし、取消事由となると解される。土地収用の対物処分としての性格のほか、起業者による土地の原始取得としての性格を強調することによって、起業者に対する損失補償請求、補償金受領者に対する不当利得返還請求による問題処理にゆだねるべきだとする解釈の余地もある。しかし、取消訴訟が可能だとするとき、収用裁決手続上の相手方と行政処分の取消訴訟の当事者とは一致しない。

(3)　かりに純粋の「対物処分」の概念が行政行為の種類のひとつとして成立するものとすれば、この場合に行政行為の相手方のいかんは重要な意義をもたない。当該の物について権原を取得・承継した者が、訴訟上、行政処分の当事者となればよい。公衆浴場許可を対物処分とし、営業者（被許可者）の相続人からする当然承継にもとづく許可有効確認訴訟（名古屋高判昭和五六年五月二七日行集三二巻五号八四五頁）がその例である。ただし、この点で、対物処分を不特定多数の者を相手方とする一般処分の一種と解し、不特定多数の範囲を当該の物に関し権原その他支配管理の権能を有する者にあらかじめ限定したものとすれば、行政行為の相手方と行政処分の当事者とは一致する。

(4)　講学上、警察許可について、自然の自由を回復するにすぎないから、許可にかかわる営業施設、土地等の私的権原については判断することもできないし、これに影響することもないとする伝統的学説の考え方によれば、私的権原の帰属を主張するものは、許可という行政行為の相手方でないし、また、訴訟上に行政処分の当事者でもない。しかし、たとえば、風営法（風俗営業等の規制及び業務の適正化等に関する法律）には、「当該施設を用いて営む営業」の概念を用いてする規制（風営二六条二項、三〇条三項など）があり、とくに営業停止命令の実効性確保措置として「標章のはり付け」があって、この場合に、当該営業者から「当該施設を買い受けた者その他当該施設の使用について権原を有する第三者」について、標章の除去申請権をみとめている。

2　反対利害関係者

行政行為の相手方と反対の利害関係に立つ者に、行政訴訟上に行政処分を争う当事者としての資格がみとめられることがある。これは、行訴法も、「訴訟の結果により権利を害される第三者」について訴訟参加をみとめ（行訴法二二条）、取消判決により「権利を害された第三者」に再審の訴えをみとめる（行訴法三四条）ことによって、逆の方向から承認している。

(1)　買収農地の売渡処分を被買収者が争う場合がその例である。土地収用の場合には、旧土地所有者の土地所有権の喪失と起業者の土地所有権の取得とが単一の収用裁決によって生ずるから、旧土地所有者は、行政行為の相手方であると同時に、行政処分の当事者である。しかし、農地買収の場合、農地の買収処分と売渡処分とが二分されているため、旧土地所有者は、前者の相手方ではあるが、後者の相手方ではない。しかしながら、後者についても当事者であるというべきであろう。

(2)　租税滞納処分である公売処分の目的物件について、滞納者の所有権を否定し、自己の所有権を主張する者は、公売処分により自己の租税債務を履行しようとする滞納者、同じく自己の租税債権の満足をはかろうとする租税債権者（国、地方公共団体）双方（両者ともに俗にいうと他人の褌で相撲を取ろうとしている）に対する関係で、反対利害関係者たる当事者の地位をしめる。

(3)　判例は、取消しによって除去すべき法律上の不利益の欠如を理由として訴えの利益を否定している（最判昭和五六年四月二四日民集三五巻三号六七二頁、同昭和六二年一〇月二三日判時一二一九号一二七頁など）から、授益的行政行為の相手方が取消訴訟を起こすことができない。また、一般的に起こすこともない。したがって、相手方にとっての授益的行政行為の取消しは、その反対利害関係者を当事者として求められるのが通例である。距離制限付き許可（公衆浴場許可がその例）のような競争制限的立法にもとづく処分を既存業者が争い、いわゆる公企業の特許のように独占的排他的地位を付与する処分を競願者が争うのがその例である。

(4)　建築確認を隣人が争うのもここに属する。

3　事業始動型の行政行為

多数の権利者に関連する事業を始動させるタイプの行政行為にあっては、とうぜんのことながら、事業の進展によって、これに巻きこまれざるをえない人びとの利害にかかわり、これらの人びとを当事者とすることになる。

(1)　最高裁判例は、土地区画整理組合の設立の認可について、「事業施行区域内の宅地について所有権または借地権を有する者をすべて強制的にその組合員とする公法上の法人たる土地区画整理組合を成立せしめ（中略）、これに土地区画整理事業を施行する権限を付与する効力を有する」ことを理由として行政処分性をみとめ（最判昭和六〇年一二月一七日民集三九巻八号一八二一頁）、また、市長村営の土地改良事業における事業施行の認可について、「右事業施行の認可があったときは工事が着手される運びとなる」点で、国営または都道府県営の場合の事業計画の決定と「土地改良事業の一連の手続の中で占める位置・役割を同じくする」ものとして行政処分性をみとめている（最判昭和六一年二月一三日民集四〇巻一号一頁）。このような場合、行政行為の相手方である認可申請者、その事業計画等に同意した者のほか、これに反対し計画に異議のある権利者も事業の進展により、権利変換、費用負担などの点で権利義務の変動をうけるから、行政処分を争う当事者とされなければならない。

(2)　内部的な通達について行政処分性がみとめられるとき、その相手方は行政機関であるが、通達内容によって影響をうける者が当事者である。条例等の立法について行政処分性がみとめられるとき、立法は不特定多数の一般人を対象とするのが通例であるが、立法内容が特定者の権利義務に直接かかわるため、適用行為をまたずに争うのをみとめるのと類似する。計画の実施であれ、法令等の適用であれ、あらかじめ、具体化行為をまたなくとも、当然に予定されている具体化行為によって利害に影響をうけることが明らかであるものは当事者といってよい。

(3) 成田新幹線訴訟に関する最高裁昭和五三年一二月八日判決（民集三二巻九号一六一七頁）が「本件認可は、いわば上級行政機関としての運輸大臣が下級行政機関としての日本鉄道建設公団に対し（中略）てなす監督手段としての承認の性質を有するもので、行政機関相互の行為と同視すべきものであり、行政行為として外部に対する効力を有するものではな」いとする判断は、その具体的結論の是非は別として、行政行為と行政処分の区別、行政行為の相手方と行政処分の当事者の区別を見あやまり、当事者に対する関係で行政処分性の判断をしていないとの批判をまぬがれないであろう。

(4) 小中学校の統廃合、道路廃止、歩道廃止と歩道橋設置などの公共施設の設置、廃止、変更は、行政行為の相手方のいかんにかかわりなく、利用者などを当事者とする。利用者などがあっての公共施設だからである。

4 その他の利害関係者

その他、行政行為の相手方以外に多数の利害関係者がいる。収用裁決手続上の準関係人（収用四三条二項）、明渡裁決があったときの土地・物件の占有者（収用一〇二条。明渡義務をおうのは裁決の相手方にかぎられない）、市街地再開発事業における借家権者（権利変換計画・処分の段階では相手方となるが、組合設立の段階では組合員となれないため、設立認可の相手方とも当事者ともされていない）、租税滞納処分である差押の目的財産について担保物権を有する者（税徴五〇条参照）、恩給局長の裁定にかかわる恩給について受給権者であることを主張する者、原発訴訟、公害訴訟などにおける周辺住民、などがその例である。

行政処分を争う当事者たるの資格を与えるかどうかの具体的問題とは別に、行政処分の当事者と行政行為の相手方とは概念上区別しなければならない。

三　行政行為の法効果と法効果内容である諸効果

1　法効果と法効果内容

美濃部達吉博士によれば、「行政行為の観念は一定の法律的効果を発生する力あるものとして法律上に認められている法律的事実の全体を指す観念」である（美濃部達吉『日本行政法』上巻一六四頁）。行政行為は法効果を発生するところにその特色がある（なお、拙著『行政法スケッチ』一五六頁、同『実定行政法』九六頁の美濃部説による行政行為分類表参照）。この法効果をくつがえす、もしくは失わしめるところに取消訴訟の「取消」の意義がある（なお、美濃部達吉『行政裁判法』一一三頁は、公共工事について取消訴訟の行政処分性をみとめつつ、差止、設計変更、原状回復、除害施設を求めることが訴訟の目的であるとする）。しかし、法効果の具体的内容は、種々雑多であって、つねに法効果であるわけではない。

(1)　法効果の内容が私法上の法効果である場合がある。農地の買収・売渡処分、土地収用がその例であって、これらによって、土地所有権の得喪ないし移転という法効果が生ずる。と同時に、しかし、たとえば、土地収用にあっては、公共事業のための用地取得という特色をもつため、明渡しの期限までに土地・物件の引渡し、物件の移転の義務を課し（収用一〇二条）、その履行について代執行の手続を用意している（収用一〇二条の二）。この履行・執行段階にいたれば、さらに多様な義務（執行受忍、費用負担など）をおうことになる。もちろん、これらは基本となっている行政行為それ自体の法効果ではなく、これに附随し、もしくは、続行する手続上のものであるにすぎない。しかし、たとえば、代執行手続上の戒告が行政処分として取消訴訟の対象とされることがあるように、雑多な手続過程上の権利義務が、ひとつの行政行為の法効果をきっかけとして、展開をみることになる。

(2) 法効果の内容が公法上の法効果である場合がある。公務員の免職処分、国公立大学学生の退学処分がその例であって、これらによって公法上の地位の得喪が生ずる。と同時に、この場合には、これらの公法上の地位にともなう、いわば身分上の権利義務にも変動を生じさせることになる。その結果、たとえば、公選による公職に就任したため、免職処分の取消しにより公務員たる身分を回復することができない者も、その身分にともなう権利義務のひとつである俸給請求権を実現する余地がある以上は、なお免職処分の取消しにより回復すべき法律上の利益を有するものとされる（行訴法九条括弧書）。

2 公法上の金銭債権

行政行為の法効果内容として公法上の金銭債権を生じさせるものがある。

(1) 損失補償請求権　損失補償請求権については、憲法二九条三項を直接の根拠として請求権が発生するとの直接請求権説が学説上有力（ないし通説的）にとなえられているが、判例上の実例はないにひとしく（ただし、最判昭和四九年二月五日民集二八巻一号一頁の原審判決参照）、かえって、実定法上に請求手続がさだめられているときは、これによるべきであって、直接に憲法二九条三項を根拠として損失補償の請求をすることはできないとされている（最判昭和六二年九月二二日ジュリスト昭和六二年重要判例解説三三頁＝原田尚彦「行政判例の動き」参照）。そこで、実定法上に請求手続がさだめられているときには、この手続上の行政行為（補償裁決など。くわしくは、小澤道一「損失補償の手続と救済の手続」自治研究六九巻五・七・九・一〇号参照）によって、損失補償請求権が具体的に確定される。土地収用法上の収用裁決がその典型例である。ただし、この場合、さきにふれたように、収用決定と補償決定の二つが合体して一つのものとされ、補償決定にもとづく補償債務の履行が収用決定の効力発生要件とされているため、補償債務の履行の問題を後に残さない独特の構造がとられている（このような補償債務履行の実効性確保措置がとられていない補償裁決にあっては、それを争う後述の訴訟の提起がないとき、民事執行法二二条五号所定の執行証書たる債務名義とすることによって、履行の確保をはかっているものがある）。

いまひとつ、これらの補償決定たる行政行為をめぐる訴訟が、補償決定の取消訴訟ではなく、補償債権者と補償債務者間の、いわゆる形式的当事者訴訟（行訴法四条前段）の形式がとられる場合が少くない点に、きわだった特色がある。右の収用裁決においては、訴訟（争訟）段階で、収用決定と補償決定をふたたび二分し、前者に対しては取消訴訟、後者に対しては形式的当事者訴訟（収用一二九条以下、一三三条）が行われるべきものとされている。この土地収用法一三三条所定の損失補償に関する訴訟の性格をめぐっては争いがあるが（拙稿「行政法上の請求権に関する一考察」北大法学論集三八巻五・六合併号一頁、二八頁以下参照）、これを「収用委員会がした行政処分たる裁決によって定められた損失補償額につきその違法性の有無を審判の対象とする」ものとし、「補償額算定の基礎となる土地所有権の取引価格等（法七一条等）は、その性質上算定方法如何により、ある程度の差が生ずることは避け難いところであるから、補償額の裁決については収用委員会に合理的範囲内での裁量が認められ、その範囲を超える場合に初めて違法となる」とする判決例（福岡高判平成元年八月三一日判時一三四九号三八頁。同判例批評・荒秀・判例評論三八三号四三頁参照）は、はなはだしく疑問である。同訴訟は、債権者と債務者との間において、補償金額の多寡をめぐって増減額請求を対象として争われるものである。たしかに取引価格等が算定方法のいかんにより相当程度の差異が生ずることは否定しない。しかし、それは、決して行政裁量の問題ではなくて、まさに上記の請求を審判すべき司法裁量の問題である。学説上の形式的当事者訴訟の名称と実質的には抗告訴訟だとする誤解（拙著『実定行政法』三四九頁参照）が右の判決例を生んでいる。収用裁決の中に補償決定を内容とするのは、上記のとおり、事前補償を確保する趣旨に出たものであって、債権者・債務者間の最終的な補償額の確定はやはり財産権の保障者である司法権の専権であり、その決定においてもちろん裁量がみとめられるべきであろうが、自己の裁量ではなく、行政の裁量にゆだねることは、みずからの責任を放棄することだと思われる。

(2)　租税、退職手当、遺族年金　拙著『実定行政法』三五一頁以下には、当事者訴訟的抗告訴訟の例として、租税債権(債務)、退職手当請求権、遺族年金請求権に関する判決例があげられている。そこにおいては、これらの金銭債権確定のための手続上の行為として行政行為が介在するが、その形式的確定にあまり重要な意義が通常の場合のようには与えられないで、債権の実体法規にてらしての存否によって問題を処理しようとする傾向をみてとることができる。いくら行政行為が介在するにせよ、それはあくまで債権確定のための手段にすぎず、それが形式的に確定したゆえをもって、実体法上の国の債務をまぬがれたり、不当な利得をうることを放置はできないとする考えがうかがわれるように思われる。そこにおける処分根拠規定の内容は、行政庁に行政行為の権限を付与するところに眼目があるのではなくして、金銭債権の発生事由をさだめることにあり、かつ、それは客観的な過去の完結的事実(租税の場合は暦年における所得、退職手当の場合は公務員の勤続年数等、遺族年金の場合は公務傷病)を要件事実としている(なお、損失補償の場合は公用収用を原因として現に生じたまたは将来生ずることが確実な損失である)。

(3)　生活保護受給権　もちろん金銭債権のすべてが過去の完結的事実を請求要件事由ないし債権発生事由としているというのは早計である。生活保護受給権における金銭給付にあっては、生活保護の性質上、保護を必要とする現在時点の状態が要件となっている。しかし、この場合でも、朝日訴訟が示唆するように、過去の給付を問題とするときは、とうぜん過去時点の状態が問題となる。なお、最高裁朝日訴訟判決における裁量論は、立法レベルのものであって、立法等によりさだまった基準に行政がしたがわなければならないのはいうまでもない。

(4)　補助金　補助金もまた、過去の完結的事実ではなく、逆に、将来の事業計画に対して与えられる。そこで、とうぜんのことながら、補助金適正化法は、補助事業についての是正措置命令、交付決定の取消、補助金の返還等の手続をさだめている(補助金一六条、一七条、一八条等)。

3　規制行政の場合

以上は、行政行為の法効果内容が、私法上・公法上の法効果であり、金銭債権の得喪などであったが、規制行政の場合には、様相をかなり異にする。

(1)　自然の自由の回復　　伝統的学説によれば、いわゆる警察許可は自然の自由を回復するものであった。すなわち国家の実定諸制度の以前にこれに法論理的に先行して各人が本来有している権利自由を行使できる状態が回復されるとするものである。その拒否処分は権利自由を行使できなくするから権利自由を侵害する。また、許可は権利自由の行使ができるようにするから、相手方にとっては権利自由の行使ができるという法的地位の回復がその法効果内容となる。しかし、第三者にとっては、相手方の権利自由の行使の結果である雑多なものがその法効果内容となることになる。

(2)　営業規制の場合　　競争制限的法制のうち、いわゆる公企業の特許にあっては、独占的排他的地位の付与にかかわるから、競願者間において、ある者への免許付与は、他の者への免許拒否にひとしいゆえに、行政行為の法効果が直接その種の営業を行う権利自由を侵害する。しかし、たとえば、距離制限付き許可である公衆浴場許可を既存業者が争うような事例では、同様に、制限距離内において独占的排他的に営業を行うことができる法的地位を侵害するといえるものの、現実に法的地位を侵害するのは、行政行為の法効果それ自体ではなくて、法効果内容である競争業者の権利自由の行使たる営業活動である（これによって最判平成元年三月七日判時一三〇八号一一一頁にいう既存業者の「経営の安定」がおびやかされる）。一般の警察許可がいわゆる消極目的からする私人の権利自由の行使の事前チェックであるのに対し、競争制限的許可はこれに加えて私人の権利自由の行使（営業活動）相互間の利害調整（競争制限）をしている。また、さきの金銭債権確定を内容とする行政行為などが過去の完結的事実を法律要件事由とするのに対し、むしろ将来の権利自由の行使の計画を行政行為をするにあたっての要件事由（許可要件など）としている（ただし、人的要件としては過去の経歴等が問題とされ、また、物的要件、たとえば営業所の設備・構造などは、事前チェックの時間的段階などのいかんにより、将来計画の書類審査にとどまることもあれば、現物の審査によることもある)。

(3)　土地利用規制の場合　土地利用規制の場合にも、建築確認、開発許可などの行政行為によって、建築をする自由、土地所有権による使用・収益など、権利自由を適法に行使できる法的地位が回復される。その具体的な法効果内容は、権利自由の行使の結果である建築であり、宅地開発である。規制行政は、私人の権利自由を前提としている。よく行政行為は、公権力の行使であって、私人の権利義務を一方的に左右するものであるといわれる。しかし、行政行為がされる行政手続過程が規制行政の場合多くは私人のイニシァティブによって始まることに注意しなければならない。許可における申請がその例であって、申請の内容である権利自由の行使の計画(建築計画、宅地開発計画など)が具体的な法効果内容をなしている。手続過程が私人のイニシァティブによって始まるばかりでなく、内容そのものが私人によって与えられている。租税の場合でも申告納税方式にあっては、第一次的には私人の申告が税額を確定する。しかし、たとえば、暦年の所得を前提として所得税が算出されるから、税額を自由自在に変えることはできない。内容は法律のさだめるところによらなくてはならない。しかし、財産権は法律の範囲内において自由に行使することができ(憲法二九条一項・二項)、建築自由の原則が支配しているから建築確認の法効果内容は法律の範囲内において自由自在に変えられる。租税において法律は私人の権利義務の具体的内容をさだめている。規制行政において法律は特定の観点からする私人の権利自由の行使の枠をさだめているにすぎない。行政もまたこれにしたがって私人の権利自由の行使をチェックするものであり、逆にいえば、私人が自己のイニシァティブにより権利自由を行使するにあたって事前のチェックを受けているにすぎない。そして、なぜチェックが必要かといえば、他の権利自由の行使を妨げることを予防し、もしくは他と調和のとれた権利自由の行使を確保する必要があるからであろう。

(4)　計画共同体　たとえば、換地処分に対して換地照応原則違反を理由とする取消請求がみとめられているが、これは換地処分が相互に関連しあっているため、相互に生ずる不均衡をなくそうとするものである。個別にみての従前地と換地との照応ばかりではなく、他との比較において（清算金の交付・徴収によってもなお残存する）アンバランスの解消をねらっている。換地計画という計画共同体における相互の平等の確保といってもよい。換地の前後における損得がかたよらないようにしている。ここでは事柄の性質上ある者の損が他の者の得となる関係があるからである。また、用途地域の規制において、たとえば、第一種住居専用地域における建ぺい率のきびしい規制という自己にとってのマイナスは、同一地域内の他の者も同じ規制に服することによって生ずるプラス（良好な住居環境）によっておぎなわれている。みんなが平等に同一の規律に服するがゆえに、プラスとマイナスのバランスがとれ、マイナスがプラスに転化しているわけである。もし、自分だけが規制をうけ、まわりの他の者が規制をうけなければ、用途地域規制は目的を達しない。ここでも同一地域内のものは一種の計画共同体ないし運命共同体にある。そこで、かりに、この規制に反するような建築確認等の行政行為がされたときには、この運命共同体の成員に取消請求権がみとめられるべきだとする考えもありうるであろう（拙著『計画行政法』二五九頁以下参照）。

4　事業始動型行政行為の場合

事業始動型の行政行為の法効果は、事業を始動させること、すなわち、事業を実施できる法的地位を付与することであるが、その結果、事業を実施することによって生ずる諸効果には雑多なものがある。

(1)　用地取得のための事業認定はのちに収用裁決という行政行為がされ、権利変換のための土地区画整理事業、土地改良事業、市街地再開発事業の認可等にあってはのちに権利変換を内容とする計画と処分という行政行為がされる。

(2)　都市計画決定にともなう各種の都市計画制限にかかわる行政行為がある。

(3)　公共施設の整備のための計画決定や認可などにあっては、とうぜんのことながら、整備のための工事、供用決定、供用後の公害被害などがある。

(4) 原発設置認可などにあっては、操業後の周辺住民の生命、身体、財産への危険不安などがある。

四　事実行為と事実上の効果 ――結びに代えて――

1　観点による区別の相対性

取消訴訟上の行政処分性や原告適格、取消事由などが、①行政行為の相手方についてではなく、行政処分の当事者についてではなく、また、②行政行為の法効果についてだけではなく、その法効果内容である諸効果についても、判断されるべきであろうことは、おそらく異論がないであろう。その際、これらを否定する理由として、事実行為にすぎないとか、事実上の効果（利益）にすぎないとか、いわれることが少くない。しかし、法的行為か事実行為か、法律上の効果（利益）か事実上の効果（利益）か、この区別は、観点の差異に応じて、相対的であるといわなければならない。

(1) この問題について犀利な分析をしている高木光『事実行為と行政訴訟』では、行政行為または公法上の契約の構成部分、執行行為あるいは準備行為としての事実行為の存在が指摘されている（同書二五九頁）。

(2) 極論すると、事実行為として現象しない法的行為は存在しない。たとえば、法効果内容が私法上・公法上の法効果である典型例である、①土地収用、②公務員の免職処分についても、①準備手続、事業認定手続、収用裁決手続における審理、現地調査、裁決会議による内部的意思決定、裁決書の交付による土地収用処分たる収用裁決の外部的成立、②懲戒事由の調査、被処分者の聴聞、内部的意思決定、処分事由説明書の交付による処分の外部的成立など、一連の過程がみられる。われわれは、これら各種の事実行為や内部的意思決定等々からなる全体の過程を総合的考察により一体的に評価して法的行為である行政行為が存在するものとしている。国立歩道橋訴訟東京地裁決定（東京地決昭和四五年一〇月一四日行集二一巻一〇号一一八七頁）は、この意味で、なんら特異な判断方法をしめしているわけではないというべきであろう。

(3)　極論すると、逆に、法的行為としての評価をうけない事実行為を見い出すことも困難である。たとえば、事実行為の典型例である公共土木工事は、請負工事であるとき請負契約の履行であり、直轄工事であるとき公務員の職務行為であり、また、請負、直轄のいかんをとわず、行政事務である公共施設整備計画を実施し予算を執行する行為である。これによる公害被害もまた、介在する行政行為の処分根拠規定に立法上偶然に環境利益配慮義務があるときにかぎって、法律上の効果となり権利侵害となるわけではなく、それは、つねに土地所有権その他生活上重要な利益の享受を制約する。

(4)　問題は、したがって、いかなる観点から、法的評価を加えるかである。取消訴訟の行政処分性、原告適格、取消事由などについて、あらかじめ結論を出したうえで、解答を説明する言葉である事実行為や事実上の効果（利益）といった概念は、問題を的確に把握したうえで解答を求める作業にとっては有益とはいいがたいし、いったん事実行為、事実上の効果（利益）のレッテルをはられたものについて将来の柔軟で弾力的対応を封じ、司法行政法の硬直化を招くおそれがある。

２　処分根拠規定の意義

処分根拠規定のもつ意義については、関連法規の全体、行政法全体の体系の中に適切に位置づけ、いかなる観点から、これを問題にするのかを明らかにして論じなければならないことはいうまでもない。ところで、処分根拠規定それ自体についても、つぎのような問題がある。

(1)　まず第一に、何をもって処分根拠規定というか、である。営業規制、土地利用規制における許認可等にあっては、処分の根拠規定、要件規定は比較的に明確な形で規定されている。しかし、この場合でも、要件規定も入れるとして、手続的要件規定や関連する法規上の制約も入るかどうか必ずしも明らかといえない。

(2)　処分要件の規定の態様には繁簡精粗、雑多な形がみられる。たとえば、建築確認審査の対象となる法令には、通達上、一七に及ぶ法律とこれにもとづく政省令、条例があげられている（荒秀・関哲夫・矢吹茂郎編著『改訂建築基準法』九五頁以下参照）。また、各種の税法上、更正処分等の要件には、税法上のほとんどすべての規定のほか、企業会計規則などがふくまれ、さらに、収用裁決の補償決定にあっては、通説的な鑑定理論が前提として予定されている。立法技術上の制約からしても、必要な事柄をすべて自足的完結的に立法の明示の規定の中にとりこむことは不可能であって、世間の常識や社会通念、慣行などに多くをゆだねていることは、民刑事法においても、広くみとめられるところである。

(3)　法の規定のおける関心事ないし関心の方向は一様ではない。公共施設の整備に関する法令において、行政部内における管理主体や費用負担などの財政的見地など、官庁行政法に特有の関心事にもとづく規定がみられることがよくある。別の観点からすれば、最大の関心事たるべき事項が欠落している。このような無関心は、しかし、この事項を考慮してはならないとか、考慮する必要はないとする積極的判断にもとづくものであるとは、ほとんどつねにいいがたいから、別の観点からこれを判断するときに障害となると解すべきでないと考えられる。

(4)　この関係で処分根拠規定の保護法益をめぐる議論がよくみられる。たまたま、公衆浴場法における距離制限規定、建築基準法における隣人保護規定などについては、この説明が適切であったことが、他の場合についても、すべて妥当するかのような錯覚を与えてしまったきらいがある。この関係でよくいわれる「反射的利益」は、公益保護、ないし公衆、不特定多数者の保護との関係でいわれている。たとえば、薬事法を例にとると、薬の消費者である薬害被害者は、損害賠償制度上保護に値する利益を有するが、反射的利益のゆえをもって、抗告訴訟制度上保護に値する利益を有しないとされているにせよ、薬の消費者の利益は、まさしく薬事法の関心事であり、法の規定の保護の対象であり、法の本来の目的そのものである。したがって、ここでいう反射的利益は、まさに法が本来保護しようとする射程方向にあるものであるが、ただ、権利自由の侵害の程度が、被害発生前において、いまだ直接かつ具体的ではない段階にとどまるものをさすというべきであろう。

3　法の多元的構造

行政法における法は、行政権限に関する法のほか、権利自由に関する法、費用負担や利害調整に関する法、是正措置に関する法、権利自由の救済・回復・実現に関する法など、多元的な形で存在している。

(1)　官庁行政法は、行政権限に関するかぎり、各省庁所管の法律をはじめとして、これを具体化する政省令、訓令通達などによって構成される、きわめて精緻な法をもっている。

(2)　しかし、かつて職権取消論でも論じたように、いったん行政権限行使後、その是正措置に関する法は、ほとんど整備されていない。一般に指摘されるように、事前の行政手続についても同様である。

(3)　費用負担に関する法は、行政部内に関するかぎり、きわめて精緻な法をもっている。しかし、手続的側面だけではなく、実体的な公平負担の見地からする法は、収用損失の補償などの部分をのぞいて、確固たる内容をもっていない。その時どきの立法政策にゆだねられている傾向がある。ただ、大規模公共施設の設置による地域間不均衡の是正をはかる公共施設周辺（地域）整備法制がしだいに整備され（拙著『行政法スケッチ』二六三頁以下）、さきに引いた新潟空港公害訴訟最高裁判決がそのひとつを航空法の関連法令としてあげているのは注目される。

(4)　権利自由の救済・回復・実現に関する法を最終的に担保すべき司法行政法は、行政権限に関する法を中心とする官庁行政法と全く同一の観点からみられるべきであろうか。かつて美濃部達吉博士はこれを強く批判した。この批判はいまなお新鮮なひびきを失っていない。

4　公権力と権利自由

公害対策基本法制をもち、閣議決定とはいえ環境アセスメント制度がとられ、いくつかの国の法令、条例、要綱等において、環境上の利益配慮が明記されているわが国において、環境上の利益が、取消訴訟における行政処分性、原告適格、取消事由などを基礎づける事由とされていないという驚くべき現実の究極の原因は、公権力と権利自由に関する基礎理論が確立していない点にあると思われる。公権力の存在理由が権利自由の確実かつ平等な享受にあるとする西欧の伝統的思想は、わが国にはいまだ根づいていない。とくに戦後の公法理論の混迷は、公権力の基礎づけを権利自由と異質なものに求め、権利自由との衝突の局面を重視することから脱却できないでいるため、かえって、本来の意味での公権力の確立を妨げ、いわゆる業・省・族立法（関係業界、関係省庁、関係族議員の協働による立法）横行という、全体の奉仕者ならぬ一部の社会的諸勢力の利害偏重の傾向に手を貸している。この問題については、別途、国家論に関する論稿で順次、論じていくこととしたい。

（高柳信一先生古稀記念『行政法学の現状分析』、一九九〇年）

5 取消訴訟の原告適格

一 問題の意義

一 取消訴訟の原告適格は、民事訴訟の当事者適格におけると同様に、広義の訴えの利益の問題の一つである。この訴えの利益の具体的な現われ方は、それぞれの訴訟類型について異なった発展をたどっている。取消訴訟においても、その原告適格の問題は、訴訟の対象である行政処分の問題や、具体的事情の下での狭義の訴えの利益の問題とともに共通に論ずべき性質の展開をみせている(1)。

行政事件訴訟法九条は、処分又は裁決の取消訴訟について「当該処分又は裁決の取消しを求めるにつき法律上の利益を有する者(処分又は裁決の効果が期間の経過その他の理由によりなくなった後においてもなお処分又は裁決の取消しによって回復すべき法律上の利益を有する者を含む。)に限り、提起することができる」ものとしている。同法の他の条文(五・一〇・二一・二四・三六・三七・四二等)とあわせ読んで、現行行政事件訴訟法が、取消訴訟の原告適格としては「自己の法律上の利益」を主張する者であること、すなわち、取消訴訟の訴訟物である請求の内容と原告個人の法的地位との間に直接の関係があることを主張しなければならないことを要求していることは明らかである。しかしながら、その具体的内容は与えられていない。本稿は、右の九条になにがしかの具体性を与えることを目的とする(2)。

二　原告適格は、本案たる訴訟物と密接な関係があるものであるが、それ自体は本案前の訴訟要件の一つである。裁判管轄・出訴期間・訴状の要式等を形式的訴訟要件と呼ぶのに対して、実質的訴訟要件と呼ばれることがある。したがって、

(1)　原告適格の有無の問題と本案たる請求の理由の有無の問題とは区別しなければならない。たとえば、行政処分による自己の権利利益の侵害は「主張」(3)ないし疎明することによって充分である。権利利益の侵害が現実に存在するかどうか、原告主張の違法事由が現実に原告の法律上の利益と関係を有するかどうかは本案の問題であって、原告適格の有無とはかかわりがない(4)。また、たまたま原告の主張する違法事由が明らかに原告の法的地位とは関係がなく、または明らかに違法ではないとしても、当該違法事由が本案の理由として主張されていないかどうか、請求原因全体からみて原告適格を基礎づける事情が他に存在しないかどうかを判断しなければならない(5)。この点で、最高裁判所昭和四四年一月二八日第三小法廷判決(6)は、原告主張に引きずられて、原告適格の問題と本案の問題とを混同している疑いが強い。

(2)　原告適格の有無は職権調査事項である(7)。

(3)　原告適格の有無は口頭弁論終結時を基準として判断される(8)。

三　取消訴訟の原告適格は、しかしながら、ただ単に訴訟要件の一つにとどまる問題ではない。行政事件訴訟において、違法の行政行為の取消しを求める適格をいかなる者に認めるかは、他の訴訟における当事者適格の問題よりも、はるかに広範に及ぶ問題である。それは行政法上最も重要な問題の一つであるといっても決して過言ではない。むしろ、取消訴訟の原告適格の如何は行政法の構造そのものの制度的表現であるとさえいえる。

けだし、違法の行政行為の取消しを求めて争う適格が誰に与えられるか、行政行為と私人がいかなる関係にあるときにこの適格が認められるか、逆にいえば、いかなる場合に、違法の行政行為が私人からの攻撃から免れて行政内部の自律的是正に委ねられるか、または、行政行為によるいかなる内容の私人の不利益がそのまま放置さ

れるか、これらは行政法全体の構造の骨格を形づくるものだからである。ここには、行政と法の関係、司法と行政の関係または行政訴訟の目的機能、行政と私人の関係、さらには行政法秩序の下における私人相互間の関係、のみならず広く国家と私人の関係または国法秩序における私人の地位といった問題が集中的に顔を出している。また、法律学としての行政法学の対象とする行政法とは、いわゆる裁判規範となりうるものがその主要なものである。その意味でも、取消訴訟の原告適格は、行政法のいわば要めをなす問題だといってよい。(9)

二　問題の現状

一　行政行為の取消しを求めて訴えを提起する適格は、まず取消訴訟の目的および機能をどう見るかによって規定される。原田教授によれば、(10)この点について、権利享受回復説、法律上保護されている利益救済説、保護に値いする利益救済説、処分の適法性保障説の四つの見解がある。

(1)権利享受回復説によれば、取消訴訟を提起するには狭義の「権利」の侵害の主張が必要である。すなわち、伝統的な権利のカタログにのっているような権利の個別具体的なタイトルを主張しなければならない。(11)これに対して、(2)法律上保護されている利益救済説は、個人的利益の保護を目的とする強行法規違反があるときにも、当該保護利益を主張する者に原告適格を認めようとするものである。法規の主たる目的が公益にあるときでも、あわせて従たる保護法益として個人的利益が認められるときには、当該法規違反を主張する原告適格が認められる。(12)また、(3)保護に値いする利益救済説においては、個々の実定法規の保護法益の如何を探究するのではなく、直接、生じている不利益・損失が司法上の救済に値いするかどうか、法秩序全体の趣旨からみて保護に値いする利益が主張されているかどうかによって、原告適格の有無を判断するものである。(13)さらに、(4)処分の適法性保障説にあっては、取消訴訟を個人の権利利益の保護を目的とする主観的訴訟としてよりも、むしろ処分の適法性を保障する客観的訴訟として把握し、単に民衆訴訟[14]を排除する見地から、処分を争うに最も適した一定範囲の者に原告適格を限定しようとする。

明治憲法時代の立法[15]・学説[16]・判例等[17][18]は、右の権利享受回復説をとっていた。これに対して、現在の立法・学説・判例は右の法律上保護されている利益説ないし保護に値いする利益説をとっているものと考えられる。このことは、明治憲法時代の立法にみられる「権利毀損」、現行行政事件訴訟法の「法律上の利益」という用語の違いに端的に表現されているといえる。しかし、用語の相違に過分の意味をもたせることはできない[19]し、また現在の判例なども、右の四つの類型のいずれかによって割り切ることも極めて困難である。けだし、右の四つの類型も必ずしも相互に相排斥し合うものではなく、重複しうるものであるし、さらに、場合によっては、そのいくつかを組み合わせて理解すべきだと考えられることもないではない。以下では、原告適格拡大の背景にありうる物の考え方の傾向を摘示し、次節に紹介する現在の判例を理解する一助としたい。

二　権利救済における概括主義

取消訴訟の原告適格の拡大には種々の理由が考えられるが、まず第一にあげられるべきは、現憲法が法治主義を徹底するために司法国家制をとり、その結果、私人に対する包括的な司法救済の一環として行政行為の取消訴訟が位置づけられるということである（憲三二・七六・八一、裁三）。旧憲法下においても、行政行為の取消訴訟について出訴事項に関する概括主義が論じられた。しかしながら、そこにおいて概括主義をとるか列記主義をとるかは立法政策の問題であるにすぎなかった。これに反して、現憲法下において、概括主義を採用することは憲法の要請するところである。のみならず、今日いうところの概括主義は特定の訴訟類型の出訴事項に限って問題となるにすぎないものではない。一定性質の行為につき、もしくは一定の訴訟類型について認められる概括主義ではなく、むしろ、権利救済における概括主義というべきである。この権利救済の概括主義から、いかなる訴訟類型が認められ、いかなる行為が対象とされるかも導き出されるのであって、順序は逆ではない。

たしかに、手続上の概括主義の採用によって、実体法上の権利状態は少しも影響を受けず、権利保護の実効性は変わっていないともいえそうである[20]。しかし、権利救済における概括主義は、包括的な権利救済の実効性を確保するため、概念的に前もって――すなわち権利救済の必要を考慮することなく――訴訟の対象や訴訟の類型を完結的に限定することを排除する[21]。したがって、同様に、取消訴訟の原告適格においても、前述の権利享受回復説により、狭義の「権利」のカタログに限定し、実体法上の列記主義に結果することは許されない。また、個々の法規が直接保護しようと意図している「法律上」保護されている利益に限定することも、この意味でやはり疑問がある[22]。

三　給付行政の展開

原告適格拡大の現象は、しかし、包括的な司法救済の要請にのみ基づくものではない。ただ抽象的に裁判所の窓口が広くなったというのではなく、やはり司法救済の必要性を増大させている事情が他に存在しているのである。それは給付行政の展開による、行政手段の多様化、行政的介入の増大、秩序維持行政の計画行政化、私人の公行政への依存性の増大などの事情である[23]。このような事情が、現代における原告適格の拡大をうながす実質的理由であるとともに、原告適格が問題となる主要な分野を形成しているのである。

まず、行政手段の多様化は、行政による私人の生活領域への侵害の態様をも多様化し、複雑化している。立法的行為その他一般抽象的処分による抽象的基準の設定、一般抽象的規制、あるいは私法上の手段による行政作用なども みられる。しかも、これらは私人の生活への打撃の点において個別的処分による場合と異ならないことが少なくない。さらには個別的処分をまっていては権利救済の実効を確保できず、前もって計画段階に争う機会を与えるべきものと考えられる場合もある。

つぎに、行政的介入の増大は、かつて私的自治にまかせられるべきものとされた経済生活や民事関係などの分野に多くみられることとなった。認可等の手段により私人間の契約的関係に介入する機会がふえている。そこでは契約当事者の一方に対する認可等を他方の契約当事者が争うというタイプの訴訟を生じさせた。

また、給付行政の展開は、建築法、営業法など、従前は専ら、危険防止・秩序維持等を内容とする警察的規制と考えられてきたものに、計画行政的色彩を加味し、隣人相互間、事業者相互間等における利害の調整の任務を加えることとなった。その結果、建築許可、営業許可など警察許可と考えられるものについて、隣人や既存業者など第三者からの訴訟の提起が相当広範に認められる傾向にある[24]。

さらに、公益事業の特許等にあっても、それが企業者等に対して「死活問題」としての意味をもつところから、既存業者・競願者などからの出訴が認められるのみならず、公益事業の利用者からの出訴が認められることもある。

最後に、現代の社会国家において、行政の基本的性格が秩序維持行政から給付行政へと転回したのに伴い、行政と私人との関係、国家における私人の地位が基本的に変わったことが以上の現象を生んでいるといえる。私人は最早、公行政からの独立分離によってではなく、公行政への依存性によって特色づけられる。原告適格拡大の理由として、包括的な自由権があげられることがあるが、さらに、それを実質的に裏付けているものは、このような事情であると考えられる。

四　行政過程の統制

現代における行政作用、私人の生活領域への行政的介入は複雑化した。単純な個別的処分による義務づけとその強制的実現というよりは、複数の行政手段と組み合わせた行政作用が複雑な過程をたどって私人の生活の不断の影響を及ぼしている。同時にその反面、公行政への継続的依存性を特色とする私人の地位もまた複雑化した。都市化し、さらに過密化した現代社会において私人相互間における利害の錯綜・衝突の程度は高まるばかりであるが、これまた私人相互間における利害の調整を任務とする新しい行政の登場をうながし、また、旧来の行政にもこのような性格を付与するにいたっている。このように、複雑化した行政作用と複雑化した私人の地位の間に展開される行政過程が、これまた単純でありえないことは自ら明らかであろう。

まず第一に、そこにおいては、一般的公益と個人的私益との区別が判然とはつきにくいことである。公益も多くの場合私人相互間における利害の調整を伴う内容のものである。また、複雑な行政過程にあっては、どの部分が公益に関するものであり、どの部分が特定個人の利益に関するものであるかを区別すること自体がおかしいということもありうる。このような事情は、私人が、行政過程から公正な手続に従って展開されることに極めて強い関心と利益とをもち、さらに私人自らが行政過程に積極的に参加することを要請する実質的な理由となるものである。

また、現在の憲法構造の下において、私人は、ただ単に公行政に依存するのみで、行政あるいは給付の対象という客体的地位にとどまっていてよいというものではない。われわれが行政に管理されてしまわないためには、われわれが行政を管理しなければならない。現代行政において法治行政の原理は、立法過程の段階においては実現しているとはいいがたい。行政過程への市民参加の道を広く認めることによってはじめて法治行政の原理は実現される。同様の理由から、取消訴訟についても、全面的ではないにせよ、少なくとも一定の範囲と限度内においては、いわゆる客観訴訟化して、その原告適格の問題を考えていくことが要求される(25)。取消訴訟の客観訴訟的側面は現在すでに、原告適格に関する補充的原理の一つとして考慮せざるをえないときにあるものと考える。

三　具体的事例の検討

一　取消訴訟の原告適格に関する判例は相当数多い。問題となる事例も複雑多岐にわたるし、また、同一事例に対する裁判所の態度も統一と呼ぶには程遠い状態にある。理論的に権利・法律上保護された利益・反射的利益等に分類整理した上で、異なる事例を同一範疇内に統合することは、判例の用語・文例等が不統一であるため、極めて困難である上、実益にも乏しいものと考えられる。以下では、常識的な線にそって、事例をいくつかの適当なグループに分け、判例の態度を紹介していくこととする。

二　公法人・行政庁・住民等

行政行為は私人の権利義務、その個人的法的地位に影響を及ぼすことを目的とするから、市町村等の公法人、行政庁、地域住民等が取消訴訟の原告として登場するのは稀である。これらについては、一定の場合に、機関訴訟（行訴六）なり民衆訴訟（同法五）なりによることとされている。しかし、公法人・住民等について原告適格が認められることがないわけではない。

(1)　国民健康保険の保険者である市町村等が国民健康保険審査会の裁決の取消訴訟を提起しうるやについて、行政処分を行う行政機関としての地位と財産権の帰属主体としての地位とは区別すべきであり、後者の地位に基づいて原告適格が認められるとするものがある(26)。

これに対して、土地改良区が、町選挙管理委員会の管理した当該土地改良区総代選挙を無効とした県選挙管理委員会の裁決の取消しを求めることはできない(27)。同様、都道府県選挙管理委員会の決定・裁決を市町村選挙管理委員会が争う場合(28)、地方議会解散賛否投票の告示の効力を当該議会が争う場合(29)などについて、原告適格は否定される。原告はいずれも行政機関にすぎないからである。

(2)　行政機関そのものと行政機関の地位にある公務員とは区別される。議会・委員会の解散等により公職たる地位を失った者は解散等の処分を争う適格を有する(30)。機関としての地位のほか、原告個人の権利利益が害されているからである。したがって、消防団から団長に推薦されたにとどまる者が市町村長が他の者に対してした消防団長任命処分を争うことはできない(31)。

(3)　県知事の町村合併に関する処分を関係市町村住民が争うことができるかについて、判例(32)は、住民の権利義務に関する直接の処分ではないことを理由としてこれを否定している。新住居表示制度の実施に伴う町名変更についても、判例[33]は、特別の事情のないかぎり、関係住民がこれに関する処分を争う適格を有しないものとしているが、特別の事情の存在を具体的に認定することなく、抽象的に住民の生活や財産権・取引関係等の法律関係に深いかかわりを有するとして、これを肯定する判例がある[34]。

(4) 地域住民により積極的地位を認めるものとしては、直接請求の代表者には代表者証明書の交付申請権が認められるものとして、拒否処分の取消しを求めることを認めた判例[35]、広く、地方議会の会議について公開の原則がとられているところから、住民は会議録の閲覧請求権を有するものとして、拒否処分の取消しを認めた判例がある[36]。

三 事業認定・地区指定等

(1) 土地収用における事業認定、土地区画整理における事業計画に関する決定などは、一般抽象的な現状保全義務を多数の土地所有者や関係者に課するにとどまり、最終的な権利侵害は、収用委員会の裁決や換地処分によって行われる。そこで、土地に関し一般抽象的な義務を課する、いわば計画的規制そのものを直ちに土地所有者等が争うことができるかどうかが問題となる。

昭和四二年改正前の土地収用法の下で、土地細目の公告があれば土地所有者等は事業認定に利害関係をもち、事業認定の取消しを求める原告適格を有するものとされた[37]。これに対して、土地区画整理事業における事業計画は、最高裁判所[38]によれば、抗告訴訟の対象となる処分ではないとしている。

(2) 文化財保護委員会による特別名勝地の現状変更許可処分を指定土地の部落民が争った場合[39]、禁猟区設定行為を区域内の農地所有者が争った場合[40]につき、いずれも原告適格が否定された。しかし、近時、保安林解除執行停止申立事件において、森林所有者のほか、保安林により災害が避けられ、潅漑用水等が確保できるなどの受益者の利益も、森林法上法によって保護された利益をもつといえるとした決定がある[41]。

(3) 道路の公用廃止・路線変更処分については、道路占用使用等の特別の権利を主張立証した場合はともかく、住居の通路として利用してきた者も、これを争えないというのが、従来の通説判例[42]であるが、特別の権利を有する者にかぎらず、直接の利害関係を有する者にかぎらず、直接の利害関係を有する者（道路に面して家屋を持つ者）すべてが争うことができるとするものがある。[43]

四　処分の相手方など

処分の相手方には原告適格が認められるのが通例であるが、授益的処分その他権利利益の侵害の認められない場合には、原告適格もまた認められない。また、処分の相手方が多数人で団体をなしている場合や処分の相手方と特殊の関係にある者が出訴した場合など、種々の問題がある。

(1)　たとえば、法人税の減額更正処分の取消し[44]、個人の資産再評価差額を零とした審査決定のみの取消し[45]、無申告による決定をなすべきであるのに誤ってなされて過少申告による更正処分の取消し[46]などを求める法律上の利益は認められない。取消しを求めている処分に基づく不利益が存在しないからである。

(2)　相手方に対する不利益処分であるが、原告適格が認められなかったものとして、皇居外苑使用不許可処分がある。[47]しかし、これについてはすでに最高裁判所[48]も原告適格は承認している。

(3)　処分の対象となる土地等を共有する者の一人が単独で処分の取消しを求めて出訴するのは一般に適法である。[49]ときには共有物の保存行為（民二五二）として、ときには各自の持分権の範囲内で、これが認められている。なお、事案は異なるが、企業財産の集合体を一括して公売に付した場合には、当該財産の一部について抵当権または所有権を主張する第三者は公売処分の無効確認または取消しを求める訴訟の原告適格を有する。[50]

(4)　処分の相手方と特殊の関係にある者の原告適格が問題となる。ただ単に妻であるというだけでは、夫に対する滞納処分の取消しを求める適格を有しないのは勿論であるが[51]、農地買収処分を同居の親族が争いうるかについて判例[52]は分かれている。

就通学通知について子女の保護者は取消しを訴求する適格を原則として有する。[53]これは、子女の保護者は、もともと、その属する市町村が設置する小中学校に子女を通学させて営造物を利用する権利を有するものであり、場合によっては小中学校の廃止設置を争う適格が認められることによるのであって、局外者ではなく、むしろ、自己の権利の主張である。[54]

組合員に対する処分を労働組合等が争うことができるかについても、判例は分かれているが、ここでは省略する（なお、労組二七XI参照）。

五　相手方に準ずべき当事者

(1)　たとえば、農地買収処分や公売処分の対象物件が処分当時すでに売却されていれば、処分の真の当事者は現在の所有者であって、処分の相手方である旧所有者こそむしろ当事者ではない。旧所有者は、移転登記義務ないし売主としての損害賠償責任を負うかぎりにおいて、原告適格をもつにとどまる。[55][56] 逆に、買収処分の相手方ではないが、真の所有者であると主張する者には原告適格が認められる。[57]

ただ、公売処分に対し、対抗要件をそなえていない物件所有者がその取消しを求める場合について、判例の態度は明確ではない。[58]

(2)　他人に対する換地処分によって、自己の土地利用が妨げられる可能性のある者は、この換地処分を争う適格を有する。従前地が第三者のための換地予定地指定処分の対象となったときの従前地の権利者、[59] 従前地について貸借権等を有しない第三者に、賃借権等を有する者として、換地予定地指定処分または所有建物等の移転通知がなされたときの従前地の所有者、[60] 逆に、賃借権を無視してなされた仮換地指定処分がなされたときの従前地の賃借権者[61]などがそれである。

なお、隣接する甲乙両地域において、甲地域の使用制限と乙地域の緑地帯としての存置の方針が都市建設政策の一環として相互に関連するとき、乙地域に隣接する甲地域の土地について右使用制限付で払下げを受けた者は、乙地域が緑地帯として存置されることについて法律上の利益をもち、乙地域における建物設置を目的とする使用許可処分を争う適格をもつ(62)。

(3) 買収農地等の旧所有者は、当該農地等の売渡処分が取り消されまたは無効と確認される結果、農地法八〇条・同施行令一六条により当該農地の売払いを受ける可能性を回復しうる場合には、当該売渡処分を争う適格を有する(63)。

(4) 契約が行政庁の認可の対象となる場合に、契約当事者から認可を争って出訴しうる場合がある(64)(65)。

六　他人に対する許可等を争う第三者

(1) 建築許可・建築確認処分について、相隣関係に立つ隣地居住者に原告適格を認めるべきかについては、日常の保健衛生上に不断の悪影響を受け、あるいは火災の危険があることを理由として、これを肯定するもの(66)と、隣人に直接具体的な法律上の効果を及ぼさず、直接その所有権を侵害するものではないとしてこれを否定するもの(67)とがある。

温泉掘さくの許可または温泉動力装置許可については、その結果ゆう出量・成分に悪影響を及ぼすなど、既設温泉井所有者の利益を直接侵害する場合には、これを争う適格が認められる(68)。

(2) 営業許可について既存の業者が争うことができるかについては、すでに質屋営業(69)（消極）と公衆浴場営業(70)（積極）に関する最高裁判決がある。後者において問題となった距離制限が薬局業の開設（薬事法六ⅡⅢⅣ参照）についても採用された結果、薬局業の営業上の利益は薬事法によって保護せられる法的利益であるとして、許可に対して既設業者の出訴を認めた判例(71)も登場したが、これに強く反対する立場の判例(72)もある。

(3) 警察目的のためにする営業許可にあっては、営業施設に関する私法上の法律関係には影響を及ぼさないから、当該施設について私法上の権利を主張する者は、それによって許可の取消しを求めることはできないはず(73)である。しかし、食品衛生法上の営業許可を、特定個人の権利を侵害する手段として利用するものであることを知りながら違法にこれを与えた場合(74)、風俗営業の許可につき、これによって前に比し著しく不利益な地位に置かれ、また、施行条例上許可申請の添付書類として施設所有者の承諾書が要求されている場合[75]、また事業場を同じくする自動車分解整備事業の場合など[76]に、当該施設の権利者等からする出訴を認めている。

(4)　競願関係にある特定の者に免許が付与され、他の者にはこれが拒否された場合、免許処分と拒否処分とは「表裏一体」ないし「相互に優劣の順位関係に立つ一連の処分」であるから、拒否された者は、他人に対する免許処分の取消しを求めることができる[77]。

(5)　ガス事業の特別供給条件に対する通産大臣の認可を現に利用を希望する者が訴えをもって争う利益をもつとする判例がある[78]。

七　原告適格の得喪・承継

原告適格の得喪の原因には種々雑多なものがあるが、主要なものとして次のようなものがある。

(1)　処分自体の消滅。更正処分が再更正処分に吸収されて独立の存在を失うなどがその例である[79]。

(2)　争訟手続が進展し、既に審査請求棄却決定がなされている場合に、異議申立棄却決定の取消しを求める意味がなくなる場合[80]。

(3)　処分を前提として既に事実上執行が完了してしまっている場合[81]。

(4)　在監者に対する処遇のような事実行為は完了してしまえば争えないのを例とするが[82]、糧食給付行為について、口頭弁論終結時までに現実にした糧食給付行為の取消訴訟を認めたものがある[83]。

(5)　その後の手続が進展したため、処分を争うことが無意味となった場合。条例制定請求の署名簿に関する争いが、条例制定請求が受理されてすでに議会に付議されたため意味を失い[84]、固定資産課税台帳登録訂正処分を争っているうちに、この処分を前提として固定資産処分がなされた場合などがその例である[85]。

(6)　制度の廃止[86]（消極）。

(7)　免職公務員が免職処分の取消訴訟係属中に公職の候補者として届出[87]（積極）、専従休暇期間の経過と休暇不承認処分（消極）[88]。

(8)　自動車運転免許取消処分の取消訴訟の係属中に運転免許の有効期間が経過した場合でも訴えの利益は失われない[89]。運転免許停止処分の停止期間後の取消しも同様であるが、特に道交法上効果のある満一年を経過した停止処分につき消極に解する近時の判例[90]がある。

(9)　原告の死亡と相続人の訴訟承継については、例の朝日訴訟判決[91]があるが、公務員の懲戒処分取消訴訟係属中の事案については相反する見解に立つ判例がある[92]。

四　残された問題

以上極めて大ざっぱな概観に終り、まことに不本意きわまりないのであるが、いくつかの問題点を指摘して本稿の結びとしたい。

(1)　原告適格の拡大はそれ自体として結構なことであり、今後とも現在の傾向が進められていくことを期待したい。しかしながら、原告適格の拡大は、反対の利害関係者がいる複数当事者の行政行為など、実体法上・手続法上種々の困難な問題を提供することとなった。このような問題を理論的に解明することによって、無理なく原告適格の拡大が進められていくような条件を作らなくてはならない。

(2)　同時に、取消訴訟の原告適格の拡大には取消訴訟へのあまりにも過重な要求という面もあるように思われる。包括的な司法救済はなにも取消訴訟によってだけ実現されるというものではない。一般抽象的処分や多数の利害関係者のいる処分などについて、あるいは私人の行政に対する積極的介入の請求などについて、無名抗告訴訟の活用を考えるべきであって、すべてを行政行為と取消訴訟の鋳型に入れて問題を解決しようとする取消訴訟中心の考え方には再検討の必要がある。

(3) さらに、もう少し視野を拡げれば、原告適格の問題は実際の必要に応じて柔軟な運用がされるのが好ましい反面、反対の利害関係者のいる場合などには、法律生活の不安を除去するため、原告適格をもつ者を行政手続上に前もって明確にしておくことが望ましい。たとえば、建築許可があった後に、隣人等が訴訟で争うというよりも、前もって異議を述べる機会を与えておいた方がよいであろう。このように、行政手続と司法救済とを組み合わせる方法を考えるべきであろう。同時に、司法救済の実際的機能にも充分の考慮が必要である。原告適格の特喪に関する判例が相当多いのであるが、その中には、訴訟の遅延が原因だと思われるものが少なくない。行政事件訴訟法九条括弧書きが、原告適格を論ずる際の主役を演じるのでは、やはり正常な姿とはいえないように思われる。

(4) 最初に述べたように、取消訴訟の原告適格の問題は、行政法理論の全体のあり方と不可分の関係にある。この問題の解明には、なお他日を期したい。

（1） 原田尚彦「行政行為の取消訴訟制度と原告適格（訴の利益）」国家七七巻三・四号、九・一〇号。同「訴えの利益」行政法講座三巻。同「行政法における公権論の再検討」民商五八巻二号。上北武男「形成訴訟における訴えの利益」同志社法学一一四号。

（2） 本稿は、紙幅の関係もあり、広義の訴えの利益の全般は論じない。ただ、九条括弧書きとの関連で必要に応じて狭義の訴えの利益にもふれることとする。
なお、無効等確認の訴えについては原告適格の制限が定められているが（三六）、この制限にかかわる場合を除いて、取消訴訟の原告適格と共通のものがあるので、無効確認訴訟の原告適格に関する判例も必要に応じて引用参照することとする。

（3） 美濃部達吉・日本行政法上九四五頁。同・公法判例大系上六四二頁。
西ドイツの行政裁判所法四二条二項は、特に、取消訴訟と義務付訴訟について原則として「原告が、行政行為または行政行為の拒否もしくは不作為により自己の権利が侵害されたことを主張した場合にのみ訴えは適法である」

と規定し、この趣旨を明らかにしている。そこで、訴訟追行上の訴権（Klagebefugnis）ないし訴えの利益（Rechtsschutzbedurfnis）と権利侵害の現実の存在（Aktivlegitimation）とは区別される。ただ、権利侵害の主張・疎明の程度については人の見解は分かれている。

vgl. z.B., Ule, Verwaltungsprozessrecht, 4. Aufl., S.97 ff., 131 ff.; Eyermann-Fröhler, Verwaltungsgerichtsordnung, 4. Aufl., § 42, Rdn. 84 ff.; Bachof, Verfassungsrecht, Verwaltungsrecht, Verfahrensrecht, S.201 ff.; H.-W. Laubinger, Der Verwaltungsakt mit Doppelwirkung, S.115 ff.

（4）　わが行訴法においても、九条と一〇条の対照が、この区別を明示している。

（5）　横浜地判昭和三四年六月一六日行裁例集一〇巻六号一〇六三頁。宇都宮地判昭和四四年四月九日行裁例集二〇巻四号三七三頁（三九八頁）参照。

（6）　民集二三巻一号三二頁。判旨は、土地改良区の土地改良事業にあたり一時利用地の指定を受けながらこれに対応する換地を交付されなかった者は、右一時利用地を他人の換地とした処分の無効確認を求める適格を有しない、とするものであった。田中判事の反対意見があるが、反対意見が正当と思われる。

（7）　三ケ月章・民事訴訟法一六七頁、三〇〇頁。

（8）　行政事件訴訟十年史一二三頁。原告適格の特喪・承継については後述参照。なお、フランスにおいては、この点非常にゆるやかであり、判決時でも出訴時でもよく、出訴後の事情の変更による適格の喪失はほとんどないようである。cf. Auby et Drago, Traité de contentieux administratif, tome II. p. 491.

（9）　取消訴訟の原告適格が、かつて公権論の中で論じられたことは、その内容の具体的当否はともかく、本文の趣旨から、理由のないわけではない。ただ、本稿は時間と紙幅の関係上、このような行政法全体にわたる問題は立ち入って論じない。理論的諸問題については、原田教授の前掲諸論文を参照されたい。

なお、ある行政行為について取消訴訟の原告適格をある者に認めることは、しばしば、これと密接な関係のある他の処分・他の手続・他の利害関係者等との関連を法技術的に明らかにする必要を生じさせる。この点で、原告適格の承認は、行政法上の他の実体法・手続法のほとんどすべての問題の解釈論と相互依存の関係にある。したがって、単に法理念的な関係においてのみならず、法解釈論の平面においても、取消訴訟の原告適格は行政法体系全体のあり方から影響をうけ、また、これに強く影響を及ぼすものである。

(10)　原田「訴えの利益」行政法講座三巻二五七頁以下。

(11)　この趣旨を表現する判例として次のようなものがある。

建築確認処分を隣地所有者が争う場合につき、熊本地判昭和四〇年一一月四日行裁例集一六巻一一号一八六八頁。

市道路線変更処分を従前自宅への通路として利用してきた者が争う場合につき、岐阜地判昭和三〇年一二月一二日行裁例集六巻一二号二九〇九頁。

(12)　公衆浴場営業許可処分を既設業者が争う場合につき、最判昭和三七年一月一九日(二小)民集一六巻一号五七頁。

皇居外苑使用不許可処分を申請者が争う場合につき、東京地判昭和二八年四月二七日行裁例集四巻四号九五二頁。

建築許可を相隣関係に立つ者が争う場合につき、東京地判昭和二七年六月二五日行裁例集三巻五号一〇七八頁。

薬局開設許可を既存の同業者が争う場合につき、静岡地判昭和四三年九月六日行裁例集一九巻八・九号一四一九頁。

(13)　法律上保護されている利益（rechtlich geschützte Interesse）と保護に値いする利益（〈recht-〉schutzwürdige Interesse）との区別ならびに相互関係については、vgl. O.Bachof, Reflexwirkungen und subjektive Rechte im öffentlichen Recht (in Gedächtnisschrift für W.Jellinek, S.287 ff.), S.296; ders., Verfassungsrecht, Verwaltungsrecht, Verfahrensrecht, S.220f. 原田・前掲二五八頁。

(14)　民衆訴訟（quivis ex populo; Popularklage）という言葉は、本来原告適格について限定のないもの、すなわち、一般国民の資格で提起する訴訟をいう。これと客観的訴訟とは同義ではない。市町村住民・納税者等の資格で提起する訴訟は、客観的訴訟ではあるが、民衆訴訟ではないから、自ら原告適格について限定がある。わが行訴法五条にいう民衆訴訟は、この意味での客観的訴訟の一種である。本来の意味での民衆訴訟は排除されるべきであるが、適当に限定づけられた客観的訴訟は特段の弊害をもたらすものではない。両者を混同してはならない。

(15)　明憲六一条「権利ヲ傷害セラレタリトスルノ訴訟」。行政裁判法一五条。行政庁ノ違法処分ニ関スル行政裁判ノ件「行政庁ノ違法処分ニ由リ権利ヲ毀損セラレタリトスル者」

(16)　美濃部・日本行政法上八七五頁、九四五頁。佐々木惣一・日本行政法総論六〇〇頁。

(17)　美濃部・公法判例大系上六四二頁、なお下二五〇頁参照。

(18)　明治憲法時代に登場した行政裁判制度改正案および改正意見においても同様であった。田中二郎・行政争訟の法理三八九頁以下参照。

(19)　先に紹介した西ドイツの行政裁判所法四二条二項は「権利侵害」という言葉を今なお用いているが、その内容として、法律上保護されている利益とか保護に値いする利益などの侵害がいわれている。わが判例にも、旧市街地建築法にいう「権利ヲ毀損セラレタリトスル者」を解して法律によって保護されている利益の侵害を含むものとしているものがある。東京地判昭和二七年六月二五日行裁例集三巻五号一〇七八頁。

また、行政不服審査法四条一項には「不服がある者」とあるだけであるが、これも行訴法九条と同義と解されている。田中真次＝加藤泰守・行政不服審査法解説四三頁。なお、美濃部・日本行政法上八四七頁参照。

さらに、明治期の立法では「処分により権利を毀損せられたりとする者」という表現であり、行訴法九条は処分等の「取消しを求めるにつき法律上の利益を有する者」という表現であって、「権利」と「法律上の利益」とが同一平面に並べられているわけではない。同様に単なる「事実上の利益」や「経済上の利益」などの用語が、「法律上の利益」と対比されることも多いが、これまた同一平面上に並べられるべき性質のものではない。説明には便宜であるが、議論に混乱を招きやすい。

(20)　G. Mörtel, Auswirkungen der veränderten Generalklausel auf Verwaltung und Verwaltungsrechtsprechung (in Wandlungen der rechtsstaatlichen Verwaltung, 1962, S. 137 ff.), S. 159.

(21)　無名抗告訴訟が認められるのも、この理由からである。

(22)　西ドイツでは、この説が通説判例であるが、個々の法規の意図というよりは、個人的利益もしくは個人的生活領域が、事実上、法規によって保護されていればよいものとし、非常にゆるやかに解している。

(23)　原田・前掲論文・国家七七巻九・一〇号二九頁。同「経済干渉行政」（成田頼明等編・行政法講義下四〇頁以下）五六頁。拙稿「複数当事者の行政行為・(1)」北大法学論集二〇巻一号九頁。

(24)　西ドイツにおける公法上の隣人訴訟（Nachbarklage）の展開による第三者への原告適格の拡大、さらに第三者効をもつ行政行為または双面的効果をもつ行政行為（Verwaltungsakt mit Drittwirkung od. Verwaltungsakt mit Doppelwirkung）の登場の原因はこのような点にある。拙稿・前掲論文。同「行政過程における公共の福祉」ジュリスト四四七号四五頁。

vgl. z.B., H.-W. Laubinger, Der Verwaltungsakt mit Doppelwirkung, 1967; H. Demme, Die nachbarlichen

Schutzvorschriften im Gaststättenrecht, DVBl. 1967, 758 ff.; W. Dörffler, Verwaltungsakte mit Drittwirkung, NJW 1963, 14 ff.

(25) 原田教授・前掲諸論文の強調されるところである。たとえば、行政法講座三巻二六〇頁参照。
私人の積極的地位の承認はさらに進んで行政に対する積極的介入を要求する請求権を認めるにいたる。原田「公権論の再検討」民商五八巻二号。保木本一郎「ドイツにおける営業警察の展開」社会科学研究二〇巻二号九九頁以下。

(26) 大阪地判昭和四〇年一〇月三〇日行裁判例集一六巻一〇号一七七一頁。同昭和四四年四月一九日行裁例集二〇巻四号五六八頁。ただし、健康保険組合連合会が療養費用算定方法に関する告示を争うのについては、保険者でないことを理由に否定。東京地判昭和四〇年四月二二日行裁例集一六巻四号七〇八頁。

(27) 最判昭和四二年五月三〇日(三小)民集二一巻四号一〇三〇頁。総代選挙の選挙人が争う場合につき、積極、東京高判昭和三四年三月四日行裁例集一〇巻三号五四七頁。消極、青森地判昭和三五年五月一四日行裁例集一〇巻五号一〇二七頁。

(28) 最判昭和二四年五月一七日(三小)民集三巻六号一八八頁。

(29) 岡山地決昭和二五年五月二九日行裁例集一巻二号二五八頁。

(30) 熊本地判昭和二七年六月一六日行裁例集三巻五号一〇四七頁。和歌山地判昭和二七年三月三一日行裁例集三巻二号三五一頁。新潟地判昭和三四年一月三〇日行裁例集一〇巻一号二二八頁。宇都宮地判昭和三四年八月一〇日行裁例集一〇巻八号一五六五頁。大阪地決昭和四四年九月二〇日判例時報五七〇号二九頁。

(31) 青森地判昭和四〇年一一月一六日行裁例集一六巻一一号一八八四頁。同様に、自己の法律上の利益を主張しないもの、最判昭和二八年六月一二日(二小)行裁例集四巻六号一五六三頁。新潟地判昭和三一年九月一二日行裁例集七巻九号二二三七頁。

(32) 神戸地決昭和二九年七月三〇日行裁例集五巻七号一六八五頁。最判昭和三〇年一二月二日(二小)民集九巻一三号一九二八頁。同昭和三〇年一二月九日(二小)民集九巻一三号一九七二頁。富山地判昭和三一年四月二六日行裁例集七巻四号九七〇頁。

(33) 東京地判昭和四一年八月一六日行裁例集一七巻七・八号九二七頁。同昭和四三年三月二八日行裁例集一九巻三号五五一頁。東京高判昭和四三年七月一八日行裁例集一九巻七号一二六九頁。

(34)　東京地判昭和四三年二月九日行裁例集一九巻一・二号一八七頁。同昭和四四年七月一〇日行裁例集二〇巻七号八八一頁。

(35)　東京地判昭和四三年六月六日行裁例集一九巻六号九九一頁。

(36)　福島地判昭和四四年一一月一七日行裁例集二〇巻一一号一三七二頁。

(37)　東京地判昭和三八年九月一七日行裁例集一四巻九号一五七五頁。宇都宮地判昭和四四年四月九日行裁例集二〇巻四号三七三頁。後者は、後に収用裁決の取消訴訟が提起されても、事業認定・土地細目公告の取消訴訟の訴えの利益は否定されないとする。

(38)　最判昭和四一年二月二三日(大法廷)民集二〇巻二号二七一頁（反対意見あり）。同旨、東京高判昭和三六年一〇月三一日行裁例集一二巻一〇号二一六一頁。反対、東京地中間判決昭和三四年六月一八日行裁例集一〇巻六号(施行地区内のビル所有者につき「事業の進展に伴い将来これを除却または移転さるべき運命にある」)。

なお、土地区画整理事業の施行者が換地計画を定める以前の段階において、換地処分等につき行政庁の作為・不作為またはその義務確認の裁判を求める訴えは、法律上の利益を欠き不適法であるとするもの（東京地判昭和四一年二月二四日行裁例集一七巻二号一七五頁)、改良地区指定・事業計画の認可につき、処分の具体性の点からいって行政訴訟の対象としての処分にはあたらないとするもの（津地判昭和四四年五月一五日行裁例集二〇巻五・六号六四九頁）などがある。後者は、出訴を認めると、公定力ないし出訴期間の制約を伴うこととなり、かえって国民にとって不利益を招く一面もあるとしている。

(39)　東京地判昭和三〇年一〇月一四日行裁例集六巻一〇号二三七〇頁。

(40)　東京高判昭和三九年七月九日行裁例集一五巻七号一四四二頁。

(41)　札幌地決昭和四四年八月二二日行裁例集二〇巻八・九号九二九頁。

(42)　岐阜地判昭和三〇年一二月一二日行裁例集六巻一二号二九〇九頁。千葉地判昭和三四年九月一四日行裁例集一〇巻九号一八一二頁。

(43)　東京高判昭和三六年三月一五日行裁例集一二巻三号六〇四頁。

(44)　京都地判昭和四四年三月二九日判例時報五六八号三八頁。

(45)　最判昭和三六年一二月一日(二小)民集一五巻一一号二六三七頁。類似の事案につき、広島高判昭和三四年一二月三日行裁例集一〇巻一二号二四四二頁。大阪地判昭和三二年三月二八日行裁例集八巻三号四〇〇頁。
(46)　最判昭和四〇年二月五日(二小)民集一九巻一号一〇六頁。
(47)　東京地判昭和二八年四月二七日行裁例集四巻四号九五二頁（「許可によって始めて使用権が設定される」「不許可処分によって原告が皇居外苑について何等かの使用権原（具体的権利に止まらず抽象的権能をも含む）を侵害されるということはありえない」）。同昭和二九年四月二七日行裁例集五巻四号九二二頁。
(48)　最判昭和二八年一二月二三日(大法廷)民集七巻一三号一五六一頁。
(49)　福岡地判昭和三〇年四月一三日行裁例集六巻四号八五八頁。札幌地判昭和三一年一月三〇日行裁例集七巻一号一四八頁。仙台地判昭和三二年一一月五日行裁例集八巻一一号二〇〇九頁。千葉地判昭和三六年四月二四日行裁例集一二巻四号六八八頁。
(50)　長崎地判昭和三五年二月二二日行裁例集一一巻二号二八九頁。
(51)　大阪高判昭和二九年三月二〇日行裁例集五巻三号五八一頁。
(52)　積極、松江地判昭和二五年六月二三日行裁例集一巻七号一〇二二頁。金沢地判昭和二九年一一月一九日行裁例集五巻一一号二五二〇頁。山形地判昭和三二年一月三〇日行裁例集八巻一号四〇頁。消極、熊本地判昭和二七年八月二五日行裁例集三巻八号一六二八頁。山形地判昭和二九年一二月一五日行裁例集五巻一二号二八八七頁。
(53)　ただし、他の保護者に対する処分を争うことはできず、また、通学の不能その他著しく過重な負担を課す場合でなければならない。山形地判昭和三九年九月九日行裁例集一五巻九号一八三一頁。東京地判昭和三〇年七月二三日行裁例集六巻七号一八九〇頁。
(54)　盛岡地判昭和三七年七月九日行裁例集一三巻七号一三三一頁。
　ちなみに昭和六年行政訴訟法案八条二項（田中・行政争訟の法理四七一頁）参照。
(55)　岐阜地判昭和二七年一二月三日行裁例集三巻一二号二三八五頁。広島地判昭和三六年五月三〇日行裁例集一二巻五号一〇四三頁。
(56)　名古屋地判昭和二三年一一月八日行裁報一〇号二一頁。同昭和二四年二月一八日行裁報一二号二七頁。浦和地判昭和三〇年二月八日行裁例集六巻二号二八六頁。

(57)　盛岡地判昭和二九年一一月三〇日行裁例集五巻一一号二五六五頁。このような場合真の所有者はその所有権を喪失するものではないから原告適格を有しないとする考えと、紛争が複雑化するのを避けるため原告適格が認められるとする考えとがある。前者、函館地判昭和三八年一一月一五日行裁例集一四巻一一号一九一一頁。後者は前者の控訴審、札幌高函館支判昭和三九年九月二九日行裁例集一五巻九号一六七五頁。

(58)　参照、東京高判昭和三八年七月一八日行裁例集一四巻七号一二五六頁。東京地判昭和三〇年三月一一日行裁例集六巻三号七六八頁。水戸地判昭和三七年八月三〇日行裁例集一三巻八号一四一四頁。

(59)　甲府地判昭和三六年一〇月一九日行裁例集一二巻一〇号二一二六頁。消極、東京地判昭和三〇年一〇月一四日行裁例集六巻一〇号二三六一頁（自己に対する通知のない限り使用収益権限を失わないことを理由）。

(60)　最判昭和三一年七月二〇日(二小)民集一〇巻八号一〇〇六頁。大阪高判昭和四一年一一月二九日行裁例集一七巻一一号一三〇七頁。

(61)　東京地判昭和三四年三月四日行裁例集一〇巻三号五四七頁。

(62)　東京地中間判決昭和三五年七月一三日行裁例集一一巻七号二〇二九頁。

(63)　たとえば、東京地判昭和三七年五月二日行裁例集一三巻五号八二七頁。同様に、自創法四一条の二の一時使用認可につき、熊本地判昭和三五年三月二二日行裁例集一一巻三号四七八頁。また、農地法三条の所有権移転許可について、仙台高判昭和三六年一〇月一二日行裁例集一二巻一〇号一九六七頁。

(64)　買主のみの申請に基づいてなされた農地法五条による所有権移転許可処分を売主が争う場合につき積極、大阪地判昭和四〇年五月一一日行裁例集一六巻六号九九三頁。
　農地法二〇条に基づく賃貸借解約許可処分を農地賃借人が争う場合につき積極、高松地判昭和三九年一〇月一三日行裁例集一五巻一〇号一九〇〇頁。

(65)　なお、神戸地判昭和二六年一〇月二日行裁例集二巻一〇号一七七〇頁参照。

(66)　東京地判昭和二七年六月二五日行裁例集三巻五号一〇七八頁。佐賀地判昭和三二年四月四日行裁例集八巻四号七二九頁。横浜地判昭和四〇年八月一六日行裁例集一六巻八号一四五一頁。

(67)　大阪地判昭和三一年一〇月三一日行裁例集七巻一〇号二五三一頁。熊本地判昭和四〇年一一月四日行裁例集一六巻一一号一八六八頁。

(68) 福岡地判昭和二九年六月二日行裁例集五巻六号一四八二頁。広島高松江支判昭和三八年一二月二五日行裁例集一四巻一二号二二四二頁。

(69) 最判昭和三四年八月一八日(三小)民集一三巻一〇号一二八六頁。

(70) 最判昭和三七年一月一九日(二小)民集一六巻一号五七頁。なお、公衆浴場営業につき、競願者から先願権を侵害されたことを理由として出された出訴を認めたものがある。広島高判昭和四三年五月一五日行裁例集一九巻五号八三五頁。また、直接隣接しない家屋の所有者から出訴したのに対して消極、東京高判昭和二六年一一月一二日行裁例集二巻一一号一九八〇頁。

(71) 静岡地判昭和四三年九月六日行裁例集一九巻八・九号一四一九頁。

(72) 大阪地判昭和四四年九月二五日行裁例集二〇巻八・九号一一一三頁（公衆浴場と薬局の相違を詳細に論じて、前記最高裁判決を薬局の場合に適用することを否定する）。仙台地判昭和四三年九月二七日行裁例集一九巻八・九号一五四四頁。

(73) 仙台高判昭和二九年六月二九日高民集七巻九号六六三頁（飲食店営業許可処分を当該施設の使用権者が争った事例、消極）。

(74) 盛岡地判昭和二八年一一月九日行裁例集四巻一一号二七五一頁。

(75) 岡山地判昭和三〇年五月三一日行裁例集六巻五号一二七一頁。

(76) 名古屋高判昭和四二年六月二九日行裁例集一八巻五・六号八二九頁（事業所を同じくする既存業者からの出訴）。

(77) 最判昭和四三年一二月二四日(三小)民集二二巻一三号三二五四頁。東京地判昭和四二年一一月二九日判例時報五〇四号四五頁。なお、仙台地判昭和三九年一二月二五日行裁例集一五巻一二号二四四五頁。

(78) 東京地判昭和四三年七月一一日行裁例集一九巻七号一一七六頁。

(79) 最判昭和四二年九月一九日(三小)民集二一巻七号一八二八頁。東京地判昭和四三年六月二七日行裁例集一九巻六号一一〇三頁。同昭和四四年三月二六日行裁例集二〇巻二・三号二六六頁。大阪地判昭和四三年四月二六日行裁例集一九巻四号七九六頁。同昭和四四年一〇月二三日行裁例集二〇巻一〇号一二七二頁。

(80)　たとえば、東京高判昭和四四年五月二七日行裁例集二〇巻五・六号六九七頁。
(81)　東京地判昭和三八年五月二九日行裁例集一四巻五号一一一七頁（退去強制処分の執行完了後なお処分取消しの利益ありとする）。大阪高判昭和四一年一一月二九日行裁例集一七巻一一号一三〇七頁。東京地判昭和四一年一〇月五日行裁例集一七巻一〇号一一五五頁。同昭和四四年九月二五日判例時報五七六号四六頁。
(82)　大阪地判昭和三八年七月一八日行裁例集一四巻七号一三〇九頁。静岡地判昭和三五年三月一八日行裁例集一一巻三号六一一頁。広島地判昭和四一年五月二四日行裁例集一七巻五号五五六頁。
(83)　大阪地判昭和四一年一二月二九日行裁例集一七巻一二号一三八五頁。
(84)　大阪高判昭和四四年三月二七日行裁例集二〇巻四号三三一頁。
(85)　広島地判昭和四三年八月二九日行裁例集一九巻八・九号一四一三頁。
(86)　最判昭和四一年一一月一五日（三小）民集二〇巻九号一七九二頁。
(87)　最判昭和四〇年四月二八日（大法廷）民集一九巻三号七二一頁。
(88)　最判昭和四〇年七月一四日（大法廷）民集一九巻五号一一九九頁。
(89)　最判昭和四〇年八月二日（二小）民集一九巻六号一三九三頁。
(90)　東京地判昭和四四年一一月二七日行裁例集二〇巻一一号一五〇九頁。なお、同昭和四二年四月二五日行裁例集一八巻四号五九〇頁参照。
(91)　最判昭和四二年五月二四日（大法廷）民集二一巻五号一〇四三頁。
(92)　大阪高判昭和四三年一一月一九日行裁例集一九巻一一号一七九二頁（消極）。松江地判昭和四三年四月一七日行裁例集一九巻四号六四三頁。

（実務民事訴訟講座８『行政訴訟Ｉ』、一九七〇年）

6　収用裁決取消判決の第三者効について

――取消請求権に関する一考察――

一　問題の提起

一　行訴法三二条一項は、取消判決は「第三者に対しても効力を有する」ものとしている。ここにいう「第三者」の意義については基本的に二つの解釈の対立がある。

ひとつの解釈は、この第三者を一般第三者と解する。絶対効説の立場であって、いやしくも行政処分が取り消され、遡及的に効力を失ったものとされた以上は、その主観的範囲は無限定に一般第三者に対しても及ぶべきはずであるとする。このような対世的な効力をみとめないと、一つの行政処分がある人に対する関係では取り消されて法的に存在しないのに、他の人に対する関係ではなお法的に存在して効力をもち続けるという相矛盾した現象をみとめることとなり混乱が生ずるとする。

他のひとつの解釈は、この第三者を原告と利害相反するところの第三者と解する。相対効説の立場であって、判決の効力の主観的範囲は訴訟当事者を原則とするが、原告の取消請求をみとめて、その権利救済をはかる必要上、これと利害相反するところの第三者には取消判決の効力を及ぼさなければならない。しかし、これ以上に、これ以外の一般第三者にまで効力を及ぼすべき必要も理由もないものとする。行訴法二二条一項が訴訟の結果により「権利を害される第三者」に訴訟参加をみとめ、同三四条一項が取消判決により「権利を害された第三者」

に第三者再審の訴えをみとめているが、ここにいう第三者と同様に、原告と利害相反する第三者と解する。取消判決の効力が及ぶがゆえに、このような第三者に、訴訟参加と第三者再審の訴えがみとめられているわけである。なお、三二条一項の文言が「第三者について」効力をもつとするものではなく、「第三者に対して」効力をもつとされていることも、この趣旨をあらわしているものとされることがある。

二　相対効説に立つ代表例として、よく引かれるものに東京地裁昭和四〇年四月二二日決定（行裁例集一八巻四号七〇八頁）がある。医療費改訂職権告示に対する執行停止申立事件（行訴三二条二項参照）にかかわる。同決定は、告示という「立法行為の性質を有する行政庁の行為が取消訴訟の対象となるとはいっても、それは、その行為が個人の具体的な権利義務ないし法律上の利益に直接法律的変動を与える場合に、その限りにおいて取消訴訟の対象となるにすぎないのであるから、取消判決において取り消されるのは、その立法行為たる性質を有する行政庁の行為のうち、当該行為の取消しを求めている原告に対する関係における部分のみであって、行為一般が取り消されるのではない（中略）。法第三二条第一項は、取消判決の効力は第三者に及ぶ旨規定しているが、その趣旨は、原告に対する関係で行政庁の行為が取り消されたという効果を第三者も争い得なくなる、換言すれば、原告は何人に対する関係においても以後当該行政庁の行為の適用ないし拘束を受けないことを意味するにとどまり（行為の性質上不可分の場合及び実際上の効果を別として）、それ以上に取消判決の効果を第三者も享受し、当該行政庁の行為がすべての人に対する関係で取り消されたことになること、すなわち、何人も以後当該行政庁の行為の適用ないし拘束を受けなくなることを意味するものではない」とする。

右の考えは、同事件の抗告審においても支持され（東京高決昭和四〇年五月三一日行裁例集一六巻六号一〇九九頁）、また、多くの同事件判例評釈においても、とうぜんのこととして承認されている（①柳瀬良幹「厚生大臣の所謂職権告示の効力停止に関する決定」判例評論八二号一頁、②真田秀夫「医療費告示に対する取消訴訟の問題点」法律のひろば一八巻七号一九頁、③山内一夫「医療費引上げの告示と東京地裁の執行停止決定――取消訴訟の対象となる『処分』の意義――」自治研究四一巻七号三頁、④高木積夫「行政準立法の効力を争う訴訟」司法研修所二〇周年記念論文集（民事編二）二六九頁、⑤猪俣幸一＝雄川一郎＝杉本良吉＝山内一夫「医療費値上げの職権告示停止決定に関する法律上の問題点」（研究会）ジュリスト三二七号二八頁、⑥渡辺等「取消判決の効力（行訴法三二条）」別冊判例タイムズ二号一七二頁。ただし、⑦町田顕「行政処分の執行停止決定（取消判決）の対世効」判例タイムズ一七八号六九頁、原田尚彦「取消判決の第三者効について」時の法令五四二号三七頁は絶対効説の立場をとる。なお、⑤は、研究会発言の性質上かならずしも各説の見解が明確な形で展開されているわけではない。たとえば、杉本説は絶対効説の立場をとるが、山内説は、抗告訴訟ではなく、むしろ当事者訴訟ないし民事訴訟を関係者各人が個別的に提起すべきであるとする立場に立っている。しかし、全体として、上記決定に対して肯定的だとみることができる）。

三　右の執行停止中立事件は、告示を対象としている。告示は、立法行為としての性質をもつものであり、その名宛人も不特定多数を相手とする、いわゆる一般処分である。この種の行為は、いくつかの点で、一般の行政処分とは異なった特色をもつ。一般には、適用行為をまってはじめて、私人の個別具体的な権利義務とのかかわりをもつものであるため、そもそも取消訴訟の対象としての行政処分性がみとめられるべきかどうか、かりに行政処分性がみとめられるとしても、通常の行政行為とは異なるため、出訴期間の徒過による不可争性がみとめられないのではないか、などがその例である。また、その取消によって、不特定多数人にかかわる広範な分野に全面的に効果を及ぼすものとしたときには、社会的に混乱を生じさせるおそれもないではない。このような一般の行政処分とは異なる特殊性からすると、その取消判決の第三者効についても、おのずから他とは異なる特色がみとめられる余地がある。したがって、一般論を展開するにはかならずしもふさわしい事例とはいいがたいであろう。

そこで、本稿では、典型的な行政処分のひとつと考えられる土地収用法上の収用裁決をとりあげて、取消判決の第三者効の問題を検討することとする。その際に、収用裁決の法効果とかかわりのある関係権利者としては、起業者のほか、土地所有者、関係人（収用八条二項・三項）等さまざまのものが想定される。説明の便宜上、つぎの二つの事例を念頭において検討することとしたい。

(1)　土地所有者と建物所有を目的とする借地権者の二名が存在する場合（A事例）。

(2)　土地が相続財産であって複数の相続人が共有者として存在する場合（B事例）。

いずれも、実際上、比較的によくみられるケースであって、他の多様な場合も、これらの両場合に準じてとりあつかえばよいと考えられる。

四　本稿は、拙稿「行政法上の請求権に関する一考察」（北大法学論集三八巻五・六合併号＝山畠教授退官記念＝上巻一頁）の続稿である。

そこでは、従来、行政行為論において行政行為の効力などの問題としてとりあつかわれてきたものの多くが、実は、取消請求権の問題であることがしめされている。基本的法的地位としての権利自由が、行政手続過程上の権利義務をへて、取消請求権など訴訟上の請求権として結実するにいたる過程の全体をとらえようとする行政過程論の立場に立つものである（拙著『実定行政法』参照）。本稿においても、この立場に立って、取消判決の第三者効の問題を検討する。

取消請求権から出発し、取消判決が取消請求権行使の結果だとする立場からすると、各自が取消請求権を行使するかしないかは、元来本人の自由であるはずだから、その結果である取消判決の効力も原則として取消請求権を行使した者にかぎって及ぶはずである。すなわち、相対効説と結びつきやすい。これに対して、行政行為論からすると、ひとつの行政処分がある人に対する関係で有効に存在しつつ、他の人に対する関係では取り消されて存在しないなどというのは、明白な背理というべき奇妙な現象だということになる。すなわち、絶対効説と結びつきやすい。

本稿は、基本的に前者の立場に立つ。しかしながら、これを理論的に主張するだけでは、実益にとぼしいであろうから、具体的事例に即して、右の二つの基本的立場のうち、いずれの見解によったほうが、実際の問題処理として妥当であるかを検討することとしたい。

二　問題の現状

一　絶対効説の根拠としてあげられているものは、つぎのようなものである。

(1)　行政上の法律関係ないし公法関係の特色をその根拠とするもの。「取消判決による取消の効果は、行政上の法律関係の統一的規律の要請に基き、第三者にも及ぶものと解すべきであろう」（雄川一郎『行政争訟法』二二二頁）とし、また、古く大審院昭和一五年六月一九日判決（民集一九巻一三号九九九頁）が「行政訴訟ハ公法上ノ法律関係ニ属スル事件ニ付テノ訴訟ナレバ、公法関係ノ性質上、行政訴訟ノ判決ハ単ニ訴訟当事者ヲ拘束スルニ止マラズ、其ノ事件ノ利害ニ関係アル総テノ第三者ニ対シ該行政訴訟ニ加ハリタルト否トヲ問ハズ、其ノ効力ヲ及ボスモノト解スルヲ妥当トス」とするのがその例である。

(2)　行政行為が公定力により対世効をもつ以上、これを取り消す取消判決にも対世効が必要だとするもの。「取消された行政行為はその公定性によって対世効力を有していたのであるから、取消しの効果も対世的に及ばなければ原告の権利・利益を十分に救済することができない」（近藤昭三「判決の効力」行政法講座三巻三二九頁）とするのがその例である。

(3)　取消判決を形成力によって説明するもの。「行政処分取消判決の形成力が対世的効力を有する理由は、それが形成判決であることに求めなければならない」「形成判決の形成力は対世的効力を有するとするのが通説である」（滝川叡一「行政訴訟の請求原因、立証責任及び判決の効力」民事訴訟法講座五巻一四六一頁以下）とするのがその例である。なお、形成判決の概念自体が判決の対世効と密接な関連をもって誕生した（鈴木正裕「形成判決の効力」法学論叢六七巻六号二八頁)。

(4)　最後に、取消訴訟を代表訴訟ないし客観訴訟とするもの。「取消訴訟は、通常の民事訴訟のような純然たる主観訴訟ではなく、処分について特殊な利害関係をもつ者が、国民一般を代表して行政庁の公権力行使の違法を攻撃する一種の代表訴訟としての一面をもつことを理由に、一般処分の取消判決は、行政庁がみずから取り消したときと同様に、対世的に処分が絶対的に効力を失うとする説」(町田・前掲、同「取消判決等の対世効」山田＝市原＝阿部編『演習行政法』下一八三頁、原田・前掲)がそれである。

二　相対効説の根拠は、基本的に、訴訟が訴訟当事者間の争いであって、判決は訴訟当事者の訴訟行為の産物であることと、実体法上にも各権利者は各自固有の法的地位を有するのを原則とすることに求められる。なお、さきの絶対効説の根拠としてあげられているものと対比させていうと、つぎのようになる。

(1)　「行政上の法律関係の統一的規律の要請」はあくまでひとつの要請にとどまり、それだけで対世的な絶対効をみとめる根拠とはならないであろう。また、そこに引かれた昭和一五年の大審院判決は取り消された公売処分の相手方である競落人に対する効力が問題となっている事案にかかわる。同様に、行訴法施行後の最高裁判決として引かれることが多い二つの判決(最判昭和四〇年六月二四日民集一九巻四号一〇〇一頁、同昭和四二年三月一四日民集二一巻二号三一二頁)においても、農地買収処分に対する抗告訴訟の判決の被売渡人に対する効力が問題となっている。いずれも、原告の権利救済の必要に判決の効力を及ぼさざるをえない第三者、すなわち、原告とは利害相反するところの第三者が問題となっている事例ばかりだといってよい。したがって、これらの判決例は、絶対効説の根拠とはなりえないであろう。

(2)　公定力概念は多義的なものであって、その学問上の概念としての有用性については疑問がある(拙著『行政行為の無効と取消』二一五頁以下、同『行政法スケッチ』一〇〇頁以下)。むしろ、筆者は、これを取消請求権の手続的制約としてとらえるべきであると考える(拙稿「行政法上の請求権に関する一考察」前掲一二頁、拙著『実定行政法』九四頁・一一八頁)。また、取消請求権の実際的機能はさまざまであって、単純な取消御破算による行政処分なかりし過去の状態の復元につきるものではない。「やり直し請求」をはじめ、他の多様な機能が考えられる(拙著・前掲書三六七頁)。さらに、いうところの原告の権利・利益の救済の必要からは、その必要の限度においてみとめればよいはずであるから、結局は、原告と利害相反する第三者についてみとめれば足りるのではないかと思われる。

(3) 形成判決の形成力にもとづく絶対効説に対しては、形成判決の形成力もまた既判力を基礎として生ずるから、形成の効果も既判力の主観的範囲にかぎられるとする兼子一博士の説がある(兼子一「行政処分の取消判決の効力」民事法研究二巻一〇六頁)。判決の性質、効力の本質論をめぐる議論は別として、やはり訴訟構造や手続保障の見地からするかぎり、直接の反対利害関係者に対する関係においてさえ、判決の効力を及ぼすには、それなりの手続上の手当てがほどこされていることが必要である。それなくして、形成判決との性格づけだけによって、それをこえて他の一般第三者に対してまで対世的な絶対効をみとめることは疑問であろう。さらに、民事法上に形成訴訟とされているものにあっては、会社関係訴訟や身分関係訴訟などに例をみるように、公益的な客観的法秩序をめぐる紛争としての側面が明確であり、かつ、訴訟手続上にもそれなりの手当てがされていることが少なくない。専属管轄、必要的併合・公告、弁論主義の制限などがそれである(商八八条、一〇五条三項・四項、一〇九条、二四七条二項等、人訴一〇条等)。しかし、現行行政事件訴訟法は、旧行政事件訴訟特例法四条におけると異なり、抗告訴訟について専属管轄を廃止し(行訴一二条一項、三八条一項)、また、関連請求の併合の規定(同一三条、一六条ないし一九条)はいずれも任意的併合をさだめるにとどまる。

(4) 代表訴訟説ないし客観訴訟説にあっては、かつて美濃部達吉博士が例にあげた選挙訴訟(美濃部達吉『日本行政法』上巻一〇一八頁)や今日の住民訴訟(自治二四二条の二第四項参照)のような文字どおりの客観訴訟についてはともかく、取消訴訟のような主観訴訟については、やはり権利救済制度としての側面を無視することは許されないとの批判をまぬがれない。原告の権利救済の必要と、反対利害関係者の利害との調整の観点を抜きにして、さらに、他の関係権利者間の利害関係のいかんをとうこともなく、無差別の国民一般を代表する地位を原告にみとめるのは問題だといえよう。さきのＢ事例において、相続人間に財産分割をめぐって争いがあるよくある事例を想定しても、共有者間においても必ずしも利害を共通にしない場合が少なくないことをしめしている。

三　これら絶対効説、相対効説を抽象的に、しかも、形式論理的に適用すると、先のＡ、Ｂ両事例の処理はどのようになるであろうか。

まず、絶対効説によると、収用裁決の取消判決は、両事例において、関係権利者の一部の者が提起した取消訴訟の結果であっても、反対利害関係者である起業者はもちろん、それればかりでなく、他の関係権利者のすべてに対して及ぶことになる。

(1)　Ａ事例において、もとの土地所有者が提起した取消訴訟の判決は、借地権者にも効力を及ぼし、抽象的形式的にみるかぎり、借地権が回復する。また、借地権者が提起した取消訴訟の判決は、土地所有者にも効力が及ぶから、土地所有者は土地所有権を回復することになる。

(2)　Ｂ事例において、相続財産の相続人であり共有者である一人の者の起した取消訴訟の判決の効力は他の共有者の全員に及ぶ。共有物の保存行為（民二五二条但書）によって、共有者全員について共有物が回復されたことになる。

これに対して、相対効説によると、関係権利者の一部の者が提起した取消判決の効力は、原告となった者と反対利害関係者である起業者に対する関係においては生ずるが、原告とならなかった他の関係権利者に対する関係では、その効果が及ばないことになる。

(1)　Ａ事例において、土地所有者が提起した取消訴訟の判決の効力は借地権者に及ばない。土地所有者は、借地権のない完全な土地所有権を回復する（この場合は、借地権部分の補償金相当額を土地所有者が不当利得する結果となるから、これを支払うことを要件とすべきか。収用一〇六条一項参照）か、または、起業者を借地権者とする借地権つきの土地所有権を回復する。また、借地権者が提起した取消判決の効力は土地所有者には及ばない。借地権者は起業者を土地所有者とする土地の上に借地権を回復することになる。

(2)　B事例において、共有者の一人が提起した取消判決の効力は他の共有者には及ばない。原告となった者は自己の共有持分の限度で土地所有権を回復するにとどまり、他の共有者に属した共有持分の部分は起業者の手元に残る結果となる。

四　以上の結果を一見すると、第一印象としては、絶対効説の優位は動かないようにみえる。考え方として単純明快であり、問題処理として簡単明瞭であると思われるからである。しかし、以上はあくまで抽象的な形式論理的結果であって、それは、実際的見地からすると、ある仮定の前提の上に成り立っている。すなわち、それは、①取消判決がきわめて短時日の間に下されるか、②または、取消判決にいたるまで執行停止により、収用が目的とした公共事業（道路建設など）が一切進行しないことはもちろん、関係権利者の全員が、収用裁決前の原状回復をひたすら待ちのぞんで、新たな生活再建に踏み切らず、何もしないでじっと待っているか、③さらに、関係権利者間において実際上の利害の対立がなく同一内容の原状回復を期待しているか、である。このような稀な場合にかぎって、絶対効説による問題処理は簡明である。

しかしながら、原告とならなかった他の関係権利者が、収用自体を争わず、一応補償を受けとって、他の場所において生活再建をしてすでに数年経過しているときに取消判決が下されるというのが通常想定される事態ではないであろうか（もちろん、日光太郎杉訴訟のような例外を別として、収用裁決の取消判決自体が実際上想定できないという皮肉な見解もありうるが、これはさておく）。このような事態を前提とするとき、絶対効説による問題処理は、かならずしも簡明ではない。むしろ、かえって、きわめて複雑なものとなる。以下、右のような事態を前提として、検討することとしよう。

三　問題の検討

一　絶対効説による問題処理　絶対効説によると、収用裁決取消判決は、原告とならなかった他の関係権利者に対する関係においても効力を生ずるから、これらの者も収用対象地上に従前の権利を回復することになる。しかし、その反面、これらの権利消滅に対する補償や移転補償などの通損補償は、形式的にその根拠となった収用裁決が取り消された結果、また、実質的に不当利得となるため、これら関係権利者はこれを起業者に返還しなければならない。

(1)　返還すべき不当利得の範囲は、つぎのいずれによるべきであろうか。①関係権利者各人が受領した補償金の全額。形式的に根拠となった収用裁決が取り消されて消滅したことを理由とすると、これになる。②補償金のうち、権利（土地所有権、借地権、共有持分）消滅の対価としての補償金額のみ。移転補償などの通損補償は、現実に生じた損失の補償だから、実質的に不当利得となっていないとする考えによると、これになる。③現存利益の限度（民七〇三条）。民法理論によれば、これになる。これによると、権利消滅の対価としての補償金であっても、生活のために費消してしまっていたときには返還の義務はないのであろうか。逆に、通損補償なども受領を拒否し、供託されていたときには、全額返還することになるのであろうか。なお、収用裁決の違法を承知していた者は、悪意の受益者（民七〇四条）になるのであろうか。④過去の補償金の内容や多募に関係なく、収用裁決の取消により回復すべき権利の現在価額。現在時点における当事者間の負担の公平の見地からすると、これになる。しかし、これによるときは、関係権利者が従前の収用対象地に復帰するために新たに必要となる移転料その他通損補償に相当するものをも考慮しないと、公平でなくなる。その際、従前の通損補償における営業廃止や規模縮小補償の再修正などをも考慮すべきだとすると、まことに複雑となる。なお、収用対象地の地価高騰の事情をいかに処理すべきかの問題がある（収用一〇六条一項・三項参照）。

(2)　右の不当利得返還義務の範囲の問題は、相対効説をとっても、原告となった者については、常に生ずる問題であるから、質的には絶対効説に固有のものではない。しかし、量的には絶対効説において問題処理の困難さが倍加する。そればかりではない。質的に考えても、そもそも、収用裁決自体を争わないで、補償金を受領し、別の場所で生活再建をしている者についてまで、右のような面倒な問題処理を強いる必要があるかどうかが疑問である。

(3)　A事例において、建物所有を目的とする借地権は、建物の滅失によって回復困難となる。残地上に曳家工法をとりうる例外的場合をのぞいて、今日では、建築技術的理由からも、解体移築工法ではなく、全くの新築が九割以上であるといわれている。このような実情を前提とすると、収用裁決に対して、その執行停止がみとめられる稀な場合をのぞくと、借地権者みずからが原告となったときでさえ、事業の施行により、借地権は回復困難となる。土地所有者を原告とする取消訴訟の判決の効果によって、借地権回復の余地はこの面からも乏しいとみるほかない。

(4)　金銭補償ではなく、替地などの現物補償の場合（収用八二条以下）、収用裁決の取消判決によって、例えば、替地の取得者は、その所有権を自動的に失うものではない（同一〇〇条一項参照）。しかし、収用裁決の取消判決によって、収用対象地上に従前の権利を回復するものとすれば、この権利に代わるものとして、譲渡・引渡を受けた替地などはやはり返還すべきだということになるであろう。替地等を返還して従前の収用対象地に復帰すべきものとした場合、その実態において、あたかも、替地等を収用の対象とし、従前の収用対象地をその替地とする新たな収用がおこなわれたのと同じ事態となる。したがってこの場合に、移転補償、営業の休廃止補償などの通損補償の対象となるべき損失が関係権利者のもとに生ずることになる。この損失の塡補はいかにすべきであろうか。①損失補償によるべきだとした場合、土地収用法九二条の事業の廃止・変更等による損失補償の規定によるものと、憲法二九条三項によるものとが考えられる。しかし、前者は、もっぱら事後的事由にもとづく事業の廃止・変更等を対象とし、原始的違法事由にもとづく取消しの場合は対象としていないため、その準用ないし類推適用はむずかしいように思われる。また、後者は、直接請求権説が通説判例とはいうものの、予防接種事故事例の例外をのぞいて、実例はみられない。②損害賠償によるべきだとした場合、収用裁決が違法として取り消されているため、一般の考えによると、これによりやすいものの、過失責任主義がとられているために救済されない場合が少なくないほか、将来生ずべき通損補償の対象となるべき損失についてまで賠償で救済されるかどうか疑問がある。

(5)　いずれにせよ、せっかく新たな土地で生活再建をしている者を、本人の意に反してまで、再度の生活再建の苦労を強いる必要や実益があるかは疑問であろう。まして、いわんや、取消判決の拘束力にしたがいつつ、起業者が、再度、収用裁決手続に訴えることができる余地のある場合に、絶対効説を機械的に適用するときは、右の者には三度に及ぶ生活再建の苦労を強い、起業者に対しても、移転補償などの通損補償を二度、三度にわたって支払わせることになる。

土地収用法一三一条の二は、行政不服審査によって収用裁決が取り消された場合、収用委員会が再び裁決をしようとするとき、「裁決につき既に行なつた手続その他の行為は、法令の規定に違反するものとして当該取消しの理由となつたものを除き、省略することができる」ものとしている。取消判決の拘束力についても同様だとしても、ここでは、主として「やり直し」の客観的範囲が問題とされ、その主観的範囲は念頭におかれていないように思われる。すなわち、この規定からは、収用裁決を争わなかった関係当事者を再度の手続の相手方としなくてもよいということはできないから、これによって、上記の面倒をさけることができない。

二　相対効説による問題処理　　相対効説によると、収用裁決の取消判決は、原告と起業者には効力を及ぼすが、原告とならなかった他の関係権利者には効力が及ばない。

(1)　収用裁決を争わないで、既に別の場所で生活再建をしている他の関係権利者の生活に影響を及ぼさない。ムダな生活再建のくり返しを強いるような事態は生じない。
(2)　取消判決の拘束力にしたがいつつ、起業者が、再度、収用裁決手続に訴える余地があるとき、たとえば、事業認定の違法ではなく、原告の手続上の重大な権利を侵害したことを違法事由とするときなどには、取消判決を勝ちとった原告だけを相手として新たな収用裁決の手続をとればよい。
(3)　取消訴訟の原告とならなかった他の関係権利者の権利（部分）は起業者のもとに帰属したままの状態としてとりあつかわれることになる。これは、右のように、再度、起業者が収用裁決手続に訴える余地があるときにはよいとしても、その余地がないときには、結局、公共事業の用に供されないこととなった土地（ないし権利部分）が収用されたままの状態で放置されるという問題が生ずる。しかし、同じ問題は、絶対効説をとっても、同一公共事業のための用地の他の部分については常に生ずるものであり、また、適法な収用によって取得された土地についても事後的に生じうることは、土地収用法一〇六条がこれに対し買受権の規定をもうけることによって予定しているものであって、現行法が許容している事態だといってよい。
(4)　収用裁決取消判決の効果を享受したい関係権利者は、最初から自ら訴訟を提起するか、または、他の者と共同して訴訟を起こし、さらに、他の者の提起した訴訟に追加的に訴えを併合するなどして（行訴一三条五号、一七条、一八条）、訴訟当事者となる途が開かれている。これを利用しなかったため、判決の効力が及ばないときにも、さらに、買受権（収用一〇六条）を利用する余地がある。ただし、現行法はこれを土地所有者であった者にしかみとめていないため、借地権者などには利用できないが、もし、立法の不備だとすれば、法改正で対応すべきであり、また、自ら収用裁決を争わなかった以上は、仕方がないともいえよう。
　以上をみるかぎり、実際上の問題処理としては、絶対効説によるものが複雑であるのに対し、相対効説によるほうが簡便であるといえる。理論的にはどうであろうか。

三　取消請求権の主観的側面

さきの代表訴訟説ないし客観訴訟説によると、取消訴訟は客観的なもので、各人個別の私的利害をこえたもののためにみとめられたものということになる。たしかに、そういった側面もあれば、その特色が顕著な場合もあることは否定できないであろう。しかし、それがすべてではない。また、そこには、伝統的な行政行為論的発想が色濃くみられるように思われる。しかしながら、行政過程論的発想によるときは、取消請求権もまた、私人の基本的権利自由が行政手続過程における権利義務をへて訴訟上の請求権として結実したもののひとつであって、基本的には、各人個別の権利利益を救済・回復・実現するための手段としてみとめられているとみるべきであろう。さらに、それが、わが国の現行実定制度の構造とも合致しているものと思われる。

(1)　行訴法は、同一行政処分に対する取消請求権も各人別に個別に成立するものとしたうえで（行訴一三条五号）、これらを関連請求として移送・併合のとりあつかいをするにとどめている（同一三条、一六条ないし一九条）。すなわち、取消請求権は、まず、行政処分によって特定され、行政処分ごとに別々に成立する（同一三条二号ないし四号参照）とともに、ついで、さらに関係権利者の各人別によって特定される（同一三条五号参照）ため、各人ごとに別々に成立するものとされている。このように、取消請求権は、各人個別に成立するものであるがゆえに、それを行使するかしないかも、原則として、各人本人の自由である。また、取消請求権が各人の権利自由の救済・回復・実現の手段である以上、とうぜんといえば、とうぜんの話である。

(2)　もちろん、場合によっては、例外的に、各人各自による自由な行使によって生ずる不統一バラバラをさけるため、自由を制約すべき場合がある。しかし、行訴法上には、その趣旨の規定が見あたらない。取消訴訟について、かつての専属管轄の制度もとられていない（行訴一二条。旧行政事件訴訟特例法四条、商八八条、一〇四条三項、一二二条二項、一三六条三項、一四二条、二四七条二項等参照）。また、必要的併合に関する規定ももうけられていない（商一〇五条三項・四項、一三六条三項、一四二条、二四七条二項、二五二条、二八〇条の一六等。なお、自治二四二条の二第四項参照)。行訴法上の関連請求の併合に関する規定は、いずれも任意的なものであって、これにかかわる訴えを提起する者の自由にゆだねられている(行訴一六条ないし一九条。なお、同一三条は移送にかぎって職権によるものをみとめる)。なお、民訴法一三二条にもとづく職権による弁論の併合はみとめられる(行訴七条)。

(3)　取消請求権のもつ主観的側面は、その請求要件事由である取消事由からも説明できる場合がある。たとえば、収用裁決の例において、事業認定の違法のように、関係権利者の全員にとって共通の取消事由もあれば、関係権利者の各人にとって別個の取消事由もある。後者の例として、行政手続過程上の権利の侵害や土地所有者等の誤認があげられる。さきのB事例において、所在不明のため収用裁決手続上相手とされなかった相続人が、実は、起業者の調査不足のため所在不明とされたことが事後に判明した場合がその例である。このような場合、この者にとっては取消事由になるが、他の者にとっては、「自己の法律上の利益に関係のない違法」(行訴一〇条一項)として、取消事由とはならないというべきであろう。このような各人個別の取消事由によって収用裁決が取り消されたときは、その効果を他の者に及ぼす必要は、やり直しによって他の者の利害に影響があるような特別の事情がある場合をのぞいて、一般には存在しないと思われる。

同様のことは、土地収用法一〇〇条のさだめている収用裁決の失効についてもあてはまるものと考えられる。そこで失効事由とされているのは、補償金等の払渡等を適時(権利取得時、明渡しの期限まで)にしなかったことであるが、この事由は、関係権利者の全員について共通に生ずるとはかぎらない。むしろ、調査不足等のため、一部の者に限って失効事由が生ずるのがふつうありうることではないかと思われる。この場合、結局このために目的とした公共事業が最終的に廃止に追いこまれるような場合はともかく、一般にはやり直しが可能と考えられるが(収用一〇〇条二項後段参照)、その際、関係権利者の全員を相手としてやり直す必要はないのであるまいか。この規定は、もっぱら事前補償の趣旨にのっとり、補償を確保させるためのものだから、すでにきちんと補償金等の払渡等を受けている他の関係権利者についてまでやり直す必要はないからである。

(4)　行訴法上の規定のいかんとは別に、民法、民訴法（行訴七条参照）の論理から、各人個別の請求権の行使が制約をうけることがある。

たとえば、共有者間において、保存行為は各自ですることができ、通常の管理行為は過半数の多数決によってすることができるが、処分行為は全員一致を必要とする（民二五一条、二五二条）とされるのがその例である。そこで、土地収用法上の残地収用の請求は、上記のB事例において、共有者の全員一致を必要とするか、過半数の多数決で足りるか、自己の共有持分かぎりでは単独でもすることができるか、が問題となる（小沢道一『逐条解説土地収用法』下一三一頁参照）。行政実務上よくあるケースは、相続財産の分割をめぐって相続人間に争いがあって、土地収用に際しても、これに賛成する多数派とこれに反対する少数派が分裂する事例である。この場合、かりに、①残地収用の請求は共有者の全員一致を必要とするにもかかわらず、②多数派による過半数の多数の請求によりあやまってこれをみとめ、③残地収用の可否を争う訴訟が収用裁決取消訴訟の方法によるべきだ（小沢・前掲五九三頁引用の諸学説参照）とする仮説をおくと、④少数派の者がこれを争おうとするとき、この者について、行政処分に対して「裁判を受ける権利」（憲三二条）を可及的に保障すべきだとする立場に立つと、まず、必要的共同訴訟とはしないとりあつかいをする必要がある。⑤しかし、他方で、その結果である取消判決の効果については、これを共有者の全員に及ぼして、その全員について残地収用のなかった元の状態に回復させてもよいが、必ずしも、そうしなければ、少数派の者が救済されないわけではなく、その持分かぎりについて、収用の効果を否定すれば足りるとも考えられる。たしかに、後者を選択すると、上記①の共有者全員一致によらなければ残地収用の請求ができないという規範が破られたままになる。結果的には、各人が自己の持分かぎりでは単独で残地収用請求ができるとするのと同じことになる。しかしながら、任意買収がおこなわれている実態と、残地収用の実体的要件（収用七六条）をみたしていることを前提とすると、後説を全面的に否定すべきだとは考えられないのである。

結局、問題は、財産法上、土地所有者と借地権者（A事例）、共有者相互間（B事例）における権利関係をいかに処理すべきか、である。ここで注意すべきは、「行政上の法律関係の統一的規律の要請」が問題なのではなく、「私法上の財産法秩序における関係権利者間の統一的規律」が問題となっていることである。ここでは収用により公共事業を進めていく段階における問題処理ではなく、それが取り消された結果の後始末をすべき段階における問題処理がとわれているのであってみれば、けだし、とうぜんというべきであろう。

四　対物処分か、対人処分か　　土地収用は一般に対物処分と考えられている。似た農地買収処分の場合は、地主の農地保有面積規模、不在地主か在村地主かといった被買収者に着眼した人的要素が処分要件とされているのに対し、土地収用の場合は、道路、空港、ダム等の公共施設の設置などの事業計画が土地の適正かつ合理的な利用に寄与するかどうかといった当該土地の客観的性格が処分要件の中心をなしている（収用二〇条、四七条参照）。

(1)　土地収用法は、土地収用を土地所有権の収用ではなく、「モノ」（有体物）としての「土地」の収用として構成しているようにみられる。権利の収用・使用の語も使われているが、それは、もっぱら土地を事業の用に供することによって必要となる権利の消滅・制限のことをさしている（収用五条）。土地収用によって、起業者が土地所有権を取得するにとどまらず、「モノ」としての土地を公共事業の用に供する必要から、土地の上のその他の権利の一切を消滅させ（同一〇一条）、また、一定期限（明渡しの期限）までに土地・物件の移転の義務を関係当事者に課し（同一〇二条）、さらに、これについて代執行を用意している（同一〇二条の二）。

(2)　収用による起業者の土地所有権の取得の性格を、かねてより、承継取得ではなく、原始取得であるとしてきた（美濃部達吉『公用収用法原理』九頁）。起業者は、旧土地所有者等の権利を売買によるように承継して取得したのではなく、当該土地が公共事業に必要であるがゆえに、その完全な支配権を取得し、その結果として、旧土地所有者等の権利も消滅するという構成がとられたわけである。この構成によれば、収用裁決は純粋な対物処分ということになる。したがって、その収用裁決の取消判決によって、収用裁決なかりし状態、すなわち、関係権利者全員の従前の権利状態がそっくりそのまま息をふき返すという見方が自然のように思われる。

(3)　しかしながら、行政処分がその定義のうえで私人の権利義務を形成しその範囲を確定することを特性とするものである以上、純粋な対物処分はありえない。土地収用の場合も、収用裁決手続のあらゆる段階で（その前後の手続もふくめて）、起業者のほか、土地所有者および関係人が登場する。これら関係権利者を抜きにしては、そもそも手続自体がありえない。収用裁決においても、土地所有者および関係人の記載が必要不可欠の要件であり、また、これらの者に補償金等の払渡等をすることが収用裁決が失効しないための要件である。したがって、関係権利者の誤認は、原則として、収用裁決の違法・取消事由となる。起業者ならびに収用委員会には真実の権利者を探究すべき調査義務が課される。ただし、不明裁決（収用四八条四項・五項、四九条二項）の制度をはじめ、「過失なくして知ることができない」場合に記載等を要しないとするなど（同三六条二項、四〇条二項、四六条二項、九五条二項二号等）により、この調査義務の程度を軽減している。しかし、この点に過失があるときは、もちろん違法・取消事由となる。収用裁決の主要な内容である補償も関係権利者なくしてはありえない。これについては、いわゆる当事者主義がとられているほか（同四八条三項、四九条二項）、和解（同五〇条）、協議の確認（同一一六条以下）という当事者間の合意が一定の要件をみたすと収用裁決とみなされている。そもそも、公共用地取得の大部分が任意買収によっている。

「モノ」（有体物）としての土地の収用とか土地所有権の原始取得という構成は、公共事業の実施を円滑にするための便法にすぎない。この便法は便法としてもちろん尊重すべきだが、いったん収用裁決が取り消されたときまで、これにとらわれる必要はないというべきであろう。

(4)　土地収用においても、「モノ」（有体物）としての土地の収用でない場合がいくつか存在する。つぎのよう

遠藤博也著『行政法研究（全4巻）』の刊行にあたって

Ⅰ　行政法学の方法と対象
Ⅱ　行政過程論・計画行政法
Ⅲ　行政救済法
Ⅳ　国家論の研究
　　——イェシュ、ホッブズ、ロック

栞
信山社
23.7.13

本書は先生ご逝去の時（一九九二年）から関係の先生方のお力添えをいただき鋭意準備を整えて参りましたが、やっと刊行の運びとなりました。遠藤博也先生のお仕事はなおその魂魄とともにこの世に存在しておられるように思い、ここに生前からのご厚意に感謝して刊行致します。

（信山社、二〇一一年七月一三日）

遠藤博也：その行政法研究の特徴と成果

――遠藤博也先生のご経歴と業績――

畠山武道

故遠藤博也教授は、昭和四一年二月に助教授として着任以来、二六年間にわたり北大法学部で、行政法を中心とする研究・教育にあたられた。その間、多数の業績を発表されたが、ここでは、教授の行政法理論を特徴づけると思われるいくつかのキーワードを提示し、それにそって教授の業績の一端を振り返ることにしよう。

なお、文献の引用は、後出の業績一覧に依拠し、著書については書名のみを、論文については、論文名と発表年次のみを付記するにとどめる。

一　利益衡量

遠藤教授の行政法研究の第一の特徴は、利益衡量的な視点である。その視点ないし発想は、教授の論稿に底流として一貫して流れており、終生、変わることがなかったといえる。ただし、ここでは、「利益衡量」の意義を、それほど厳格には考えず、たとえば遠藤教授が、行政行為論については、一般抽象的な行政行為の本質論や性格論から求められている解答をひきだすのではなく、行政行為を具体的法律関係の中において具体的事情に即して検討すべきことを強調されるように、具体的な利益状況とその状況に応じた判断を重視し、概念法学的・演繹的思想を排除することを、一般的に広く指すこととしたい。

博士論文であり最初の著書である『行政行為の無効と取消（一九六八）』は、利益衡量的な視点を明確にした最初の著作である。この著書の意義は、従来の概念論的、規範論的な瑕疵論を排し、具体的な利害状況・利益状況を念頭に概念の区分や解釈論を展開すべきことを主張したことである。たとえば、従来の瑕疵論によれば、無効と取消の区別は瑕疵が重大・明白かどうかで区別され、取消と撤回の違いは、瑕疵が原始的な瑕疵か後発的な瑕疵かで区別された。しかし、同書は、具体的な利益状況の違いに着目して「職権取消」と「裁判による取消」という区別を提唱し、明白性の意義や公定力の及ぶ範囲についても、それぞれの場合を区分して、細かい解釈論を展開している。その後、職権取消と裁判取消の対比、取消と撤回の相対化などの主張が、広く支持されつつあるが、遠藤教授の主張は先駆的意義を有するものといえる。また、本書では、行政過程論的な発想が、すでに随所に見られることも注目される。

ただし、本書は、行政行為の無効と取消に関するドイツ・フランスの判例・学説が膨大な文献を駆使して縦横に分析されているため、従来の見解を崩すような優れた指摘が随所にみられる一方で、遠藤教授が、行政法理論体系の中心的なテーマであった行政行為の瑕疵論に対して、どのような体系を新たに提示するのかという点が、読者に十分理解されたとはいいがたい。むしろ、「**行政行為の無効と取消の区別の基準**（一九七二）」、「**行政行為の瑕疵**（一九七九）」、「**違法行為の転換**（一九七九）」、「**職権取消の法的根拠について**（一九八四）」などに、さらに明解で、こなれた説明がみられる。

利益衡量的な思考は、瑕疵論（ただし、遠藤教授は、「瑕疵」にかえて、「欠陥」という言葉を用いている。『**実定行政法**』一一三頁）のみならず、実定法の理解や解釈においても発揮される。その発想を実定法において広く示したのが多くの土地法・都市法に関する論稿であり、なかでも、「**公共施設周辺地域整備法について**（一九八一）」は、利害調整メカニズム、ないし費用負担調整の仕組みとしてこれらの多数の法律・法制度を統一的に把握し、さらに社会影響アセスメントにまで発展させることを課題として提示した貴重な作業である（なお、『**行政法スケッチ**』第一二章参照）。また、『**都市計画法五〇講**（一九七四、改訂版一九八〇）』は、都市法研究のための基礎作業であると同時に、優れた法律解説書でもある。その他、「**都市再開発法の位置づけ**（一九六九）」、「**政令指定都市と行政区の問題**（一九七五）」、「**土地収用と公共性**（一九八〇）」など。

しかし、遠藤教授の利益衡量論の総仕上げ・到達点は、大著『**国家補償法（上）（中）**』であるように、筆者（畠山）にはおもえる。この著書において、遠藤教授は、損害塡補・被害者救済的機能、利害調整・資源配分的機能、行政の活動を規制する行為規範機能という三つの機能（役割）を国家補償法の中心的課題とすべきことを提案する。記述は、特に具体的事実関係を重視し、ケース毎の考慮事項、被害法益の判断要素、財政的制約その他の特殊事情の有無、他のケースとの比較検討など、詳細かつ膨大な作業量に裏打ちされたもので、執筆の苦労がしのばれる。

しかし、その後、同書が注目されることになったのは、国家補償法の役割・機能として利害調整・資源配分的機能を強調し、「なすべき行政措置に必要な財政支出が、一般に予想される危険に比較して客観的な期待可能性がなく、現実に生じた損害との関連においても、手落ちとしてとがめだてするのは実際上酷だと判断される場合に、その責任を否定するという考えは十分なりたちうる」（五六頁）と述べて、学説が責任成否の判断の際に判断要素として考慮することを躊躇してきた財政的制約を、正面から取り入れたところにある。周知のように、昭和五九年の大東水害訴訟最高裁判決は予算制約論を判示し、それがその後の水害訴訟を支配することになったが、遠藤教授の論稿は、最高裁判決以前に公表されたものだけに、とくに、その影響が注目される（なお、『実定行政法』二九一頁参照）。

また、「行政法における法の多元的構造について（一九八五）」「危険管理責任における不作為の違法要件の検討（一九八五）」なども、一種の利益衡量論であって、その提唱する「違法性相対化論」が議論を呼んだことも、周知のとおりである（『国家補償法（上）』一七六頁、『行政法スケッチ』第六章参照）。

二　危険管理責任

遠藤教授の危険管理責任論も、その後の判例学説の発展に大きく寄与した。危険管理責任とは、行政活動の対象となるべき社会の中においても多様な危険が存在することに着目し、警察権限を適正に行使するなどによって社会に存在する危険に対処すべき行政庁の責任をいう。この種の行政責任は、規制権限行使義務、行政介入請求権などともいわれるが、行政権力自体が内包する危険責任と区別して、行政庁の危険管理責任を自覚的に議論したのは、遠藤教授が最初である。この考えは、『行政法Ⅱ（各論）』一四七頁でまず示され、『国家補償法（上）』三七七頁以下、『実定行政法』二九八頁以下、「危険管理責任における不作為の違法要件の検討（一九八五）」などによって、さらに事例別・

類型別に詳細な検討がなされている。この考えは、たとえば阿部泰隆『国家補償法』一八〇頁（一九八九）の「行政の危険防止責任」論など、有力な学説に受け継がれている。

また、遠藤教授は、行政庁の危険管理責任を認める一方で、私人にも責任の分担を強く求め、私人の危険管理責任を強調していたが（『行政法Ⅱ（各論）』一四九頁、「危険管理責任における不作為の違法要件の検討（一九八五）」四八二頁）、私人の危険管理責任論は、「動物園の猿」という比喩はともかく、解釈論的な範疇にまで練り上げられることのないままに終わった。

三　行政過程論

行政法解釈にあたって具体的な利益状況を考慮すべきことは、従来の通説を形成してきた美濃部・田中理論も、ある程度、主張してきたところであって（例えば、取消権・撤回権の制限、法規裁量と自由裁量の区別等）、個々の法令の適用や解釈にあたって当事者の利益を考慮するという程度の主張では、それほど画期的なものとはいえない。むしろ、利益衡量の仕方こそが問題であるといわなければならない。そこで、遠藤教授が展開したのが、行政過程論である。遠藤教授の行政過程論は、『行政行為の無効と取消』にもみられるが、その後、「複数当事者の行政行為―行政過程論の試み―（一九六九）」、「行政法学の方法と対象について（一九七七）」、「戦後三〇年における行政法理論の再検討（一九七八）」、「行政過程に関する判例の検討（一九八一）」、「規制行政の諸問題（一九八三）」などの論稿によって、本格的な展開をみることになった。

遠藤教授の行政過程論は、やや晦渋であるが、対象としては、従来の行政行為論が念頭におかれ、行政行為を具体的法律関係の中において具体的事情に即して検討すること、抽象的な行政行為一般の本質ではなく、行政行為が具体的にいかなる全体の過程の中で、何を処分要件とし、そのため他の処分手続といかなる関係にたっているかなどを検討すること（「戦後三〇年における行政法理論の再検討（一九七八）」一七四頁）が、基本的な課題とされる。

では、従来の行政行為論との関係はどうなるのか。教授は、その点を、「行政過程論も、行政行為の存在を否定するものではなく、行政行為や行政手続などを部分的プロセスや全体としてのプロセスに焦点をあてる行政過程論のレンズを通して具体的に精細にみることによって、具体的な問題点をめぐる議論を活性化させよう」（同一七三頁）とするものであり、行政過程論は、「物の考え方」「行政上の諸現象をどのようにとらえるかという物の見方である」（「**行政過程論の意義**（一九七七）」五八七頁）とも説明される。

しかし、そうすれば、さらに、行政過程論とは別に、何によって行政活動の適法律性、適目的性を判断するのかという問題が生じる。そこで、遠藤教授が、個々の行政行為や単一の行政処分の効力を考察するだけでは足りず、全体の過程を考える必要があるとしてあげたのが、行政過程全体の正常性という基準である。たとえば、「**行政権限の競合と融合**（一九六九）」、「**トルコ風呂と児童遊園―行政過程の正常性をめぐって**（一九七五）」、「**手続による行政の原理と行政過程の正常性**（一九七八）」などが、その具体的な例証である。また、この考えは、対象を計画化された行政全体の合理性へと拡大することによって、次にみる計画行政論へと連なっていく。

このような行政過程全体の正常性を強調する論旨に対しては、行政法規のもつ規範的・拘束的意義を相対化しかねないとする批判が強い。しかし、遠藤教授の見解を行政作用全体に及ぼすことにはためらいがあるとしても、宅地開発指導要綱事件に典型的にみられるような一連の指導行政、誘導行政については、教授の見解が、伝統的な法律の留保論・法律の優位論より、はるかに有益で生産的であるように、筆者にはおもえる（畠山「石油ヤミカルテル事件最高裁判決の検討―行政指導分析に関する従来の理論の再検討」経済法学会研究年報六号七一頁参照）。

ただし、遠藤教授の行政過程論は、必ずしも厳密に定義された方法論ではなく、また、多数の実定法を咀嚼した上で縦横に議論が展開されているので、議論の背景を知らない一般の読者が、その輪郭や実際の意図を理解するのは困難な場合が少なくない。行政過程論が注目をあびながら、広く支持されるまでには至らなかった原因のひとつが、ここにあるといえよう。行政過程という言葉は、遠藤教授以外にも、いく人かの有力な行政法学者によって用いられており、それらの論者の主張が出そろうのをまって、再度、本格的な議論がされるべきであろう。

四　計画行政

さて、個々の行為の法適合性からはなれて、行政過程全体の正当性・妥当性を議論し、判断するために、遠藤教授の提示したもうひとつの理論的枠組みが、「計画行政法」である。「計画行政」とは、特定の「○○計画」を指すものではなく、そのような特定の計画が存在していない場合においても、法律そのものが計画実現の手段として政策体系の中に位置づけられ、法律や各種の行政措置が、目的＝手段の関係で幾重にも重層しているような一般的法構造をさす。すなわち、そこでは「異種複数の行政権限を体系的に組織化し、それが全体として新たな行政機能を生み出し、これによって、一定の目的が動態的に達成されることを狙いと（し）、そこには、常に具体的状況依存性と多数の政策との関連性とがある」（「土地所有権の社会的制約（一九七一）」一〇三頁）という状況認識ないし問題関心が議論の出発点である。遠藤教授の問題関心は、このように、法律自体が政策化し、法律の規範的な意義が希薄化した現代行政を、どのようにコントロールするかということにあったものといえよう。『計画行政法』は、その本格的な論証であり、「都市再開発法の位置づけ（一九六九）」、「行政過程における公共の福祉（一九七〇）」、「土地所有権の社会的制約（一九七一）」、「計画における整合性と実効性（一九七九）」、「規制行政の諸問題（一九八三）」など、さまざまの論稿を通してその雄弁な主張が展開されている。

遠藤教授の計画行政法も、論点・内容が多岐にわたるために、方法論については論者によってさまざまの受けとめ方があり、個々の論点や指摘には多くの論者が納得するものの、計画行政論が、どのような方向へ、どのような形で収斂していくのか（あるいは、しないのか）という点は、結局、判明しないままに終わったようにおもえる。遠藤教授の問題提起を正面からうけとめ、さらに実証的な研究を積み重ねることによって、その行政過程論を、学界共通の遺産とすることが、われわれ後進の任務である。

五　公共性

公共性というキーワードも遠藤教授が好んで用いられたものである。公共性分析の必要を最初に提示したのが「行政過程における公共の福祉（一九七〇）」であり、「土地所有権の社会的制約（一九七一）」、「公共性概念の検討（一九七四）」、「交通の公共性と環境権（交通問題）（一九七五）」、「公共性（一九八二）」などを含む多数の論稿で、問題が議論されている。公共性とは、従来、公共の福祉として一括されてきたものと、部分的に重なるが、行政機能の拡大は、行政作用の目的である公共の福祉の内容を著しく拡大するとともに、公共性の意味を不明確なものにしている。そこで、遠藤教授によれば、公共性の判断にあたって、「一般抽象的スローガンで一刀両断できるような単純きわまりない場合は稀で、複雑困難な比較衡量が要求され」、「公共性の判断が具体的状況に依存する結果として、考慮すべき諸要素・諸利益について、具体的状況を抜きにした一般抽象的な価値の序列をつくることは不可能である」（『計画行政法』四九頁）。こうして、「公共性とは、具体的な計画なり行政措置なりの合理性であ（り）」、公共性分析とは、「多種多様の事情の具体的な比較衡量による総合的な判断」（「公共性」（一九八二）一五頁）であるということになるのである。

このような遠藤教授の公共性論に対しては、従来の行政法学が、「行政の公共性・公益性を法律上すでに確定したものとして前提し、その内容を具体的に分析することなく、価値中立的、無媒介的にさまざまな法律技術論ないし法解釈論を展開してきた」ことを批判する点では問題意識を共通にしつつ、「公共性論は、諸利害の対立・矛盾を調整・克服し、市民的生存権的公共性確立のための立法論や解釈論を導くにあたっての法的基準を明らかにするところに、その法律学的作業の重点を見いだす」（室井力「国家の公共性とその法的基準」室井力編『現代国家の公共性分析』一五頁（一九九〇））べきであるとする観点からの批判がされている。しかし、遠藤教授は、すでに指摘したように、「考慮すべき諸要素・諸利益について、具体的状況を抜きにした一般抽象的な価値の序列をつくることは不可能である」と述べて、一義的な法的基準の定立を最初から度外視しており、議論はすれ違いに終わっている。私見（畠山）は、法解釈論としてはともかく、法制度論・制度批判には、資源配分、費用便益性、費用効果性、効率性、公平性などのさまざまの法的基準以外の基準が必要と考えており、遠藤教授の主張に、より魅力を感じる。

しかも、遠藤教授の公共性分析は、まったく無原則な利益衡量ではなく、「現代行政の構造の著しい変貌は、公共の福祉の内容だけではなく、その具体化の過程にも重大な変革を生じさせずにはおかない」という観点から、ヘーベルレを引用しながら、「公益はむしろ創造的活動を通じて形成される」（『計画行政法』四八頁）と述べていたことを忘れるべきではない。すなわち、公共性が、決定過程の公開、プロセスへの参加などの手続的側面を同時にもつということが、遠藤教授の主張の眼目であり、その点では、室井教授の最近の主張（同前八頁）と軌を一にするのである。「都市再開発法の位置づけ（一九六九）」、「土地所有権の社会的制約（一九七一）」、「公共性の変貌と現代行政法（一九七九）」、「土地収用と公共性（一九八〇）」などは、利害の錯綜する土地法制における公共性をより具体的に検討したものである。また、『行政法スケッチ』第四章、『実定行政法』五頁以下も参照。

六　請求権的行政法理論

従来の行政法理論体系のなかにあっても、せいぜい「私人の公法行為」なる範疇でしか捉えられなかった私人の地位を、理論上も実際上も重視し、さらには中心に据えて、行政法理論を作りなおすという構想は、見果てぬ夢のごとく、常に行政法学者の脳裏に去来する考えであった。遠藤教授は、「行政行為の抽象的性格によって事を決しようとする従来の行政法学は、議論が抽象的であるのみならず、なによりも個別実定法と乖離する傾きがあった」という批判のうえに、「取消請求権をはじめとする請求権を中心とした行政法の体系」の構成を提案された（「行政法上の請求権に関する一考察（一九八八）」一〇四一頁。他に、「取消請求権の構造と機能（一九八九）」、「収用裁決取消判決の第三者効について—取消請求権に関する一考察（一九八九）」、「取消請求権に関する一考察（一九九〇）」参照）。その基本的な構図は、私人の権利自由を前提に、許認可手続・給付手続など、請求権実現・具体化のための行為過程、権利の救済回復をはかる是正措置のための手続、賠償・補償など利害調整のための手続、権利実現のための訴訟手続を配するというもので、『実定行政法』は、その全体像を示したものである。

本書は、「主として法学部学生のための教科書」として書かれたものであるが、国家補償・行政訴訟を除いて、従来の行政法教科書の体系と著しく異なること、聞きなれない用語が氾濫することなどから、講義で使用するには、若干の勇気を必要とする。しかし、従来の教科書の多くが、基本的に田中行政法学の体系を祖述し、あるいはその概念の多くを言い替え、もしくは裏返して利用したものにすぎなかったのに比べると、本書は、行政手続法もふくめて、従来の教科書に記載された事項を、ほとんど漏れなく網羅し、明確な意図のもとに徹底して組み替えた点で際だった特徴を有しており、類似の試みを圧倒するものといえる。

本書の試みが成功しているかどうかは、今後さらに検討される必要があるが、すでに若い世代の研究者からは、「実体法主体の行政法の構想を総合的な形で示すものとして注目に価する」（高木光「当事者訴訟と抗告訴訟の関係」雄川一郎先生献呈論集『行政法の諸問題（中）』三六七頁）として、遠藤教授の試みを高く評価する声があがっており、今後の世代の研究者への影響が注目される。

七　国家論

最近の遠藤教授が全力投球していたのが、国家論研究である。その準備・構想は、精緻かつ壮大なもので、博覧強記な二つの論稿「**戦争と平和の法―ホッブスの自然状態について**（一九九〇）」、「**キーヴィタースとレース・プーブリカ**（一九九一）」を通読するだけで、その尋常でない打ち込みぶりがうかがわれる（なお、ジュリスト一〇〇一号八頁の筆者の追悼文［後掲］参照）。したがって、ここで遠藤教授の論稿を批評することは不可能である。この短文では、遠藤教授が、国家論研究に情熱を傾けるに至った理由に関し、筆者なりの推測を記すにとどめよう。

遠藤教授の国家論研究は、『**行政法Ⅱ（各論）**』の「制度の枠をとり払ったとき、行政とは何かといえば、国家作用の一つではなく、社会管理機能であるといえよう。（略）近代行政法の対象となる行政が国家作用の一つとされることは、社会管理機能が国家に集中されていることを意味する。そのすべてではないまでも重要の社会管理機能を国家が独占していること、いいかえると、近代国家は、かつて社会に遍在していた社会管理機能を自らの手に集中し、かつて社会管理機能の担い手であったものを解体し、抽象的に自由平等なバラバラの個人と相対立することをいみするのである。（略）この歴史的過程のあり方は国によって様々であるが、この過程の中から、封建的制約をとりはらった自由な所有権などに基づく私法の体系とこれと対立する公法の体系や、権力分立、地方自治などが生まれてくる」（九頁）という記述が、出発点になっているようにおもえる。

このような国家論の視点には、無論、伝統的なマルクス主義者からの批判を含めて、さまざまの批判がありうる。しかし、遠藤教授の国家論研究は、国家や国家成立に関する歴史的研究ではなく、近代国家論あるいは近代市民社会論の論理構造の分析に、そもそもの目的をおいたものである。また同時に、社会管理機能が国家に独占されている結果として、社会管理機能の主体ではなく、行政の相手方もしくは利害関係人としての地位に貶められ、その執行を職業的な公務員集団に委ねるしかなくなった私人(市民)の自己回復の試みであり、それを当然視して理論体系を築いてきた近代行政法理論を相対化しようとした野心的な試みであったという評価を、ここではしてみたい。

遠藤教授は、原典にかえって国家論を研究するために、病室でギリシャ語、ラテン語の勉強をしておられた。古典古代から現代まで、さらには日本の近中世までをも視野にいれた壮大な試みの未完に終わったことが、重ねて残念でならない。

八　まとめ―普遍的なもの、変わらないもの

『行政法スケッチ』を手にした読者は、遠藤教授が、たいへんな読書家で、法律書以外の哲学書、文学書、歴史書等に広く目を通していたことに、すぐに気づかれるだろう。特に、第一六章は、教授の面目躍如というところである。また、教授は、クリスチャンではなかったが、聖書に理解が深く、日曜学校に通ったこともあると話しておられた。これらの事実から、遠藤教授が、一方で、果てる事なく続く立法改正や判決の整理・解説からの避難口を求め、さらに、普遍的で変わらないもの、すなわち実定法の改正や判例の変更に左右されない「市民と行政の一般理論」を構想し、そこから、長年の関心を温めていた国家論研究へと傾倒していったと推論するのは、おそらく短絡にすぎるだろう。

しかし、今日のシステム化された情報化社会において、一人の研究者が、膨大・最新の情報を独占し駆使する国・自治体・企業等に立ち向かうのは、槍で風車に立ち向かう以上に難しい。情報の量や早さに一喜一憂している限り、行政法研究者は、急速に変化する行政現象を永遠に後追いするしかない。そのむなしさに気づいたとき、行政法に関する理論の役割とはなにか、さらに、その研究を生業《なりわい》とすることにいかほどの意味があるのか、という問いかけが始まる。しかし、それを遠藤教授に問いかける方法は、いまとなっては、四次元空間における再会(『行政法スケッチ』のむすび)を願う以外に、残されてはいない。

(北大法学論集四三巻三号より転載)

遠藤博也先生ご経歴

昭和一一年　六月一〇日　徳島市に生まれる
昭和三五年　三月　東京大学法学部第二類卒業
昭和三七年　三月　東京大学大学院法学政治学研究科修士課程修了
昭和四〇年　三月　東京大学大学院法学政治学研究科博士課程単位取得退学
昭和四一年　二月　北海道大学助教授（公法講座担任）
昭和四一年　三月　東京大学大学院法学政治学研究科博士課程修了（法学博士）
昭和四二年一〇月　北海道収用委員会予備委員（昭和四四年一月まで）
昭和四四年　一月　北海道収用委員会委員（平成四年四月まで）
昭和四四年　九月　札幌市公害対策審議会委員（昭和五四年九月まで）
昭和四五年　八月　北海道大学法学部教授（公法講座担任）
昭和四六年　五月　北海道公害対策審議会委員（平成四年二月まで）
昭和四八年　七月　札幌市居住環境審議会委員（昭和五四年七月まで）
昭和四八年一〇月　日本土地法学会理事（平成四年四月まで）
昭和四九年　一月　北海道自然環境保全審議会委員（昭和五一年三月まで）
昭和四九年　八月　北海道公害審査会委員（平成四年四月まで）
昭和五二年一一月　建設省沿道環境整備制度研究会委員（昭和五三年三月まで）
昭和五四年　八月　北海道大学評議員（昭和五七年一二月まで）
昭和五七年一二月　北海道大学法学部長（昭和五九年一二月まで）
北海道大学大学院法学研究科長（昭和五九年一二月まで）
北海道大学評議員（昭和五九年一二月まで）
昭和五九年一一月　北海道環境影響評価審議会委員（平成四年四月まで）
昭和六〇年　二月　札幌市がけ地対策調査専門委員（昭和六一年四月まで）
昭和六〇年　七月　札幌市スパイクタイヤ問題対策審議会委員（昭和六一年九月まで）

昭和六一年　四月　日本計画行政学会理事（平成四年四月まで）
昭和六一年　六月　北海道都市環境指標作成検討委員会委員（昭和六三年三月まで）
昭和六三年　六月　社団法人北海道都市再開発促進協会顧問（平成四年四月まで）
昭和六三年一〇月　北海道公文書開示審査委員会委員（平成四年四月まで）
平成　元年一〇月　日本公法学会理事（平成四年四月まで）
平成　元年一一月　公共用地審議会委員（平成四年四月まで）
平成　四年　四月　六日　逝　去

遠藤博也先生業績一覧

（北大法学論集四三巻三号をもとに作成）

Ⅰ　著書

一九六八年

行政行為の無効と取消　東京大学出版会

一九七四年

都市計画法50講　有斐閣

一九七六年

計画行政法　学陽書房

一九七七年

行政法Ⅱ（各論）　青林書院新社

行政法入門（原田・小高・田村共著）　有斐閣

教材行政法判例（熊本・秋山・畠山共編）　北大図書刊行会

一九七八年

講話　行政法入門（〔講話〕と略）　青林書院新社

行政法学の基礎知識（1）（2）（広岡・田中舘共編）　有斐閣

一九八〇年

都市計画法50講〔改訂版〕　有斐閣

一九八一年

国家補償法（上巻）〔現代法律学全集61〕　青林書院新社

一九八二年
講義行政法Ⅱ（行政救済法）（阿部泰隆共編著）　青林書院新社
一九八四年
国家補償法（中巻）〔現代法律学全集61〕　青林書院新社
講義行政法Ⅰ（総論）（阿部泰隆共編著）　青林書院新社
一九八七年
行政法スケッチ（〔スケッチ〕と略）　有斐閣
一九八九年
実定行政法　有斐閣
一九九〇年
行政法入門〔新版〕（原田・小高・田村共著）　有斐閣

Ⅱ　論説

一九六八年
イェシュにおける憲法構造論―憲法と行政法との関連に関する一考察　一　（北大法学論集一八巻三号、〔本書第四巻*1*〕）
一九六九年
行政権限の競合と融合　（北大法学論集一九巻四号、〔本書第二巻*1*〕）
複数当事者の行政行為―行政過程論の試み　一、二、三　（北大法学論集二〇巻一号～三号、〔本書第二巻*2*〕）
都市再開発法の位置づけ（特集・都市再開発法の課題）（ジュリスト四三〇号、〔本書第二巻*8*〕）
一九七〇年
行政過程における公共の福祉（特集「公共の福祉」の現代的機能）（ジュリスト四四七号、〔本書第二巻*3*〕）
取消訴訟の原告適格『実務民事訴訟講座8　行政訴訟Ⅰ』（日本評論社、〔本書第三巻*5*〕）
一九七一年
土地所有権の社会的制約（臨時増刊）〔特集・土地問題〕（ジュリスト四七六号、〔本書第二巻*9*〕）
一九七二年
行政行為の無効と取消の区別の基準〔特集・判例展望〕（ジュリスト五〇〇号、〔本書第一巻*11*〕）
一九七三年
景表法上の公正競争規約認定判決に対する消費者（団体）の不服申立資格の有無―いわゆる果汁規約と主婦連の原告適格をめぐって―（ジュリスト五三八号、〔本書第三巻*12*〕）
一九七四年
「公共性」概念の検討（特集・大阪空港公害訴訟）（ジュリスト五五九号、〔本書第二巻*10*〕）
一九七五年

政令指定都市と行政区の問題
ジュリスト増刊　総合特集１〔現代都市と自治〕
（有斐閣、〔本書第二巻*11*〕）
公共施設と環境訴訟　（季刊環境研究九号、〔本書第三巻*9*〕）
トルコ風呂と児童遊園―行政過程の正常性をめぐって―
（〔講話〕所収）時の法令九一二号
交通の「公共」性と「環境権」
ジュリスト増刊　総合特集２〔現代日本の交通問題〕
（有斐閣、〔本書第二巻*12*〕）

一九七六年

損失補償の基本原則
不動産法大系７『土地収用・税金』　（青林書院新社）
公権の放棄　公法関係と民法一七七条　行政法違反の法律行為　（『ワークブック行政法』有斐閣）
自治立法論　（『行政法（３）地方自治法』有斐閣）
勧告審決取消訴訟の原告適格
（ジュリスト六〇七号、〔本書第三巻*13*〕）
行政庁の釈明義務　上水道と下水道　法律と条例　行政庁の調査義務　行政行為の事後的違法　行政手続上の権利　行政庁の作為義務　権利の内在的制約　当事者訴訟的義務づけ訴訟
（〔講話〕所収）時の法令九二五号〜九四九号

地方公共団体における計画行政の課題
（日本都市企画会議年報二号）

一九七七年

行政法学の方法と対象について　田中二郎先生古稀記念『公法の理論』下Ｉ　（有斐閣、〔本書第一巻*1*〕）
行政過程論の意義
（〔今村献呈〕北大法学論集二七巻三・四合併号、〔本書第二巻*4*〕）
災害と都市計画法　（法律時報四九巻四号、〔本書第二巻*13*〕）
競馬の公共性とおもちゃのピストル　環境行政訴訟の問題点（一〜三）　内閣総理大臣の権限　公務員の期限付任用　地方自治と行政争訟　酒屋、たばこ屋、まあじゃん・ぱちんこ屋　公企業あれこれ　計画許可ないし調整許可　営業規制と消費者保護　都市施設の設置
（〔講話〕所収）時の法令九五二号〜九八五号

一九七八年

国土総合開発法と国土利用計画法、土地利用基本計画と国土利用計画、〔本書第二巻*14*〕　基礎法律学大系実用編12『土地法の基礎』　（青林書院新社）
行政行為の意義、公定力、不当利得
（『行政法を学ぶ Ｉ』有斐閣）
戦後30年における行政法理論の再検討

土地収用法の性格と土地収用手続の諸問題
（公法研究四〇号、〔本書第一巻***2***〕）

公共施設の管理　法律に暗い老人　公共施設の利用
（全国収用委員会連絡協議会研究集会講演録）
（〔講話〕所収）時の法令九八八号〜九九四号）

手続による行政の原理と行政過程の正常性
（札幌市例規通信一〇〇号記念特集号、〔本書第二巻***5***〕）

一九七九年

行政行為の瑕疵〔本書第一巻***12***〕、行政計画〔本書第二巻***16***〕、行政権限の融合〔本書第二巻***6***〕、演習法律学大系3『演習行政法』
（青林書院新社）

公共性の変貌と現代行政法
（土木学会誌六四巻五号、〔本書第二巻***17***〕）

経済法と現代行政法
（経済法二二号、〔本書第一巻***3***〕）

計画における整合性と実効性
（計画行政二号、〔本書第二巻***15***〕）

一九八〇年

財産権補償と生活権補償に関する覚書
（建設月報三六八号、〔本書第三巻***10***〕）

土地収用と公共性　ジュリスト増刊〔行政法の争点〕
（有斐閣）

一九八一年

公共施設周辺地域整備法について
（小山退官記念）北大法学論集三一巻三・四合併号、〔本書第二巻***18***〕）

土地利用規制と行政指導
（法令資料解説総覧20号、〔本書第三巻***15***〕）

行政過程に関する判例の検討
（今村教授退官記念『公法と経済法の諸問題』（上）有斐閣、〔本書第二巻***7***〕）

一九八二年

公共性（特集・大阪空港公害訴訟上告審判決）
（判例時報一〇二五号、〔本書第二巻***19***〕）

田中先生の行政手続法論（特集・田中二郎先生と行政法）
（ジュリスト七六七号、〔本書第一巻***4***〕）

一九八三年

権力と参加
（岩波講座『基本法学6—権力』岩波書店、〔本書第一巻***5***〕）

規制行政の諸問題
（『現代行政法大系』第一巻　現代行政法の課題（有斐閣、〔本書第一巻***6***〕）

現代型行政と取消訴訟
（公法研究四五号、〔本書第三巻***1***〕）

法の不備と行政責務
（法と社会研究　第2輯）

一九八四年

職権取消の法的根拠について
（田上穣治先生喜寿記念『公法の基本問題』有斐閣、〔本書第一巻7〕）

一九八五年

注釈地方自治法74条（『注釈地方自治法』第一法規）

行政法における法の多元的構造について
（田中二郎先生追悼論文集『公法の課題』有斐閣、〔本書第一巻8〕）

一つの行政　二つの法・裁判　三つの法根拠　四つの基本原則　五つの法過程　六つの法局面　なぜか行政行為の諸分類　八つの行政委員会　民法七〇九条と憲法二九条（〈スケッチ〉所収）月刊法学教室五五号〜六二号）

危険管理責任における不作為の違法要件の検討
（富田追悼）北大法学論集三六巻一・二合併号、〔本書第三巻8〕）

都市再開発について
（都市問題研究三七巻一二号、〔本書第二巻20〕）

一九八六年

国家賠償法総説『基本法コンメンタール　行政救済法』（日本評論社）

時効一〇年　一一時間目に来た男　一二の法律　行訴一三条・請求と訴え　武器平等の原則　取消判決の効力　行訴四四条・仮の救済　一七条の憲法　一八番・本稿のまとめ
（〈スケッチ〉所収）月刊法学教室六四号〜七二号）

国家賠償法の基本論点
（法学セミナー三八四号、一九八六年、〔本書第三巻7〕）

一九八七年

都市計画・建築法制の課題〔特集・転換期の日本法制〕
（ジュリスト八七五号、〔本書第二巻21〕）

一九八八年

行政法上の請求権に関する一考察
（山畠退官）北大法学論集三八巻五・六合併号、〔本書第三巻2〕）

一九八九年

取消請求権の構造と機能
（雄川一郎先生献呈論集『行政法の諸問題』下有斐閣、〔本書第三巻3〕）

収用裁決取消判決の第三者効について―取消請求権に関する一考察
（藪・五十嵐退官）北大法学論集三九巻五・六号（下）、〔本書第三巻6〕）

一九九〇年

取消請求権に関する一考察

（高柳信一先生古稀記念論集『行政法学の現状分析』勁草書房〔本書第三巻**4**〕）

戦争と平和の法―ホッブスの自然状態について―
（深瀬・小川退官）北大法学論集四〇巻五・六合併号（上）、〔本書第四巻**2**〕）

土地収用と公共性　（ジュリスト増刊〔行政法の争点〕（新版）有斐閣、〔本書第二巻**22**〕）

一九九一年

キーヴィタースとレース・プーブリカ――ロックの市民社会について
（石川退官）北大法学論集四一巻五・六合併号、〔本書第四巻**3**〕）

一九九二年

国家賠償請求訴訟の回顧と展望
（特集・国家賠償法判例展望）ジュリスト九九三号、〔本書第三巻**19**〕）

Ⅲ　判例評釈・判例解説

一九六六年

免職処分取消請求事件
（法学協会雑誌八三巻一号、〔本書第三巻**11**〕）

一九六八年

不服申立期間の徒過と「やむを得ない事由」
（別冊ジュリスト17〔租税判例百選〕）

残地収用の性格、未登記無届権利者と換地予定地指定なき移転命令
（別冊ジュリスト19〔土地収用判例百選〕）

更生処分の取消訴訟係属中に再更生および再々更生処分が行われた場合と訴えの利益
（〔ジュリスト年鑑〕一九六八年版　ジュリスト三九八号）

工場誘致奨励金打切事件
（臨時増刊〔昭和43年度重要判例解説〕ジュリスト四三三号、〔本書第三巻**16**〕）

明治憲法前の法令の効力
（別冊ジュリスト21〔憲法判例百選〕新版）

一九六九年

基本権類似の権利
（別冊ジュリスト23〔ドイツ判例百選〕）、〔本書第一巻**9**〕）

設権的行政処分の取消
（別冊ジュリスト25〔フランス判例百選〕）、〔本書第一巻**10**〕）

一九七〇年

違法性の承継、瑕疵の治癒、違法行為の転換
（別冊ジュリスト28〔行政判例百選〕（新版））

一九七三年

更生処分の取消訴訟係属中に再更生および再々更生処分

が行われた場合と訴えの利益
（ジュリスト増刊〔昭和41・42年度重要判例解説〕）

一九七四年

宅造法上の規制権限の不行使と国家賠償責任
（臨時増刊〔昭和49年度重要判例解説〕ジュリスト五九〇号）

明治憲法前の法令の効力
（別冊ジュリスト44〔憲法判例百選〕第三版）

一九七五年

宅造法上の規制権限の不行使と国家経営責任
（ジュリスト臨時増刊『昭和四九年度重要判例解説』、〔本書第三巻***17***〕）

一九七九年

違法性の承継、瑕疵の治癒、違法行為の転換
（別冊ジュリスト61〔行政判例百選Ⅰ〕）、〔本書第一巻***13・14・15***〕）

一九八〇年

明治憲法前の法令の効力
（別冊ジュリスト69〔憲法判例百選Ⅱ〕）

一九八六年

処分事由の追加
（別冊ジュリスト88〔公務員判例百選〕）、〔本書第三巻***14***〕）

パトカーに追跡された逃走車両（加害車両）が第三者に生じさせた損害について国家賠償責任が否定された事例
（判例評論三三四号（判例時報一二〇九号）、〔本書第三巻***18***〕）

一九八八年

明治憲法前の法令の効力
（別冊ジュリスト96〔憲法判例百選Ⅱ〕第二版）

Ⅳ　その他

一九七七年

今村成和教授の経歴と業績
（〈今村献呈〉北大法学論集二七巻三・四合併号）

一九八六年

いま、国家賠償責任訴訟は（特集・シンポジウム）
（法学セミナー三一巻一二号）

一九八七年

公法学会第二部会討論要旨（シンポジウム　現代行政の手法）
（公法研究四九号）

遠藤博也先生を思う

畠山武道
（はたけやま・たけみち＝当時、北海道大学教授）
早稲田大学大学院法務研究科教授

遠藤博也先生が、一九九二年四月六日早朝、亡くなられた。最近の先生は、八時に登校、五時に帰宅、夕食後は九時前後に就寝という規則正しい生活をおくられ、心身ともに好調にみうけられた。また、私とは、昨年一一月一一日、国税局のきき酒会に参加し、先生は酒類判定コンテストで優勝して大いに鼻を高くしておられた。それだけに、その後ほどなく入院し、逝去されたことが、今でも信じられない思いである。先生は、心から北大法学部を愛され、また、多くの教職員、院生、学生が先生の人柄を慕い、先生に接するのを楽しみにしていただけに、五五歳という若さで先生を失った悲しみは、はかりしれないほど大きい。

葬儀の後、親族の方々と、研究室で先生を偲んだ。書架や床には文献が山積みされ、机の上も、わずかにノートを広げることのできるスペースをのぞいて、文献があふれていた。中でも、最近購入した「アウグスティヌス著作集」「荻生徂徠全集」、Loeb Classical Library の中のプラトン、アリストテレス、キケロなどのシリーズや、独、仏、伊、ラテン語で詳細に書き写されたキケロ・マキュアベリに関する多数の研究ノートなどが目をひいた。さらに、新しい教科書や著書の目次、構想などを細かくメモ書きしたポケット・ノートの数々が、突然に研究を中止せざるをえなかったご本人の無念さを物語っていた。先生は、よく「普通の学者の三倍は勉強したよ」と話しておられたが、筆の速さは学界でも有名だっただけに、これらの著書が日の目をみることなく終わったことは、学界にとっても大きな損失である。

遠藤先生は、温厚で誰とでも気軽に親交をもたれ、学部長のころの教授会運営も、名人芸であった。また、法学部教職員ビール・パーティーも、先生が学部長のときに始められたものであり、先生の美声がその彩りであった。同時に、その反骨ぶりも相当なもので、公法学会で、遠藤先生が、恩師である田中二郎博士ほかを公然と批判されたのを覚えている人も多いことであろう（公法研究四〇号一八二頁参照）。

さらに、改めて述べるまでもないが、『行政行為の無効と取消』（東京大学出版会）、『計画行政法』（学陽書房）、『国家補償法（上・中）』（青林書院）、『行政法スケッチ』（有斐閣）、『実定行政法』（有斐閣）などの代表的著作は、孤立や批判に臆することなく、反権威の立場を貫いた先生の生き方の所産ともいえる。また、余談であるが、北大行政法スタッフのユニークな顔ぶれも、先生の人望に負うところが大きい（という声もある）。

法要のとき、田鶴夫人が、「遠藤なら、きっと、葬式はにぎやかにススキノでやってくれ、といったでしょう」という遺言（?）をもらされたが、参加者で違和感をもったものはいなかった。もはやススキノを徘徊し、最近は小唄に凝っていた先生の美声をきくことはできない。ススキノの灯が目に入るたびに、北海道の人と自然をこよなく愛した先生のことを思いだしたい。

〔ジュリスト一九九二年六月一日号（一〇〇一号）〕

日本立法資料全集

塩野　宏編著

高木　光解説

行政事件訴訟法

なものがある。

①　起工承諾をえて、すでに公共事業完成後の土地についても、土地の収用がされる。公共施設設置の前提要件たる権原取得を事後にするためである。

②　同様に、境界線等を誤認し、他人の土地の上に公共施設を設置してしまった後に、やはり権原取得のため土地収用がされる。

③　共有地について、起業者がすでに共有持分の一部を取得済みであるとき、残りの共有持分を取得するために土地収用がされる。この場合、土地収用法二条の土地の収用、五条の権利の収用のいずれの手続によるべきか争われている（小沢・前掲上巻四七頁参照）。一条によるとしても、権利の持分が対象であって、「モノ」（有体物）としての土地を対象とするものではない。

④　収用対象地が土地区画整理事業の仮換地に指定されていて、この仮換地に対応する従前地が収用対象地域外に存在するとき、行政実務では、この仮換地における使用収益権を収用するものとする使用説が有力である（大場民男『土地収用と換地』五九頁以下）。名目的な本権が従前地にありつつ、実質的な使用収益権のみが仮換地上にあるなどの特殊性によるものである。これまた、「モノ」としての土地ではなく、その権原を取得することが目的であることをしめしている。

四　残された問題

一　収用裁決の個数　相対効説によると、問題処理がいかにもバラバラな印象を与える。しかし、絶対効説によっても、実は、不統一な処理に実際上はなることに注意しなければならない。というのは、絶対効説といえども、一個の行政処分の範囲をこえて効力を及ぼすものではないからである。行政処分としての収用裁決の単位をかりに裁決申請ごとに数えるとしても、裁決申請は、同一公共事業の未取得地の全部について一括して出されるとはかぎらない。複数の土地所有者に属する数筆の土地について一括して申請するのも可能だが、逆に、同一の土地所有者に属する一団の土地を分割して申請することも可能とされている（小沢・前掲書上巻四〇四頁）。したがって、同一公共事業のための起業地内の土地について複数の収用裁決が成立しうるから、そのひとつが取り消され、これについて絶対効をみとめても、その影響を受けない土地がやはり広範に存在する。かりに、収用裁決のすべてが取り消されたところで、大部分の任意買収によって取得された土地はいぜんとしてそのままである。このような事態の良し悪しは別として、すべてを旧に復することは観念的には可能でも、実際上は混乱が大きすぎるから、このような事態が存続することはみとめざるをえないであろう。このような事態に対処するには、買受権（収用一〇六条）を任意買収の場合などにも拡大するなどの立法措置を講ずるしかない。

二　取消請求権の個数と相互関連性　　行政処分の取消請求権は、さきにふれたように、客観的には、行政処分ごと、主観的には、関係権利者ごとに成立する。行訴法は、これを前掲としたうえで、①取消請求の対象となっている行政処分相互間に、「一個の手続を構成する」処分である（行訴一三条二号）とか、テレビ放送局免許における免許付与処分と免許拒否処分のように「表裏の関係」に立つ処分である（最判昭和四三年一二月二四日民集二二巻一三号三二五四頁参照）といった関連性があるとき（同一三条六号）、これらの行政処分にかかわる取消請求を相互に関連請求としてとりあつかい、また、②同一の行政処分に対して複数の取消請求権が成立するとき、すなわち、ひとつの行政処分に対して複数の関係権利者が取消請求をすることができるとき（同一三条五号）、これらの者の取消請求を相互に関連請求としてとりあつかっている。

本稿は、右の②の場合のうちの一類型をとりあつかったにすぎないが、②には、告示のような立法的行為のほか、地域地区に関する都市計画決定を地域住民が争うタイプのものがある。このタイプのものにあっては、収用裁決事例におけると異なり、「行政上の法律関係の統一的規律の要請」にもとづく絶対効説が妥当性をもつようにも思われる。同一地域が、人によって住居地域であったり、なかったりするのは、いかにもおかしな話だからである。しかしながら、実際の都市計画が現状追随的であり、建築規制においても数々の例外許可を許容する現実に即してみると、相対効説によるバラバラな処理も背理とばかりはいい切れないであろう。ある限られた範囲の地域が、従前と異なる他種の地域地区に編入されたことを、その地域住民の多数が争って、その地域にかぎって、元に戻させることがあっても、おかしくはない。かりに、相対効説による問題処理により、行政実務上に困った事態が生ずるものとすれば、職権取消や都市計画決定の変更、告示の変更など、行政権限の行使によって対応すべきであろう。絶対効説による画一的処理が実際にはかえって多大の混乱を生じさせる可能性があることは、本稿の収用裁決事例がよくしめている。都市計画決定などにあっても、取消判決の拘束力にしたがい、取消判決の趣旨は尊重しつつ、取消判決時点における事態を総合的に判断して、然るべく計画の改定をするのは行政の責任でなければならない。これを司法部の責任とするときは、絶対効説のもつ多大の影響力にかんがみて、司法審査の範囲・程度についてかえって消極的となるおそれがある。

三　取消請求権の機能　取消請求権の実際的機能が、その言葉どおりに、行政処分の取消御破算につきるものではないことは、別稿や近刊の拙著において展開しているとおりである。簡単にいって、①単純な取消御破算のほかに、②税務訴訟における減額請求、③許認可拒否処分や不許可処分取消訴訟におけるやり直し請求、④定型的事由にもとづく確定金額給付を内容とする社会保険給付裁定取消訴訟における義務づけ請求、⑤行政過程の初期段階の行為（計画など）に対して取消訴訟がみとめられたときの差止請求、⑥行政過程の後期段階（建物除却命令執行後など）において取消訴訟がみとめられたときの原状回復請求、⑦事情判決の場合などにおける違法確認請求などがある。

取消請求権の機能の根拠は、それが権利自由の救済・回復・実現の手段であるところに求められなければならない。行政諸制度の前提にある基本的権利自由が、行政手続過程における権利義務としての展開をへて、最終的に訴訟上の請求権として結実したものだからである。その意味で、まず、取消訴訟という訴訟手続に期待されるべき機能のいかんによる。しかし、最後の手段というべき訴訟上の請求権が必ずしも最終的なものではないことに注意する必要がある。それは、右の③の「やり直し請求」の機能の存在が示唆するように、取消判決が終局的な問題処理となるのではなく、さらに、これが行政手続過程に投げ返され、結局、訴訟と行政手続過程との間に機能分担がはかられているからである。右の①の「取消御破算」の場合においても、取消判決について相対効説をとったときはもちろん、絶対効説をとったときでさえ、取消判決を契機として、計画改定などの行政の責任による是正措置がとられなければならないことが少なくない。このような行政手続過程との機能分担の見地から、訴訟の機能、取消判決の機能すなわち取消請求権の機能が考察されなければならない。言葉をかえると、行政的レベルで考えられる問題処理の全体が丸ごと司法部の最終判断に委ねられているわけではない。したがって、たとえば、収用裁決取消請求事件が提起されたとき、請求認容がたちどころに公共事業の廃止と直結するもののように考えて、訴訟要件（処分性、原告適格）、実体審理（裁量審査）、判決（事情判決）、執行停止などについて、あまりにも慎重かつ消極的な態度をとる判例の傾向は疑問である。行政手続過程に何らかの問題点があって是正されるべき必要があるとき、裁判所は法にしたがってためらわずに是正措置（取消判決）をとるべきである。それから先、公共事業の全体についていかなる是正・変更等を講ずるかは、行政がその責任において処理すべき事柄であって、司法がそこまで配慮する必要はないであろう。

四　取消請求権の理念型　取消請求権が行政諸制度の前提にある基本的権利自由の救済・回復・実現の手段として実際に有効に機能するために、どのような条件が必要であろうか。この問題を考えるにあたって、説明の便宜上、まことに大ざっぱながら、取消請求権の二つの理念型をあげることにしよう。今はやりの言葉になぞらえていうと、ひとつが「重厚長大型」であり、他のひとつが「軽薄短小型」である。

「重厚長大型」の取消請求権は、わが国の取消訴訟の現実においてみられるものであって、訴訟要件審理だけでも数年の長年月の時間をかけて慎重に審判すべきものとするものである。その結果、①時日の経過や既成事実の完成によって訴えの利益が消滅することが少なくなく、②長年月におよぶ公共事業の停止は「公共の福祉に重大な影響を及ぼすおそれ」（行訴二五条三項）があるため、執行停止をすることができず、③長年月後の判断が、手軽な「やり直し」困難な事態に直面してなされるものであるため、事態覆滅の影響の重大性をおもんぱかって、影響の及ぶ主観的側面である原告適格の問題、影響の及ぶ客観的側面である行政裁量の司法審査の問題いずれにおいても、慎重かつ消極的な判断に傾きがちであり、④かりに、これら諸点について積極的であっても、最後に、事情判決（行訴三〇条）がされる可能性が大きい。

「軽薄短小型」の取消請求権は、わが国の取消訴訟の現実においてはみられない理想型である。訴訟要件審理などは一回の準備手続で済ませてしまい、実体審理も一年以内に済ませて最終の判決を下すものである。その結果、①時日の経過や既成事実の完成によって訴えの利益が消滅することが少なく、②いくら重大な公共事業であっても、一年以内の停止なら「公共の福祉に重大な影響を及ぼすおそれ」が少ないから、執行停止をすることができ、③比較的手軽に「やり直し」可能な時期だから、原告適格や行政裁量の司法審査についてさほど慎重かつ消極的になる必要はなく、関係諸利害の比較衡量判断に実体上・過程上に問題があるときなど、関係利害の当事者からする主張をいれて手続のやり直しをさせても影響するところは小さく、④事情判決をする余地は乏しい。

これら二つの取消請求権の理念型のうち、今後、われわれが追求すべきものはいずれであろうか。

立法技術の拙劣さに定評のある現行行政事件訴訟法は、条文数だけは、旧行政裁判法に匹敵するものの、その内容においては、実体審理規定はほとんどなく（二二条ないし二四条。その他、一〇条、三〇条）、その大半は訴訟要件に関するものばかりといって過言ではない。概括主義がとられているとはいうものの、訴訟の入口は、平均的市民にとってきわめて入りづらいものとなっており、門前払いに役立つような条文ばかりが門前市をなしている（ただし、一五条、二〇条）。これらの規定からみると、現行行訴法は、「重厚長大型」の取消請求権の理念型をとり、精選された取消請求権についてのみ慎重に審判するものとし、その慎重の度とともに精選の度が加速されつつある現状は法の趣旨にそうものとみる見方もあるかもしれない。

しかしながら、右のような見方は、皮肉にすぎるのであって、かくては、取消請求権があたかも無効確認請求権のようなものとなってしまうであろう。行訴法一四条が出訴期間を三ヵ月にかぎり、関係当事者が知らなかったときでさえ、処分後一年の期間にかぎっているのは、行政上の法律関係の早期確定をめざしているからである。出訴がこの期間内であれば、審判に何年かかってもよいというものではあるまい。数年後の取消判決はやはり無効確認と実体をひとしくする。いまひとつ、とくに注意すべきは、取消訴訟などの行政訴訟の特殊性である。民刑事訴訟においては、過去の事実を基礎として現在の法律関係が問題となることが多いのに対し、行政訴訟においては、免許拒否処分、不許可処分の取消訴訟がしめすように、権利自由の救済・回復にとどまらず、将来に向ってのその実現が問題となることが少なくない。権利自由実現の将来の夢が、訴訟の長期化により、みるみる過去の夢と化していく。それは、金銭賠償によってつぐなうことのできない夢であり、人間の尊厳にかかわる問題だというべきであろう。

「軽薄短小型」の理念型に立って、訴訟促進をはかるため、訴訟要件審理簡素化に役立てるための行政手続の立法化の作業を進めるべきであることは、別の機会（拙著『実定行政法』の結論など）にのべたので、ここではくり返さない。

（後注）

取消判決の第三者効の問題については、行訴法の各種コンメンタールのほか、木村弘之亮「判決——第三者効を中心として」現代行政法大系五巻二四七頁、白井皓喜「取消判決等の対世効」行政訴訟と国家賠償一一四頁、兼子仁「行政処分取消判決の第三者効」行政法と特殊法の理論一二三頁などが、判例学説等の整理をしつつ、これをとりあつかっている。また、小沢・前掲書下巻六〇八頁は、事業認定取消判決について絶対効説、収用裁決取消判決について相対効説をとっている。

（北大法学論集三九巻五・六合併号下、一九八九年）

第二部　国家補償法

7 国家賠償法の基本論点

一　国賠法はどのような法律で、なぜ制定されたか——国家無答責の克服——

それでは、最初に基本的な解説をいたしましょう。まず、国家賠償法の意味、あるいは制定経緯です。ご承知の憲法一七条に、「何人も、公務員の不法行為により、損害を受けたときは、法律の定めるところにより、国又は公共団体に、その賠償を求めることができる。」とありますが、この「法律の定めるところにより」というのを具体化したのが国家賠償法です。

明治憲法時代には、憲法にこの一七条のような規定はもちろんありませんでしたし、国家賠償法に当たるような一般的な国家賠償責任を定めた法律もありませんでした。したがって、たまたま特別の法律があるとか、あるいは民法七〇九条以下の不法行為の規定によらないと、救済されないという仕組みになっていました。しかも、一般法である民法の適用に関しましては、広く公権力の行使に当たる行為については、民法の適用なしという考え方が支配的でした。すなわち、いわゆる公法と私法の区別の問題の最も代表的な場合の一つと考えられていました。その際、公権力の行使という言葉が非常に広く解されましたために、結局、一般の民法の適用によって救われるという場合は、きわめて限られていました。

たとえば、有名な信玄公旗掛の松事件のように、鉄道事業など交通事業のような、いわゆる私経済的な作用については民法で救われたのですが、そのほかの場合にはまず救われなかったと言ってよいでしょう。ただ、これまた必ず引かれる、大正五年の徳島小学校遊動円棒事件では、小学校の遊戯具、遊ぶ物的設備である遊動円棒が壊れたがために起きた事故について、民法七一七条の適用によって救ったという例があります。

このように明治憲法時代は、国家無答責の原則あるいは国家無責任の原則というのが妥当していました。市民は、泣き寝入りを強いられたわけです。

憲法一七条は、まさにこういう状態を覆して、国家責任の原則をうたい、これを具体化したものが国家賠償法です。したがって、憲法一七条ならびにこれを具体化した国家賠償法によって、これまでの被害者泣き寝入りという状態がなくなって、広く救済されることになったわけです。

二　行政救済法はどのように分類されるか——国賠法の位置づけ——

この国家賠償法はいわゆる損害賠償法ですので、国家賠償法の性格づけとしては、行政救済法を行政争訟法と国家補償法との二つに分け後者に入れています。前者は、行政事件訴訟法、行政不服審査法などによる争訟手続とりわけ取消訴訟を中心とするもので、違法な処分の取消しを求めることによって権利救済を図ります。後者は、損害、損失の塡補を図るものですが、伝統的な学説はこれを国家賠償ないしは損害賠償と損失補償の二つに大きく分けています。損害賠償法のほうは違法な行為によって損害を受けた場合の損害賠償、損失補償のほうは——土地収用の場合の土地価格の補償が典型的ですが——適法な行為に基づく損失の塡補を内容としています。

ところで、この二つの中間に救済の谷間とも言われている場面に対応する第三の類型として、結果責任や、関連したさまざまな被害者救済制度があります。損害賠償法のほうは故意・過失、違法といった要件がありますし、損失補償のほうでも、適法行為によって直接に損失を被ったといった要件がいるものですから、違法でありながら無過失の場合、または適法行為による打撃でありながら間接的な損失を被った場合は救われないことになります。

そこで、この救われない分野について、損害賠償法を拡大して救おう、あるいは、損失補償法を拡大して救おうという議論がされています。国家補償法は、現在、多くの学説がこの三つの類型を挙げるならわしです。ただ、この第三類型については、そのとらえ方が人さまざまであって、必ずしもはっきりしないところがあると思います。

三　いかなる場合に救済されるか――国賠法の責任類型――

国家賠償法を見ますと、わずか六条の条文ですが、全部かぞえれば、四つの責任類型が挙がっています。一つが一条に基づく責任、それから二条に基づく責任、そして、特別法に基づく責任と民法に基づく責任、一応この四つが挙げられます。しかし、特別法に基づく責任、民法に基づく責任は国家賠償法固有の責任ではありませんので、国家賠償法が固有の責任成立要件を設けているのは、一条に基づく責任と二条に基づく責任です。

一条に基づく責任は、「公権力の行使に当たる公務員が、その職務を行うについて」損害を加えるということですから、人の行為に基づく責任です。これに対し、二条に基づく責任は、公の営造物の設置・管理ということですので、物に基づく責任です。

さらに、通説的な見解によりますと、一条は「故意又は過失によつて」と規定しているものですから、これは過失責任を表わしているものと考えられています。二条のほうにはそういった文言はありません。「瑕疵」という文言がありますが、これは一般的には無過失責任であると考えられていますし、あるいは、状態責任であるという言われ方をすることもあります。

四　一条と二条との関係――多様な学説――

この二つの関係をめぐってさまざまな議論が闘わされていますが、ごくかいつまんで説明しますと、一条と二条の関係については、これを峻別する、あるいは性格がおよそ違うと見る見方と、この両者は必ずしも峻別し切れなくて共通性が強いと見る見方とがあろうかと思います。

前者の例としては、ここにいらっしゃる古崎さん、それから新潟大学の西埜（章）さんなどを挙げることができるかと思います。古崎さんは、一条に基づく責任は主観的な過失責任を問題にするのに対し、二条に基づく責任は客観的な無過失責任を問題にするということを強調されますし、西埜さんは、一条に基づく責任は違法責任、行政の違法行為を追及する責任であるとし、二条に基づく責任は状態責任、あるいは営造物瑕疵説というのをとっておられます。

これに対して、一条、二条をむしろ共通なものとしてとらえる見方には、たとえば今村（成和）説などがあります。それから、ここにいらっしゃる國井さんなどの言われる義務違反説があるかと思います。今村説は、一条も二条も危険責任の表われであると見ます。今村説は、先ほど言いました第三類型も含めて、全体を危険責任ないし結果責任で統一的につかまえるという考え方といえます。そのために、たとえば、一条に基づく責任の成立要件である過失をいわゆる「公務運営の瑕疵」といいまして、組織的な過失といった非常に客観的なものとしてつかまえて、一条のほうをむしろ二条にひきつけたものの見方で見ておられるように思います。

義務違反説は、どちらかといいますと、二条のほうにつきましても、一条のほうから見るといいますか、一条を原則として二条をその一つの特殊な場合と見るということで、やはり一つの特定の義務違反ということで共通にものを見ようという見方であろうかと思います。

このように、一条、二条の性格は論者によってみんな見方が違います。さらには、第三類型を国家補償全体のなかでどのように位置づけるかということによっても、影響されているかと思います。

それから、もう一つだけ付け加えますと、国家賠償法の理解のしかたとしては、沿革との関係でありますが、先ほど申しました大正五年の徳島小学校遊動円棒事件判決が明治憲法下にありますために、二条に基づく責任はある程度、明治憲法時代にも認められていたのではないかということが可能です。そうしますと、二条に基づく責任は、必ずしも現行憲法上で初めて認められたものではない、明治憲法時代、すでに認められていたものが改めて確認されたものであって、一条に基づく責任だけが現行憲法下で初めて認められたものだという見方も、可能です。この理解のしかたは、たとえば、現行憲法制定後、国家賠償法施行までの間に生じた損害について、憲法一七条による責任が認められるかなどをめぐって、実益を持ちうるわけです。

五　行政法と不法行為法はどうかかわりあうか――国賠法の二側面――

次に、もう一つの問題としては、国家賠償法は先ほど司会の國井さんからお話がありましたように、不法行為法の一つですから、その限りでは、民法不法行為法の特別法と見ることも可能ですし、事実、国家賠償法は非常に簡単な法律ですから、時効とか、立証責任をめぐる問題とか、あるいは瑕疵とは何ぞやといった非常に基本的な問題についても、民法不法行為法の助けを借りていることは間違いありません。

ところが、もう一つの側面としては、立法の経緯が示しているように、やはり公権力の作用とか公の営造物をめぐる問題は民法不法行為法の場合とは少し違うのではないか、すなわち行政法的な特色があるのではないかといった側面もあります。二、三例を挙げますと、たとえば、最近、問題となっている不作為の違法をめぐる問題などにあたって、行政の権限の有無、作為義務の前提となるべき権限はいったい何から出てくるのか、あるいは、行政裁量はどのように考えるべきであるか、河川水害などで問題となる予算制約論というのはどういう意味を持つべきか、国家賠償法は損害塡補、被害者救済だけでなくてもう少し行為規範的な意味を持つのではないか西埜さんの違法責任論などがその例ですが、行政については固有の行為規範というのがあるのではないか、あるいは、水害訴訟、公害訴訟などは、土地利用規制という視野からも見ることができるのではないか、そのような問題がありますので、行政法的な側面も、これを欠かすことができないかと思います。

六　国賠法と不法行為法はどうかかわりあうか――民法七一五条・七一七条との対比――

最後に、いま民法不法行為法のことを申しましたので、一条、二条と民法七〇九条以下との違いをごく重要な点だけ説明しておきます。たとえば、民法七一五条一項ただし書きの被用者の選任・監督について相当の注意をしたときの免責規定が国家賠償法一条にはありません。もっとも民法のほうでも、このただし書きは実際には使われていないようですので、実質上の違いはないと思います。しかし、この規定がないということの意味は、論者によりますと、やはり国家賠償責任は民法の場合以上に組織体としての責任を問うものであることを裏付けるものである、と言われることがあります。

その反面、求償権のところで、国家賠償法一条二項は、行為者である公務員個人に対する求償権を「故意又は重大な過失」の場合に限っていまして、やや軽くしております。公務が遅滞してはならない、あるいは賠償責任を恐れて公務遂行に消極的になっては、かえって角をためて牛を殺すといった結果も生じないではないということで、やはり公務遂行の特殊性がこのようなところに表われていると言うことができます。

それから、国家賠償法二条と民法七一七条との関係ですが、民法の場合は土地の工作物とあるのに対して、二条の場合には「公の営造物」となっています。一般的に、これは民法の場合よりも広いものを指すと理解されています。その典型的な場合は、さまざまの物的施設、動産などもありますが、それ以外にいわゆる自然公物である河川を含むなどというところに、最も良く表われているわけです。

その反面、これはやや些細なことですけれども、竹木だとか動物などについては、国家賠償法には特段の規定がありません。これらはすべて公の営造物のなかでまかなうと考えられております。

それから、民法のいう設置・保存の瑕疵と二条のいう設置・管理の瑕疵は同じものだと理解されています。ただ、民法の場合には、所有者の責任と占有者の責任が定められているのに対し、二条の場合には、公の営造物の設置者、管理者ということでして、所有者、占有者の責任とは違った、さまざまの公の営造物を公の目的のために設置し、管理する立場での責任が定められています。両者は、この点で違います。この違いは、二条の責任を認める場合に、行政などの責任を広げるほうに働くのか、あるいは逆に狭めるほうに働くのか。この問題は、まだ十分論じられていません。

（法学セミナー三八四号、一九八六年）

8　危険管理責任における不作為の違法要件の検討

一　序　説

一　近年における国家賠償責任のいちじるしい拡大がみられる主要分野は、行政が自然や社会に存在する危険を適正に管理し損害の発生を防止しなかった、という不作為の違法を理由とするものである。筆者のいう危険管理責任（拙著『国家補償法上巻』二一九頁、三七七頁以下）であり、阿部泰隆教授の「行政上の危険防止責任」（判例評論二三一、二三三、二六九、二七〇、二七一号参照）である。

同じく不作為の違法を理由とする国家賠償責任であっても、日照紛争収拾のための行政指導の間の建築確認の留保や、違法建築物に対する水道の供給の拒否（水攻め）のような場合には、行政の不作為そのものが損害の直接の原因であり、一般の作為による損害賠償責任における責任根拠・要件がそのままに妥当する。ところが、これに対して、危険管理責任が問題となる事例にあっては、損害の直接の原因は薬害であり、土地災害であり、犯罪であり、野犬であり、砲弾の暴発であり、などなどの自然や社会における危険にある。行政の責任は、もっぱらこのような危険を適正に管理し損害の発生を防止しなかったところにある。さきの不作為責任が一般の作為同様にいわば打撃ミスないし打撃過剰によるものであったのに対して、ここにあっては、守備ミスによるものであるということができよう。

このように、危険管理責任における不作為の違法が守備ミスをあらわすものだとすれば、守備ミスの前提として、おのずから守備範囲が問題とならざるをえない。レフトフライについてライトに守備ミスの責めをおわせることができないからである。このような事情は危険管理責任における責任根拠・要件、すなわち全体としての責任の構造が一般の国家賠償責任におけるとは異なるのではないかとの推測を生じさせる。本稿は、危険管理責任における不作為の違法の要件の検討をつうじてこの問題を解明しようとするものである。

二　危険管理責任の特殊性は、いわゆる反射的利益論が論じられる点にもあらわれている。

スモン訴訟の諸判決を例にとると、被告国側の主張する反射的利益論はことごとく排斥の憂目にあっている。ただ、その排斥の仕方は、それぞれニュアンスに富んだものであって、同一ではない。①至極簡単に、反射的利益論は抗告訴訟の原告適格に関するものであって、損害賠償制度においては制度目的を異にする（福岡地判昭和五三年一一月一四日判例時報九一〇号三三頁以下、一五一頁）、次元を異にする（広島地判昭和五四年二月二二日判例時報九二〇号一九頁以下、六二頁）、論理上関連がない（静岡地判昭和五四年七月一九日判例時報九五〇号一九頁以下、二三六頁。大阪地判昭和五四年七月三一日判例時報九五〇号二四一頁以下。二九八頁）などとするものがある。②また、問題となっている身体、健康という固有の法益が反射的利益でないことを積極的に判断したうえで、行政の違法な行為（不作為）と損害との間に相当因果関係があれば足りるとするタイプのものがある（金沢地判昭和五三年三月一日判例時報八七九号二六頁以下、四七頁。東京地判昭和五三年八月三日判例時報八九九号四八頁以下、三一二頁。京都地判昭和五四年七月二日判例時報九五〇号八七頁以下、一八四頁）。③さらに、そのほか、反射的利益論は薬事法の趣旨目的を問題としているものと理解したうえで、これについて判断しているもの（札幌地判昭和五四年五月一〇日判例時報九五〇号五三頁以下、八〇頁）、反射的利益論はそのままは適用することができないとしつつ、第三者に対する関係での違法を問題としなければならないとするもの（前橋地判昭和五四年八月二一日判例時報九五〇号三〇五頁以下、三三一頁）がある。

しかしながら、他方で、反射的利益論を国家賠償請求訴訟において明言している判決例が存在している。たとえば、違法業者を通産大臣が取締るべき義務を怠ったとの主張がされた事案で、「正規業者の該利益は、通商産業大臣の権限行使に伴う反射的利益にすぎないものであって、直接これら法令によって保障された利益ではない」とし（東京地判昭和四四年一二月二五日判例時報五八〇号四二頁）、ふぐ中毒事故に関し、食品衛生法上の「権限行使によって得られる各個人の利益は反射的利益にすぎず、権限を行使せずに発生した結果について行政上の責任を問われることはともかく、特定の個人に対して損害賠償責任を負うことは原則としてない」とする（大阪高判昭和五五年三月一四日判例時報九六九号五五頁）のがその例である。海水浴場での水死事故について、地元地方公共団体の監視救難などのサービスを「公益的見地からの便宜供与」にすぎないとするもの（東京地判昭和五四年一〇月二三日判例時報九六二号九七頁）などもこれに数えることができよう。上記のスモン訴訟の諸判決のうち、②と③は必ずしも反射的利益論を全面的に否定するものではないし、そのことごとくが薬事行政の経緯を追うことによって、薬事行政がみずから薬害防止をその守備範囲内のものとしてきた事実から規範的にも守備範囲内にあるべきだとする論証の努力をしている点で、結局は、反射的利益論をやっているに等しいということができる。

したがって国家賠償請求訴訟においても、損害にかかわる被侵害法益が問題となっている関係法令上に保護されているものかどうかの判断が必要とされることがある点で、抗告訴訟の原告適格論における と共通のものがあるといわなくてはならない。ただし、損害賠償制度上保護に値するかどうかと、抗告訴訟制度上保護に値するかどうかとは、次元を異にすることに留意する必要がある。そこで、この点の差異を明確にする見地からすれば、反射的利益論という用語はむしろさけたほうがよいといえるであろう。ここでの問題は、結局のところ、筆者のいう行政の守備範囲論であり、あるいは個別根拠法令の保護範囲なり射程範囲の問題であるから、そのような用語のほうがベターだと思われる。

三　もうひとつ、危険管理責任事例において、しばしば争点とされるものに自由裁量論と裁量収縮論がある。一方で、被告行政側は、行政権限行使について、なすとなさざるの自由をもつことを強調し、この点の自由裁量が例外的に「著しく不合理」となる場合にかぎって、不作為が違法となる立場をとる。これに対して、他方で、原告側は、裁量収縮の理論により、具体的事情・情況のもとで裁量が収縮し、選択の余地が一つしかありえないものとなっている。ゆえにこれをとらないことが違法だとする立場をとる。それぞれそれなりに成り立ちうる理論構成であろうが、しかし、ここでも抗告訴訟における裁量論と損害賠償請求訴訟におけるそれとが次元を異にするものであり、判断構造を異にすることに注意しなければならない（拙稿「行政法における法の多元的構造について」公法の課題七七頁以下、九五頁）。抗告訴訟においては、行政処分の形で示された行政庁の認定判断がそのまま最終的（ファイナル）なものとして通用するのか、それとも司法権による再審査（レヴュー）をうけて裁判所の認定判断によってとって代わられる可能性を残した一応のものにすぎないのか、という見地から行政の裁量が問題とされる。行政庁の公権的判断の存在を前提としてこれを再審査する形をとるため、伝統的学説は抗告訴訟を覆審的訴訟構造をとるものとしていた。これに対して、国家賠償請求訴訟は民事訴訟手続によるものであり、始審的訴訟である。裁判官は、はじめて責任要件充足の有無について判断するのであって、いくら行政庁の公権的判断が存在しようが、それは事実として存在する数ある事情のひとつにすぎない。第一、行政庁の認定判断の適否を根拠法令にてらして判断しようとするものではない。現に生じた損害についてその塡補責任ないし負担を誰におわせるのが公平であるのかの見地に立って、被害者側、原因者側の諸事情を総合判断するものである。判断枠組、判断資料をおよそ異にしているといわなくてはならない。

ここでの判断は、要するに守備ミス型の危険管理責任において守備ミスがあったかどうかであり、自由裁量論から出発しようが、裁量収縮論から出発しようが、それだけでは、ただちに解答が出てこない独自の責任構造・要件をもった複雑なものである。

四　はたして判例も、守備ミス型の危険管理が独自の性格のものであることをみとめ、この場合の不作為の違法について独自の要件をかかげる傾向にある。判決例の表現はそれぞれニュアンスに富んでいるが、最大公約数的にはつぎの四条件があげられるのが例である。

まず第一に、被害にかかわる被侵害法益の重大性であって、生命、身体に安全、健康などがそれである。スモンなどの薬害被害であれ、新島砲弾暴発事件（最判昭和五九年三月二三日民集三八巻五号四七五頁）であれ、ナイフによる犯罪被害（最判昭和五七年一月一九日民集三六巻一号一九頁）であれ、崖くずれによる宅地災害事例（大阪地判昭和四九年四月一九日判例時報七四〇号三頁）であれ、人の生死、健康にかかわるものであったことが、行政の不作為の違法をみとめる重要な要素となっている。

第二の条件は、予見可能性であって、重大な法益侵害の危険が切迫していることを現に予見したか、または、容易に予見することが可能であったことである。この要件中の危険の「切迫性」は、突発的事故タイプ以外のものについては、かならずしも妥当しないのではないかとの見解があり、争われている。

第三の条件は、回避可能性であって、行政権限を行使しさえすれば、いとも容易に結果の発生を防止することができたはずであることである。ここにおいても、権限行使の容易さ、それによる結果回避の容易さ、をどの程度要求するかについて人の見解は分かれる。後に論ずるとおりである。

最後に第四の条件として期待可能性があげられる。重大な法益侵害について、行政には予見可能性も回避可能性もあって、行政権限を行使しさえすれば、容易に危険を防止できる反面、被害者たる私人の側には、危険を予見しこれを回避する手段をもたないなどの事情から、社会通念上、行政権限の行使を期待し信頼することがもっともだと思われる事情が存在することである。薬害のような薬の副作用によるものについて、一般私人は危険を回避するに必要な情報を手中にもっていない。行政に頼らざるをえない事情がある。京都スモン訴訟判決が「厚生省さえしっかりしていて早期に規制していてくれたら、もっと早くスモンの発生を防止できたのにとの国民の嘆き、非難は即厚生大臣の不作為に対する評価といえる」（判例時報九五〇号一八六頁）としているのは、このような信頼、期待を裏切ることが違法であることをよく物語っているといえよう。

さて、以上の条件は、全体として、また、それぞれいかなる意味をもつのであろうか。

二　四条件の性格

一　以上の法益条件、予見条件、回避条件、期待性条件のあわせて四条件からなる要件は、いかなる性格をもつものであろうか。

まず第一に、当然のことながら、それは危険管理責任型の不作為の「違法」性の要件である。形式的にみるかぎり、数ある責任要件のひとつにすぎない。他に、故意過失、因果関係、損害などの要件が存在している。とはいうものの、以上の四条件をみると、他の責任要件と重なるものが少なくないことに気がつく。まず、損害は、法益条件のところですでにふれられている。生命の喪失、重篤な健康障害など重大な被害、被侵害法益の重大性が、最も重要な条件のひとつとされている。これがあればこそ、行政の権限行使に対する期待可能性もまたみとめられるものといえよう。軽微な被害についてまで行政の不作為責任がみとめられるわけではないのである。ということは、ついで、行政の不作為と損害との因果関係もやはりこの要件の中にとりこまれていることを意味する。特定の損害との関係において行政の権限行使への期待可能性が論じられているからである。さらに、故意過失判断は、予見条件と回避条件の二つによって与えられていると理解することが可能である。

このようにして、四条件からなる不作為の違法要件は、単なる違法要件にとどまることなく、さらにそれをこえて危険管理責任型の不作為の責任要件のすべてであるとさえみることができそうである。もちろん、四条件の全体ならびにそれぞれについて詳細な検討をおこなう前に、このような結論を急ぐことは早計であろう。それぞれの概念のカバーする範囲に重複する部分がみられるとしても、判断の特色がかたや定型的類型的であるのに対して、かたや個別的具体的であるなどの差異がみられるのがふつうであるから、重複のあることのゆえをもって両者を同一とみることは早計のそしりをまぬがれないことがあるからである。しかしながら、そのような点の留意をしつつ、以上の四条件からなる要件が相当程度に包括的なものであり、責任要件の相当部分を広範にカバーすることによって、責任の成否を実質的に左右するものであることは否定できないように思われる。

二　判例学説に登場する反射的利益論、裁量収縮論もこの四条件からなる要件の中にふくまれているものとみることができる。これまたこの要件の包括性を示すものといってよいと思われる。

まず、反射的利益論に対しては、この四条件とりわけ最後の期待性条件が答えを与えている。四条件全体の読み方、とくに、法益、予見、回避の三条件と最後の期待性条件との関係のとらえ方は、はっきりしない点が残されているものの、前三条件が成立したうえで期待性条件が加われば、行政の権限行使を期待することが当然だとするのであるから、それはまさしく反射的利益ではないとする判断を示していることになる。

ついで、自由裁量論から出発して「著しく不合理」な場合にかぎって例外的に違法となるとするアプローチをとろうが、裁量収縮論により、複数存在しえた選択の余地が具体的事情・情況のもとで、単一の選択しかありえないものに収縮しているとするアプローチをとろうが、いずれにせよ具体的な違法判断の基準を必要とする。アプローチはともかく、何をもって違法とするかの基準がなくてはならない。四条件からなる要件はこの必要にこたえるものであるといえよう。

三　さらに、筆者のいう守備範囲論、守備ミス論にあたるものをこれら四条件の中に見出すことも可能である。少し大ざっぱなことをいえば、反射的利益論は守備範囲に関する議論であり、裁量収縮論は守備ミスに関する議論であるから、これらに関して右にのべたことが、ほぼパラレルに守備範囲論、守備ミス論に妥当するからである。

すなわち四条件中とりわけ最後の期待性条件は問題となっている損害発生の防止が行政の守備範囲内にあるとする判断を示している。また、法益条件、予見条件、回避条件をあわせると守備ミスの判断を示しているとみることができる。重大な法益侵害について予見可能性も回避可能性もあったのにそれを怠ったというのは、守備上の手落ち手ぬかりをあらわすものだからである。

ただ、守備範囲論と守備ミス論とが、それぞれ上記四条件中、期待性条件とその他の三条件に機械的に対応する形で整然と整理できるほど簡単なものとはいえないであろう。論理的には、守備範囲内にあってはじめて、守備ミスを論ずることができるはずであって、前者の判断を前提として後者の判断があるという二段構えの構成をとるものとみられる。しかし、実質的には、一方で、守備範囲内にある以上は当然にミスだとみる見方もあれば、他方で、少し乱暴ながら、所詮ミスった以上は守備範囲外とのいい逃れはできないとする見方もありうるであろうから、両者の判断の間には密接な関係があり、むしろ一体不可分に一体的な判断が下されているのではないかと思われる。四条件についても、前三条件がそろえばおのずから第四の期待性条件がでてくるようでもあり、逆に、第四の条件のいかんによって、第二、第三の予見、回避条件の内容が左右されるようでもある。内部的に相互関係はさまざまありながら、あわせて一体の判断がされているといってよいようである。

四　四条件からなる要件は、四条件バラバラにみることができるものの、また、四条件あわせて一本とみることもできる。重大な法益侵害について、その危険が切迫していることを行政が容易に予見することができ、かつ、行政権限を行使しさえすれば、いとも容易に損害発生を防止することができる反面、被害者となった一般私人にはみずからこれを予見し回避できないなどの理由から、行政の権限行使を期待するのが社会通念上もっともだと思われる特別の事情が存在するときには、それにもかかわらず、行政が権限行使しなかった場合にその不作為は違法となる。このあわせて一本の判断は、常識的にそれなりにわかりやすい。行政が予見し回避できるものについて、すなわち、決して行政に不可能を強いることにはならない場合について、加えて、生命、身体の安全、健康などの被侵害法益がきわめて重大な場合にかぎって、しかも、行政の権限行使を信頼、期待して然るべき特別の事情が存在することを要件として、守備ミス型の不作為の違法をみとめようとするものであるから、常識的にも納得できる線を目指しているものといえよう。それとして評価に値するものと考えられる。

しかしながら、それぞれの条件について、どの程度のものが要求されるかについて、人の価値判断が分かれるのみならず、とくに最終結論とでもいうべき最後の期待性条件ならびにこれを核心とするあわせて一本の判断には、政策的決断としての色彩を否定できないのである。というのは、先に引いた京都スモン訴訟判決がいみじくも示しているように、行政にかける人の信頼・期待の程度によって期待性条件充足の基準が自在に動くものであり、それに応じて違法性要件全体の基準が動くものだからである。言葉のうえでは、あちらからもこちらからも一応限定づけられた条件からなる要件のようにみえつつ、あわせて一本の政策的決断がその実体をなしているというのが本当の姿のように思われる。野犬事故を不幸な事故とみるか行政の責任とみるか、水害を天災とみるか人災とくに行政の責任とみるかは、人の総合的な価値判断によって異なってくる。その決断の結果をパラフレイズすれば四条件のような形になるというだけであって、それは結論の合理化にすぎないとさえいって過言でないように思われる。

このようにして、実のところ、あわせて一本の政策的決断にすぎないとしても、まさにそれゆえにこそ、四条件の内容に立入った検討を加えることによって、個別的にも、あわせて全体の要件についても、具体化の試みをすることが必要と思われる。要件が不明確、不確定のままでは、実用法学の要請にこたえることができないのみならず、根本的には、責任要件がグラグラしたままで責任の成否を決するものとすれば、広義の法治主義の見地からしてもゆゆしい事態といわざるをえないからである（cf. James A. Henderson, Jr., Expanding the Negligence Concept: Retreat from the Rule of Law, in Perspectives on Tort Law, ed. by Robert L. Rabin, second ed. p.108 ff. =51 Indiana Law Journal 467（1976））。

そこで、以下、本稿では、四条件の個別的検討とその相互関係の検討をつうじて、本要件の解明の一歩としたい。

三　四条件の個別的検討

一　法益条件　損害が重大な法益侵害にかかるものであればこそ、行政の守備ミスとしてその不作為責任がみとめられる。たとえば、学校事故においても、児童生徒の死亡事故であり、失明、半身不随その他重篤な後遺症をともなう人身事故であればこそ、学校の責任が肯定される。すり傷、切り傷程度でいちいち責任がみとめられるわけではない。その程度のことは保護者としても予期し覚悟のうえであろう。しかし、まさかわが子が学校で死亡事故や失明事故にあうとは予想だにしないことであって、せめてそのような重大な事故にあわないだけの安全性の確保を学校側に信頼し期待しても常識的に無理からぬものがあるといえる。このように、法益の重大性が後の期待性条件の重要な要素となっている。これは守備ミス型だからである。打撃ミスや打撃過剰の場合は必ずしも法益条件は重要なキメ手になるとはかぎらない。たとえば、教師が法の許さない体罰を児童生徒に加えたとき、たんなる軽傷であろうが精神的ショックにすぎないものであろうが、その損害を賠償すべき責任が生ずる。直接の加害者としての責任だからである。守備ミスと打撃ミスとこのように事情を異にするわけである。

そこで、法益条件については、被侵害法益の重大性の程度に応じて段階づけをすることが考えられる。

(1)　まず、生命、身体の安全、健康が第一にあげられる。薬害、犯罪被害、野犬事故、宅地災害等々の危険管理責任型の不作為の違法の有名事例の大半は、このような法益侵害にかかわるものであった。すなわち、重大な人身事故であった。右にのべた学校事故もそうであるし、また、国賠法二条の事例中、道路事故と並んで、その数が多い河川、ため池等への子供の転落水死事故もそうである。危険責任か危険管理責任か見方が分かれうるものであるが（拙著『国家補償法上巻』二二二頁）、予防接種事故もその一例である。

(2)　つぎに第二に、生業生計の基盤、生活の本拠の喪失をあげることができよう。高知南国市の廃ビニール事件における漁業被害（高知地判昭和四九年五月二三日判例時報七四二号三〇頁）、河川水害のうち、多数の家屋が流失した多摩川水害（東京地判昭和五四年一月二五日判例時報九一三号三頁）、農地が流失し以後三年収穫がえられなかった川内川水害（鹿児島地判昭和五三年一一月一三日判例時報九三九号三〇頁）などがその例である。南国市廃ビニール事件は廃棄物公害にかかわるものであるが、大気汚染、水質汚濁などによる公害被害であって、生業の基盤に甚大な被害をもたらし、生活の本拠たる住居の移転を強いるものはここに数えられるべきであろう。もちろん現に重大な健康被害を生じさせている場合にあっては、第一の類型に属することはいうまでもない。

(3)　第三順位の類型として、日照阻害、通風障害、騒音などの近隣公害による被害をあげることができよう。公害ではあるものの、生業の基盤、生活の根拠の喪失をもたらすほどの程度にはいたらないものである。判例は、第一、第二類型におけると異なり、ここでは比較的に行政の責任をみとめるのに消極的であるということができる（東京高判昭和四二年一〇月二六日高民集二〇巻五号四五八頁、横浜地判昭和三八年一〇月三〇日下民集一四巻一〇号二一三五頁、新潟簡判昭和五一年一月二七日判例時報八一二号一〇五頁など）。大東水害訴訟に関する最高裁昭和五九年一月二六日判決（判例時報一一〇四号二六頁）の射程距離をめぐっては議論のあるところであるが、家屋立退きをめぐる社会的制約が相当程度のものであったこと、水害態様そのものが河川から水があふれたといわんよりはドブ川同然の小河川が付近一帯の雨水を吸収流下せしめることができなかったことによるものであることと並んで、被害の程度が床上二昼夜浸水という「家庭生活利益の破壊」の程度にとどまったことが重要な判断要素をなしていると考えられる。水害訴訟の各事業はいずれも、その事実関係が個性に富んだもので、一概に共通に論じられないものをもっているのであって、とりわけ大東水害訴訟事案は、右のような特殊性が顕著なものであるから、これに関する最高裁判決の射程距離もおのずから限定されたものと理解すべきであろう。

(4)　最後に第四類型として、その他の軽微な被害をあげることができる。たとえば、水害における床下浸水がその例である。水害を守備ミス型の危険管理責任ではなく打撃ミス型の危険責任としてとらえたためであろうか、やや大ざっぱな理由づけで床上浸水被害について河川管理責任を肯定している志登茂川水害訴訟第一審判決（津地判昭和五六年一一月五日判例時報一〇二六号四三頁）においても床下浸水被害については責任を否定している。

二　予見条件　予見可能性についても、つぎのようにいくつかの類型的な程度の差異をみとめることができる。ただ予見の内容について、危険の「切迫性」を必要とするかどうか、さらに進んでは、期待性条件などをも予見可能性の内容にとりくむべきかどうかなどの問題がある。ただたんに程度の問題につきないことにあらかじめ留意しておいていただきたい。

(1)　まず第一類型としては、現に予見した場合をあげるべきであろう。災害が例年のようにくりかえされ、陳情もまたくりかえされている事例とか、現に災害が進行を開始している事例などがこれにあたる。すでに知っている以上は、何らかの手を打つべきは当然であるから、権限行使への期待は高まるはずである。たとえば、函館バス海中転落事故控訴審判決（札幌高判昭和四七年二月一八日高民集二五巻一号九五頁）は「本件道路区間の全体にわたって何らかのきわめて異常な現象が相互に関連しながら現に生起し進行しつつあることを感知するに十分である」としているから、また、危険発生の時間的切迫性もあわせて予測可能であったとしている点からして、文章表現上、飛騨川バス転落事故控訴審判決（名古屋高判昭和四九年一一月二〇日判例時報七六一号一八頁）のいう定性的予見可能性説と類似した点があるにせよ、この両判決はおよそ異質のものといわなくてはならない（拙著『国家補償法中巻』四九〇頁以下、六五五頁以下参照）。

(2)　第二に、定量的予見可能性がある場合があげられる。飛騨川バス転落事故第一審判決（名古屋地判昭和四八年三月二〇日判例時報七〇〇号三頁）がその例であって、「土石流に関する学問的水準は、渓流堆積物の流動による土石流と降雨量との関係に限ってみても、特定の地域で、どれ丈の雨量が降れば発生するのか、未だ不明で

あって、その発生を予見しうる域にまでは到達していない」というのがそれである。時期、場所、規模等によって特定された個別具体的な予見可能性である。これが与えられれば、事前の行為規範の意味においても、現実に、行政が権限行使をすることができるがゆえに、権限行使をすべきであるとする判断をみちびきやすいであろう。

(3)　第三に、定性的予見可能性がある場合があげられる。飛騨川バス転落事故控訴審判決（名古屋高判昭和四九年一一月二〇日判例時報七六一号一八頁）がその例であって、「当該自然現象の発生の危険を定量的に表現して、時期・場所・規模等において具体的に予知・予測することは困難であっても、当時の科学的調査・研究の成果として、当該自然現象の発生の危険があるとされる定性的要因が一応判明していて、右要因を満たしていることおよび諸般の事情から判断して、その発生の危険が蓋然的に認められる場合であれば、これを通常予測し得るものといって妨げない」とするのがそれである。具体的問題は、予見可能性を判断する資料、予見の内容の両面において、どれだけ時期、場所等の特定性をとりはらうことができるかである。たとえば、判断資料として落石等の過去事例を「本件道路」についてみるとき、同じ「本件道路」という言葉が意味するものが、函館バス海中転落事故の四〇〇メートル、高知落石事故の二〇〇〇（実質、数百）メートルもあれば、東伊豆有料道路事故（大津地判昭和五四年一〇月一日判例時報九四三号二八頁）の三七キロ、飛騨川バス転落事故の二十数キロに及ぶものがある。また、予見内容の時間的特定性についても、函館バス海中転落事故におけるように時間的切迫性が顕著なものもあれば、飛騨川バス事故におけるように、土石流発生の百年数十年の周期性がいわれ特定性をおよそ欠くと思われるものがある。千葉県野犬咬死事件においても、第一審判決（千葉地判昭和五〇年一二月二五日判例時報八二七号九〇頁）が、県内における過去の「野犬」事故が一件にすぎないところから、危険の具体的切迫性も相当の蓋然性をもった予見可能性もないとしていたのに対して、第二審判決（東京高判昭和五二年一一月一七日判例時報八七五号一七頁）が、放し飼いの飼犬をもふくめた「野犬等」の事故が過去事例として三件あるところから、「多発する咬致死傷事故の一つとして発生」したものとして、その予見可能性を当然のこととしている。

したがって、この定性的予見可能性は、判断資料、判断内容のとり方のいかんによって、その成否が大きく左右されるものといわなくてはならない。簡単にいって、回顧的にいかに物語を構成するかであり、フィクションといっても過言ではないであろう。

(4)　最後に、漠然とした危惧感をあげることができよう。公害企業とか薬害における製薬会社、食品公害における製造業者等の責任判断の前提としては、このような予見可能性をもって足りるとする考え方は、十分の理由があるものと思われる。みずからの企業活動や製品による被害であるがゆえに、いささかでも危惧感があるときには、製造等をとりやめることによって重大な健康被害等の発生をさけるべきであった、というのは、直接の加害者に対する関係では当然主張できるものである。打撃ミスの結果について、打撃者に対して、打撃をひかえなかったお前が悪いということは、いくらでもいえるはずだからである。スモンなど薬害における製薬会社、カネミ油症事件における食品製造販売業者、合成化学物質（ＰＣＢ）製造業者などがその例であって、これらにあっては安全性確保のためのきわめて高度の注意義務を課し、これにてらして予見・回避の可能性が判断されている。

しかしながら、これらを監督すべき行政の規制権限不行使による守備ミスの責任を問題とするときに、このような漠然とした危惧感をもってただちに予見可能性があるとすることには疑問がある。それは規制が人の権利自由の制限をともなうものだからであり、また、打撃ミスと守備ミスとでは責任の性格が異なるからである。たとえば、カネミ油症事件第一審判決（福岡地小倉支判昭和五三年三月一〇日判例時報八八一号一七頁）は、「もし食品衛生監視員が装置の運転を停止して長時間脱臭罐内を点検するとすれば、被告カネミに相当の営業上の損失を蒙らせることになるから、そのような食品衛生法に基づく規制は、被告国において国民の生命、身体に対する具体的な危険が存在することを現認若しくは予測しえて初めてなしうるのであり、逆にそのような危険の存在の知りえない場合でも、その存在を主観的に多少なりとも疑って右のような規制を加えるべき法律上の義務があるとすれば、そのような規制の結果装置に何等の瑕疵がなく、その危険が存在しなかったとしても、規制は濫用とならないず賠償を要しないという法理を承認しなければならないし、その不合理なことは明らかである」としている。また、原田尚彦教授は「もし論者の主張に従い、相対的違法論の立場に立ってこの関係を考えると、事業者に対して規制をすると違法となるのに、規制をしないと、今度は国民に対する関係で違法となるといった事態が生じ、行政庁を進退きわまる地位に追い込むことになってしまうであろう」とし、「いずれに転んでも国は結果的にどちらかの側に賠償を払うべき地位におかれるとするのは、いかにも安易な見方でなかろうか」としている（「裁量収縮論」月刊法学教室五四号七四・七五頁。ただし、かつて教授自身が『行政責任と国民の権利』八五頁において、このような「進退きわまる地位に追い込む」からなどといった議論は「在来の官僚本位の行政法解釈」として非難していたのだが）。さらに、カネミ油症事件第一審判決が、食品製造業者ならびに合成化学物質製造業者について責任を肯定しつつ、行政の責任については、「前代未聞の事件であり」「一般的な危惧感もなかった」としてこれを否定しているのは、業者の責任と行政の責任との間においてその性格の差異、予見可能性の内容程度の差異をみとめているためであろうと推測される。

三　回避条件　回避可能性についても、つぎのような類型的な程度の差異をみとめることができるであろう。

(1)　行政が積極的に損害発生に寄与、加功している場合、その典型例は作為起因性の不作為の場合（拙著『国家補償法上巻』四二七頁）である。いわば、みずからの不始末の後始末をきちんとつけていない場合であるから、回避可能性もしくは前提たるべき回避義務の程度が最も高いといってよい。スモン訴訟の諸判決は、国の責任について、許可、承認という作為に違法性と過失をみとめている金沢、静岡判決、作為とその後の不作為とをあわせて一体として判断している広島、札幌、大阪、前橋判決、最後に不作為のみを問題としている東京、福岡、京都判決の三グループに分けることができる。ところが、この第三グループにおいても、国みずからがキノホルムの製造者、開発者であったなどの事情をあげている（拙著・前掲書四二二頁参照）。とすると、スモン訴訟の諸判決は行政の純粋の不作為に責任をみとめたものではないことになる。予見可能性などについて特段、製薬会社と国との間に差異をみとめないで、行政の責任を比較的きびしくみとめているのもこのような点からするとうなずけないこともないわけである。

(2)　積極的な寄与、加功といわないまでも、チェックのチャンスがあったにもかかわらず、見逃した場合がつぎにあげられる。スモン訴訟において、許可、承認といった作為とその後の回収命令等の措置を講じなかった不作為とを一体的に判断している判決例の事例がこれにあたる。また、後に犯罪行為に用いられたナイフの銃刀法二四条の二による一時保管の措置をとらなかった不作為が違法とされた事例（最判昭和五七年一月一九日民集三六巻一号一九頁）も、現実的にそのチャンスがあったことが、その責任をといやすくしている事情の最たるものであろう。

(3)　第三類型としては、逆に、さまざまの制約のために、回避可能性が限定づけられ、責任肯定にやや消極的とならざるをえない場合があげられる。大東水害訴訟上告審判決（前出）をはじめとする水害訴訟判決でいわれる財政的制約、技術的制約、社会的制約がその例であるが、そのほか、とくに重要なものとして、対象となる私人の権利自由との関連からくる権限行使の自制、抑制がある。刑事司法権、警察権の民事法律関係介入その他権限発動への謙抑主義（東京高判昭和五二年三月三〇日判例時報八五三号五二頁）がその典型例である。銃刀所持許可における調査の範囲程度の問題もこれに数えられよう（拙著『国家補償法上巻』四〇三頁）。江戸時代の世界的大都市江戸は犯罪件数は少なかったといわれるが、その反面、犯罪防止のためにする自由の制約も大きかった。今日、権利自由尊重の見地からそのような犯罪防止システムをとることができない。このような制度をとったコストとして犯罪被害者給付金等を構想するのはひとつの有力な考え（大谷実『被害者の補償』一一二頁）であるが、しかし、賠償責任の前提としての回避可能性が狭くなっているといわなくてはならないであろう。また、犯罪防止にかぎらず、ひろく行政権限行使について、比例原則をはじめ権限行使の抑制をはかるための法理が一方に存在することとの間に、ひとつのジレンマがあることは予見可能性のところでふれたとおりである。さらに加えて、直接の損害原因である第三者の行為が行政権限行使と損害との間に介在するとき、権限行使の実際的効果がさまざまであって、一応、不作為と結果の間に因果関係があるとしても、権限行使の実際のキキメが不確実であるという意味での回避可能性の制約もまたみとめられるであろう。

(4) 最後に、交通事故、違法行為、犯罪、火災のように、相当程度頻発し、その生起がいわば日常的であって、その根絶を期しがたいものがある。千葉県野犬咬死事件控訴審判決（前出）によれば、県下における野犬等の事故件数三件は危険切迫を告げるものとされているが、これらにおいては県下三件などという稀少な出来事でないことは周知のとおりである。単一犯人による連続強盗事件が数件に及ぶことも珍しくない。といって、よほど特別の手がかりなり、現実のチェックのチャンスを逸した手ぬかりでもないかぎり、行政の不作為責任がみとめられることはないであろう。悪くいえば、日常的であるため不運としてあきらめているわけであるが、別の表現をとれば、あらゆる犠牲を払ってまでその根絶を未然にはかることまでもが行政に期待されているわけではないといえよう。

四　期待性条件

期待性条件について、段階的な類型化を試みることは大変むずかしい。この条件は、以上の三条件の組みあわせによって生じてくる面がある（たとえば、上記三条件の第一類型がそろえば、おのずから期待可能性が高くなるが、第四類型がそろったのではとうてい期待可能性はみとめられないであろう）と同時に反面、期待可能性の程度に応じて、予見義務、回避義務の程度が高くなることなどが生じるからである。すなわち、本条件は他三条件の総合された結論、結果であると同時に、その前提、基礎ともいえるわけである。

(1) 第一類型は、いうまでもなく上記三条件の第一類型がそろった場合である。生命、身体健康という重大な法益に対する侵害が現実のものとなり、かつ、行政自体が損害発生に積極的に寄与していた場合に、その発生防止を行政に期待しうべきは当然といわなくてはなるまい。いわばポーカーゲームでエースが四枚そろったようなものである。

(2)　第二類型としては、他の三条件の第一、第二の類型が混じりあって存在する場合があげられよう。この場合も期待可能性は相当に高いというべきであろう。

(3)　第三類型としては、ちょっと問題があるものの、大東水害上告審判決にいう「一般水準および社会通念」である。問題があるというのは、まさしく何が一般水準であり社会通念であるかこそが問題であって、その内容は、本稿が試みているような類型的差異に応じて、具体的には当然に変わってくる筋合いだからである。したがって、これを類型のひとつとしてかかげることは適切さを欠くであろう。しかし、第一、第二の期待可能性の類型のように、行政の手落ち手ぬかりを問題とすべき手がかりが顕著な場合をのぞいては、このような一般抽象的な基準によらざるをえないであろう。

(4)　最後に、第四類型として、私人みずからによる自己回避が十分に可能な場合があげられる。ふぐ中毒事件控訴審判決（大阪高判昭和五五年三月一四日前掲）がその典型例であって、いかに法益条件では第一類型に属するとはいっても、「ふぐ中毒事故を回避するためには、ふぐ料理を食べる客の側で肝臓の提供を求めなければ足りることである（中略）。行政庁の権限行使をまたなければ私人の側の努力で危険を回避することが困難な状況にあるとは認められない」わけである。この点で、薬の副作用による薬害の場合とは事情を異にする。加えて、薬は行政に公認されなければ、世に出て人に用いられることがないという特殊性がある。

四　四条件の相互関係の検討

一　総合合算主義　四条件について、まことに不完全なものではあるものの、一応の目安となる類型化を試みた。それでは、これらを総合した結論としての責任要件充足の有無はいかにして判断されるべきであろうか。ひとつのやり方は、四条件に与えられた類型化の程度を総合してあわせて判断するものである。たとえば、それぞれ第一類型から第四類型に、3点、2点、1点、0点という点数を与えたうえで、四条件について、足し算、掛け算をし、ある点数以上の合計点があるときに、責任を肯定することがそのやり方である。水害事例、外在的原因による道路事故について、総合点数制により、一応の目安づくりをすることも有益であろう。大東水害について、法益条件1点、予見条件1点、回避条件1点、期待性条件1点、足し算による総合点数4点とするのがその例であり、また、ふぐ中毒事故について、法益条件は最高の3点としつつ、期待性条件0点のため、掛け算による総合点数は結局0点であり行政の責任なしとするのがその例である。さまざまの不作為事例について行政の責任が裁判上争われている今日、このような作業は一般市民に一応の目安を与える点では有益でありそれなりの効用があるであろう。総合点数かならずしも絶対的ではないものの、共通一次試験によるいわゆる足切り程度には使えるであろう。

二　重点主義（その一）　四条件を均等にみて、類型ごとの点数を単純に足し算、掛け算するやり方に対して、いずれかの条件にウエイトを与えて、総合判断するやり方が考えられる。入試について世にいう傾斜配点とかア・ラ・カルト方式である。たとえば、法益条件を最重要視し、重大な法益侵害については、予見、回避義務をきわめて高くすることがおこなわれるから、法益条件に予見条件と回避条件が追随することが考えられるであろう。また、回避条件から期待性条件がでてくるものとみることもできる。さらに、法益、予見、回避の前三条件があわせられて、最後の期待性条件がでてくるとすることができる。

三　重点主義（その二）　四条件中より前の条件がより後の条件を規定するというのとは逆の方向から、最後の期待性条件こそがキメ手となるとする判断がありうるであろう。さまざまの事情の総合的判断により、期待可能性の程度が他に先行して判断され、これが高いときには、あるいは法益条件は必ずしも高くなくてはよいものとし、あるいは、高度の予見、回避義務を課することによって、予見条件、回避条件はたやすくクリアーできるものとするのがその例である。行政の分野等によって行政に対する期待可能性に差異がみとめられるであろうから、これに応じて他の条件を判断することはそれなりの理由がある。また、直接打撃型の危険責任については、当然にこの期待可能性がみとめられるから、危険責任をも他方の極端にふくみながら、行政の全責任類型をこのような見地から分類整理し位置づけることも可能であろう。ただし、これは、期待可能性から出発するものであるため、最初にのべた包括的な政策的決断の色彩を濃厚にもち、主観的判断に堕するおそれをともなっていることに注意しなければならない。

四　人間観　行政に対する期待可能性の判断は、私人の自主的自律的な危険回避への期待可能性、私人個人によらないまでも私人からなる共同体、社会、等々による危険回避への期待可能性に関する判断と密接な関係がある。

たしかに、いわゆる構造的被害の名でよばれる諸事象において、私人みずからの力による危険回避の可能性はしだいに制約されつつあることは否定できない。これに代わるものとして、社会構造に深刻かつ広範にかかわりをもつにいたった行政の責任が問題とされつつあることはそれとして理解できる。しかし、たんなる傾向や気分、風潮に乗っかるだけでは、法解釈学としての役割を放棄することになる。類型化や事実関係の分析などにより、可及的に具体化を試みなければならない。たとえば、かりに期待可能性から出発するとしても、それを根拠づけるものを明らかにしておく必要がある。期待可能性を先行させることは、あらかじめ包括的に安全確保義務を課しておいて、そのあとで履行の有無、履行の安全・不完全を判断する形をとるため、ひろい意味での安全配慮義務の問題と似かよっている。ところで、安全配慮義務の根拠はさまざまである。

(1)　雇用関係を前提とした労災型の事故においては、諸設備、諸施設など職場の物的環境のみならず、勤務条件をも使用者が支配管理しているがゆえに、そこに存在している危険についても使用者が支配管理していることが実質的根拠だと考えられる。

(2)　刑務所、留置場、少年院など、強制的な拘禁施設の被収容者に生じた傷害、病気などについては、自由が強度に拘束された施設であるため、本人の危険回避もまた重大な制約のもとにおかれていることが、施設管理者に高度の安全確保義務が課される理由であろう。

(3)　生徒間傷害型などの学校事故において学校の責任がみとめられる理由は、被害者側に危険回避能力が乏しく、加害者側にも判断能力が乏しい年少の児童生徒の身柄をあずかっているため、その身柄の安全の確保が学校に期待されるためであって、ボランティアの引率者などに年少者の安全確保について期待されるものと類似している。

(4)　医療事故について債務不履行責任が問題とされるのは、医療行為が高度の専門技術的なものであり患者としては全面的に医師の措置に頼らざるをえない事情が、医師に安全確保義務が課される理由であろう。

以上の職場、刑務所、学校、病院においては、安全を確保すべき者と安全が確保されるべき者との間に特別の関係がある。ところで、行政と一般私人との間には、個別具体的にこのような関係は存在していない。この関係は、職場、刑務所、学校、病院のいずれと類比的（アナローギッシュ）に理解すべきであろうか。それとも、ときおり判例上に国の後見的な責任という言葉が用いられることにてらして、親子関係として理解すべきであろうか。太平洋戦争末期、小学一年生の筆者は国民学校の校門で毎朝雨の日も風の日も「我等ハ陛下ノ赤子ナリ」で始まる掲示板上の一文を声高に朗読しなければ校門内に入れないという経験をした。まさに国家と国民の関係を親子関係になぞらえて理解するやり方は日本国民の心情にマッチしたものといえそうである。被害者救済のため最終的には国家が常に乗り出して、慈愛にみちた親として振舞うことを期待する心情にこたえ、この種の心情を育成することは国家統合の手段としてたいへん賢明なことと思われる。それは日本人の知恵といえるかもしれない。しかし、伝え聞くところによると、ライオンなどは別の智恵をもっているようである。

個人の自主性、自律性、自己責任の原則などの見地から、なにもイリイチやノジクなどをもちだすまでもなく、あまりにも過剰な行政依存に対する批判的検討の視点を失ってはならないと考える。この見地から、直接の加害第三者が現に存在する場合の行政の責任の根拠とは何であろうかを明らかにすることが緊急の課題であろう。とりわけ兵庫県崖くずれ事件（大阪地判昭和四九年四月一九日判例時報七四〇号三〇頁）のように、くずれた擁壁の所有者・占有者であり、みずからが直接の責任者であり加害者でないかと思われる者が、被害者として行政の規制権限不行使の責任を追及している場合をどのように理解したらよいのであろうか。落第したのは教師の教育が悪いとして損害賠償請求をしてはねられた事例があるが（札幌地判昭和五六年一一月一六日判例時報一〇四九号一一〇頁）、高校全入とか中高六年一貫教育が声高に叫ばれている今日の趨勢からみて将来この種の請求がみとめられる余地も相当ありそうである。犯罪の被害者が救済されることは当然として、さらに進んで、その加害者からも「こんな私に誰がした」と行政の責任を追及する日も遠いことではないかもしれない。裁判所自身、水俣不作為違法確認訴訟や同国家賠償責任訴訟において、もともと司法の機能不全を補完するためにもうけられた行政救済の遅滞を理由とする行政の責任を肯定しているから、皮肉な見方をすれば、司法の責任が行政によって肩代わりされ、民事責任が行政責任によって肩代わりされていることをみとめているといえそうである。

かつて、行政依存型の現代人を表現するために「動物園の猿」という言葉を用いたことがある。今はたいへん失礼な言葉であったと後悔している。もちろん現代人に対してではなく、本物の「動物園の猿」に対してである。自尊心の強い彼等は木から落ちても決して他人のせいにはしないであろう。

あとがき

一昨年、富田先生がお見えになって、日本人の政治イメージ、国家イメージの意識調査を主要な内容とする研究計画書を示され、多少健康を害してでも生涯の仕事のまとめとしてやりたいと静かに情熱をこめて語られた。即座に喜んで協力しましょうと申上げたのは、同じく学問の途を歩む者としての当然の共感のほか、その成果に対して強い個人的関心があったからである。その後、再びお見えになって、案の定、担当医から断念するよう勧められ、研究断念の余儀ない旨をやはり淡々と語られた。ところが、療養に専念されたかいもなく突然去ってしまわれた。先生のご研究が陽の目を見ていれば、国家に対する日本人の意識のホンネがあばき出されたのではないかという気がしてならない。そうすれば、本稿のまとめの部分ももっときちんとしていたのに、というのはまさに日本人的な依頼心のあらわれであろうか。見知らぬヤクザになぐられてもそれは不運ですむ。親しい人のささいな言葉に心傷つき不幸となるのは信頼・期待の濃厚さの程度の差異を示している。行政の不作為に激怒する国民の姿は、行政への信頼・期待の程度の高さを物語って余りあるといえよう。かねて刑法理論における同様に、行政法理論においても人間観ないし理論の前提におくべき人間像に関する議論が必要だと感じていたが、富田先生の研究計画書はこの気持を強めて下さった。しかし、まだ、自分にこれという成果はない。徐々に一生かかって探究するほかなさそうである。感謝の微意をあらわして小稿を先生に捧げる次第である。

（北大法学論集三六巻一・二合併号、一九八五年）

9　公共施設と環境訴訟

一

一　公共事業と環境問題をめぐっては近時実際にもいろいろと問題となり、数多くの議論がなされている。

(1)　裁判例でも、広島環境衛生センター事件（広島地判昭和四九年五月二〇日判例時報六三一号二四頁。広島高判昭和四八年二月一四日判例時報六九三号二七頁）、阪神高速道路大阪西宮線工事禁止仮処分申請事件（神戸地裁尼崎支部決昭和四八年五月一一日判例時報七〇二号一八頁）、日光太郎杉事件（宇都宮地判昭和四四年四月九日行裁例集二〇巻四号三七三頁。東京高判昭和四八年七月一三日判例時報七一〇号二三頁）、大阪国際空港公害訴訟（大阪地判昭和四九年二月二七日判例時報七二九号一一頁）をはじめ、著名な環境訴訟の多くが、公共施設の設置・建設・管理等の公共事業をめぐって争われたものであった。

(2)　また、東京都杉並区のゴミ処理場の問題、日光国立公園尾瀬沼の道路問題等々、社会問題化しているものも枚挙にいとまがない。

(3)　政府もまた昭和四七年六月の閣議了解「各種公共事業に係る環境保全対策について」において公共事業等を進めるにあたっては、いわゆる環境アセスメントを実施することとし、この考えに立って四八年度中に瀬戸内海環境保全臨時措置法、工場立地法、公有水面埋立法などの制定改正が行われた（昭和四九年環境白書一一三頁）。

(4)　さらに、四九年の発電用施設周辺地域整備法などの公共施設の周辺地域の整備に関する法律がいくつか存在するにいたっているのも、この問題の困難さを示している。

二　本稿は、主として公共施設の設置・建設・管理に対して周辺住民が提起したいわゆる環境訴訟について論じたい。

この種の訴訟については、(1)民事訴訟によるべきか、行政事件訴訟によるべきか、(2)民事訴訟法上の仮処分によるべきか、行政事件訴訟法上の執行停止によるべきか、(3)建設工事等の差止めの基準は何か、(4)事業の公共性の判断と環境保全の評価との関係、(5)原告適格や申請人適格の有無、(6)事業損失の補償によるべきか、損害賠償によるべきかなど、重要な論点がいくつか存在する。

三　本稿では、周辺住民がいわゆる環境権侵害を理由として取消訴訟を提起した場合をとりあげて、原告適格を基礎づける事由と取消事由との関係を検討することによって、いわゆる環境訴訟の構造の一面を明らかにすることが試みられる。

したがって、(1)公共施設の設置・建設工事・管理等が「公権力の行使にあたる行為」に該当すること、(2)周辺の環境に対する影響の内容程度が、環境権侵害であれ、受忍限度をこえる損害の発生の蓋然性であれ、その呼び名はともあれ、原告適格を基礎づけうるものであることなどは、それ自体重要な問題ではあるが、さしあたり議論の前提とし、議論の対象とはしない。

四　このような問題をとりあげる動機は、昨年秋の公法学会における「訴えの利益」をめぐる原田尚彦教授と今村成和教授の論争にある。

質屋営業の許可があったときに既存の質屋営業をいとなむ者が争うことができるかどうかについて、原田教授は、違法の許可によって損害を受けるいわれはないから争うことができるとしたのに対して、今村教授は、元来自由競争を建前とする質屋が損害を受けることがあっても法の保護に値しないし、許可基準の内容は何ら既存の質屋の利益にかかわらないものであることを理由として争うことはできないとした。

ここには、訴えの利益を基礎づける実質的損害はいかなるものであるかの判断の相違もさることながら、原告適格との関連において取消事由をいかに考えるかの問題も、結論の相違を導く重要な要素として一枚加わっていたように思われる。

二

一　原田説は、違法の行政作用はそのままに放置すべきではなく、他の一般人と区別できるだけの直接実質的な損害を受けた特定の個人ないし団体が存在するなら、これらの者に訴訟を提起する適格を認めて司法審査に服せしめるべきであるという考えである。抗告訴訟の訴えの利益に関する学説を、権利享受回復説、法律上保護されている利益救済説、法の保護に値する利益救済説、適法性保障説の四説に分類すれば、おそらく第三説と第四説の中間に位する説で、実質的な利益の侵害を要求する点で純粋に客観的な適法性保障説や民衆訴訟を排除するものではあるものの、法の保護に値する利益の範囲を一般に認められているよりは一段と広く認めるものであるため、論者によれば第四説的なものと認められる余地のある説だと思われる。

ところで、取消訴訟をはじめとする抗告訴訟をどの程度客観的なものと理解するかは、原告適格ばかりではなく、取消事由や判決の効果の問題ともかかわる問題なのである。

二　原田説の考えには、問題の行政作用なり行政処分なりがすでに客観的には違法であるということが前提となっている。

違法の行政作用を司法審査にかからしめないで放置すべきではない。違法な質屋の営業との競争で損害を受けるのは適法な営業との競争によって損害を受けるのとは区別すべきであるなどの説明がこれを示している。しかしながら、いわゆる環境訴訟において、公共施設がその設置・管理等に関する法令に対する関係においては適法であるにもかかわらず周辺住民に損害を及ぼすという場合が考えられるし、かりに公共施設管理法の類に反して違法であっても、その違法の内容がおよそ周辺住民の利害にかかわりのない場合も考えられるであろう。したがって、すでに違法であるとの前提にたって、だから可及的に司法審査に服せしめるべきであるとの議論の進め方が必ずしも妥当でない場合も存在する。とくに環境訴訟においては、その取消事由が何か、いわゆる環境権侵害の取消事由にもつ意味は何か（今村成和「成田新幹線訴訟と訴の利益」判例時報六九七号一二二頁以下とくに一二六頁参照）を検討する必要がある。

三　いわゆる環境権侵害が取消事由についてもつ意味は、「いわゆる環境権」の内容として何を考えるか、行政処分が介在しているかどうか、立法上すでに処分要件の内容として環境への配慮が含まれているかどうか、不文の法原則をどの程度認めるか、行政における公正手続の要請をどれだけ強く認めるかなど数多くの要素によって影響を受けるため一律に論ずることはできない。

(1)　公共施設の用地取得のための処分、公共事業に関する監督庁の認可等の処分が介在し、かつ、その処分要件の中に環境保全への配慮が明文で規定されている場合、もしくは、解釈上読み込むことが可能である場合、いわゆる環境権の侵害は原告適格を基礎づけると同時に取消事由となりうることは明らかであろう。たとえば、土地収用法二〇条三号に事業認定の要件として「事業計画が土地の適正かつ合理的な利用に寄与するものであること」とある場合や、昭和四八年法八四による公有水面埋立法の改正によって、その免許基準（四条）の内容として、環境保全への配慮や環境保全に関する計画に違背しないことがうたわれている場合などがそれである。土地収用法二〇条三号の解釈問題として争われたのが日光太郎杉事件であったが、類似の内容をもつ事件であっても、土地収用が介在せず、周辺住民が争う場合については、収用法の規定を手懸りとすることができないから、異なる形の争い方をしなければならなかったであろう。なお、四八年改正前の公有水面埋立法旧四条二号（現行四条三項二号）の「埋立に因りて生ずる利益の程度が損害の程度を著しく超過するとき」という規定を手懸りとして生活環境への影響を重視した判決を導いたものに臼杵市風成地区公害予防事件（大分地判昭和四六年七月二〇日判例時報六三八号三六頁、福岡高判昭和四八年一〇月一九日判例時報七一八号九頁）がある。

(2)　実定法上の処分要件に手懸りが求められない場合、とくに行政処分そのものが介在しないで、内部的意思決定・私法上の請負契約・事実上の建設工事など一連の行政過程をとらえて「公権力の行使にあたる行為」として取消訴訟を認めた場合には、取消事由をいかなるものと考えるべきかが問題となる。

たとえば、国立歩道橋訴訟の本案の取消訴訟（東京地判昭和四八年五月三一日判例時報七〇四号三一頁）では、受忍限度をこえた日常生活上の不利益も受忍限度をこえた生活環境の破壊もないものとして原告適格が否定されているが、かりに廃止された歩道を日常生活上利用してきた病弱者であって歩道橋利用が客観的にみても受忍限度をこえる苦痛を与える者が原告として出てくると、判決の論理によると原告適格が認められそうである。しかし、その場合の取消事由とは一体何であろうか。横断歩道橋設置の根拠となっている交通安全施設等整備事業に関する緊急措置法やこれを具体化した政省令・通達の類に明白に反していれば別だが、そうでなければ、いわゆる環境権侵害ないし受忍限度をこえた生活上の不利益自体を取消事由たる違法としてとらえるほかはないことになる。

(3)　いわゆる環境権侵害が即取消事由としての違法であるというのは一つの考えとしてはありうるであろう。しかし、誰かの環境権を侵害したら、もう歩道橋はできないというのは余りに行き過ぎであると考える者は、かりに環境保全のため不文の法原則を作るとしても、周辺の環境全体を考慮に入れた立地上の合理性を内容とし、裁量権の濫用防止ないし裁量権行使の合理性の確保の基本線上にある問題としてこれをとらえようとする。先にいうように土地収用法の解釈問題として争われているため事案を異にするが、「裁量判断の方法ないし過程に過誤がある」とした日光太郎杉事件の高裁判決にはこれと共通した物の考え方がうかがわれる。

(4)　これと類似した考えで、より手続的側面を強調するものに原田教授の説（「公害防止と行政訴訟――成田新幹線訴訟に関連して」ジュリスト五二六号四五頁以下とくに四九頁）がある。いわく「裁判所は、行政庁の政策的判断の当否に直接干渉するべきではないが、いわば間接的な統制方法によって行政庁の政策形成過程が公正かつ民主的に行われたかどうかを審査することにより、地元民の環境権が適正な配慮によらずに奪われることがないように、その防止に資すべきものであると考える」と。公正かつ民主的な手続によりさえすれば環境権の剝奪の程度は問題としないとまでいうかどうかは不明だが、環境権が背景にひいていることは明らかであろう。

四　なお、これまでの議論でもわかるように、上記の取消訴訟の原告適格をめぐる四つの学説の分類は一応の目安にすぎない。実質的には同じ内容のいわゆる環境権侵害を主張する場合にも、環境「権」を承認すれば権利享受回復説になりうるし、処分要件中にとりこまれているときは法律上保護されている利益救済説になりうるし、処分要件中に手懸りを欠く場合には法の保護に値する利益救済説ないし適法性保障説にもなりうるからである。

三

一　行政事件訴訟法一〇条一項は「取消訴訟においては、自己の法律上の利益に関係のない違法を理由として取消しを求めることができない」としている。「自己の法律上の利益に関係のない違法」とは一体何をいうのか従来必ずしも充分につめて考えられていないため、ここで二、三の判例をあげて検討してみることにしよう。

まず、公衆浴場営業の許可を既存業者が争う場合を考えてみると、

(1)　距離制限規定違反を理由として取消しを求めうることは問題がない（最二判昭和三七年一月一九日民集一六巻一号五七頁）。距離制限違反は原告適格を基礎づける事由であると同時に取消事由である。

(2)　公衆衛生に関する基準違反を取消事由として主張しうるであろうか。これなどは、むしろ利用者が争うのに最も適した事柄であって、距離制限同様に競争条件と無関係ではないという理屈も成り立たぬではないものの、

公衆衛生基準をみたさぬ浴場は利用者も好まぬであろうから、既存業者の利益には関係のない違法とみるのが素直なようだと思われる。

(3)　しかしながら、この設例では、既存業者は距離制限違反を主張するだけで必要かつ十分である。この主張が成立すれば本案でも勝訴するからである。逆に、この主張が成り立たないと原告適格まで失われることとなり、他の違法事由を論ずる余地がなくなるからである。

(4)　ただ、距離制限違反の有無は一義的に明確であるが、原告適格を基礎づける事由の有無は環境権侵害をみても分かるように一義的に明確なものとはかぎらないし、しかも、原告適格を基礎づける事由の存在は当事者の主張ないし一応の疎明で足りるから、第三者の争ういわゆる隣人訴訟においても、他の場合にはこれほど単純な形をとらないであろう。

二　つぎに、長沼ナイキ基地訴訟（札幌地判昭和四八年九月七日判例時報七一二号二四頁）をとりあげてみよう。これも原告適格を基礎づける主たる理由として保安林解除による洪水の危険等の災害の恐れが主張されているため広い意味での環境訴訟の一つである。

(1)　実体審理上の争点は周知のとおり憲法九条をめぐってであるが、これは原告の訴えの利益の内容と無関係に論じられているわけではなく、保安林解除の目的がもっぱらナイキ基地建設だという直接の関係があるためである。

(2)　また、保安林解除の要件を定めた森林法二六条二項の「公益上の理由」という言葉に設置・建設しようとする公共施設の合憲性を論ずる手懸りがあったためである。

(3)　したがって、保安林解除処分が介在しなければ、憲法九条を論ずる余地はなかった。また、洪水の危険等が無くなれば訴えの利益もなくなるものと思われる。

(4)　たとえば、空港騒音公害防止訴訟で騒音の被害者は、あらゆる航空機について一定レベル以上の騒音を発しないための措置を求めることはできようが、とくに自衛隊機については憲法九条を理由として一切の発着を禁止することを求めることができるかという疑問を感ずる。だとすると、長沼ナイキ基地訴訟においても洪水の危険等の除去に利益を持つ者が主張しうる限度は、その利益を実現するところ（たとえば代替施設の安全性）までであって、それ以上のことは「自己の法律上の利益に関係のない違法」だという考えもありうるであろう。したがって、この考えだと代替施設が完全かどうかは原告適格の有無のみならず本案勝訴のための権利侵害の有無のキメ手となる（事案は異なるが、国立歩道橋訴訟の執行停止申請事件で環境権侵害の「主張」があるため申請人適格を認めたものの、実際に環境権侵害がないものとして申請自体は認めなかったことを参照されたい）。

三　さらに、環境訴訟として住居地域内のボーリング場建設を地域住民等が争った事件（東京地判昭和四八年一一月六日判例時報七三七号二六頁）をとりあげてみよう。

(1)　原告中数名については騒音による被害を蒙る蓋然性があるものとして原告適格が認められたが、本案では、ボーリング場が住居地域内に建設してはならない「待合、キャバレー、舞踏場その他これに類するもの」には該当しないとして請求は棄却された。

(2)　住居地域による用途規制は居住環境の保護に目的があるから、騒音による居住環境悪化の被害者が用途規制違反の建築物の建築を争うことは当然とも思われる。

(3)　しかし、問題となっている建築物は風俗営業を営む建築物であって、このような建築物を住居地域から排除する目的が同じ居住環境の維持であっても風紀上または青少年の教育上好ましい環境の維持であるなら、地元PTAにでも争わさせた方がより適当で、騒音被害者については別途に騒音規制を求める内容の訴訟（場合によっては差止めでもよいが騒音を理由とする）によらしめるべきであるという考えもありうるであろう。

(4)　原告適格の内容と取消事由とを余りに厳格に対応させるのもどうかと思うが、同一建築物の騒音被害者と日照被害者とが別である場合に、日照被害者には補償が済んでいても、騒音被害者は日照に関する規定違反を理由として建築を阻止できるであろうか。

四　少し角度を変えて、公共施設の設置・建設工事・管理等に対して民事訴訟法上の仮処分を行うことができるかという議論をふりかえってみることにしよう。そこに行政処分が介在する場合またはこれら全体の一連の過程をつかまえて「公権力の行使にあたる行為」としてみることができる場合には行政事件訴訟法四四条の明文の規定に反するため仮処分をすることができないのではないかということが問題となっている。判例学説は分かれているが、学説上近時は執行停止も仮処分もいずれもできるという併用説が多数説となっている（荒発言・季刊環境研究一九七四年六号八頁以下。阿部泰隆「公有水面埋立免許と救済手続」ジュリスト四九一号九九頁。小高剛「昭和四八年度重要判例解説」ジュリスト五六五号一七頁。白井皓喜「公害訴訟における執行停止と仮処分」自治研究五一巻一号二七頁以下等参照）。

そこでは介在する処分とこれに続く事案行為との関連（特許的なものか許可的なものか）や仮処分の内容が先行する処分の効力を全面的に否定するものであるか、それとも単に工事方法等に関するものにすぎないのかなどの区別に応じて仮処分の能否が論じられている。その議論の詳細に立入ることは別の機会に譲るとして、ここでは次のことを指摘しておきたい。

(1)　問題となる被害なり損害の可能性と全体としての一連の過程や先行する処分との結びつきが種々雑多で、なかには先行する処分の効力との結びつきのないものもあることである。

(2)　したがって、被害の救済や損害の防止のためにとるべき手段方法にも色々あって、全体の過程を全部くつがえすほかにも、部分的な停止や金銭補償や立退移転、さらに公害規制法による規制や種々の条件付けで足りるなど雑多の方法がありうることである（阪神高速道路大阪西宮線工事禁止仮処分中前事件・前掲、札幌地決昭和四九年一月一四日判例時報七二七号三頁参照）。

五　環境訴訟でいう環境権は、財産権などと違って、個々人に専属しその処分に委ねられるといったものではなく、ある地域の全体としての環境をさすものである点にその特色があると思われる。そのような周辺環境全体との関連で、公共施設の立地の合理性ないし事業計画の合理性が問題とされるところに環境訴訟の特色なり問題点があると思われる。そこで、

(1)　単なる紛争処理・被害者救済にとどまらない面がある。

(2)　被害者だけを考えても原告となった個々の被害者だけの問題ではない。歩道橋訴訟で健康人が争えば負け病弱者が争えば勝つというのはおかしい。

(3)　事件内容にもよるが、一般的にいえばある程度多数の地域住民の生活環境に影響を及ぼすものでなければなるまい。しかし、公共施設によっては必要だが近隣住民には必ず嫌われるものもあるし、公共施設の性質や全体の土地利用情況との関係で具体的には多数住民の生活環境に影響を及ぼす形での立地しかありえぬものもある。

(4)　環境訴訟としては、問題解決のためにとるべき手段が雑多だとすると、一体取消訴訟という訴訟形式が妥当なものか疑問なしとしない。せいぜい行政過程の統制にとどまり、よりキメ細かい解決を図るには事情判決の制度をより積極的な方向で活用するか、当事者訴訟ないし無名抗告訴訟の活用を考えないことには司法審査には事実上多くの限界が伴う。

四

一　公共施設の設置は社会全体としてプラスとなるものでなければならない。それを前提とした上で個々人についてみると、これを利用ないし便益を享受する者と不利益を受ける周辺地域住民とが分裂する点に困難が生じる。公共施設を公共施設として、それだけに着眼しているかぎり問題の解決はない。

(1)　個別的な損害賠償や損失補償ではなく、利用料金・環境整備のための事業ならびにその費用負担、各種の

土地利用規制と誘導等々の総合的手段をもって、全体として環境を長期的展望で改善していく手順を明らかにしておく必要がある。

(2)　いくぶんこのような考えにそうものとして、昭和四一年防衛施設周辺の整備等に関する法律（四九年防衛施設周辺の生活環境の整備等に関する法律となる）、四二年公共飛行場周辺における航空機騒音による障害の防止等に関する法律（四九年改正あり）、四五年新東京国際空港周辺整備のため国の財政上の特別措置に関する法律、四七年琵琶湖総合開発特別措置法、四八年水源地対策特別措置法、四九年発電用施設周辺地域整備法などがある。しかし、なお対策を法としての種々の消極的性格をもっている。

(3)　最初に述べた環境アセスメントも諸立法により、また行政措置として広く行われる傾向にあるが、なお、それが総合的な土地利用計画と結びつき、また、住民の声が反映する形で行われるには程遠い状態にある。

二　したがって、公共施設の立地の合理性が行政過程において確保されるだけの法制度の整備もまだ不十分であるし、さらに社会的基盤も欠いているため、裁判所としては、いわゆる環境権侵害を理由として、結果としては計画の実体的な合理性そのものに立入った判断をせざるをえない場合もありえようが、将来の方向としては事前の行政過程の諸側面の整備であり、その上で公共施設に対する環境訴訟において誰に何を争わせるのが最も合理的であるかを訴えの利益の段階と実体審理の段階の全体を通じて検討する必要がある。

本稿はただ日頃の疑問を思いつくままに述べたに止まり、キメ細かい検討は将来の機会に譲りたい。

（季刊環境研究九号、一九七五年）

10　財産権補償と生活権補償に関する覚書

一　土地収用の場合などの損失補償の制度が財産権の保障（憲二九条三項）を根拠とするものであることは広く一般にみとめられている。たとえば、田中二郎博士の教科書でも、損失補償は「私有財産に加えられた特別偶然の損失を全体の負担において調節するための法技術的形式である」とし、また「公法上の損失補償制度は、私有財産制度と表裏の関係に立つものである」としている。

もちろん、損失補償の根拠は財産権の保障だけではない。上記の「特別偶然の損失」とか、損失補償の要件としていわれている「特別の犠牲」という言葉が示すように、負担の公平、平等原則（憲一四条）もまたその根拠である。けだし、公共の利益のために特定の個人に特別の犠牲をおわしめる場合には、これを当人の負担のままに放置することなく、これによって、利益をうける全体の負担でカバーすることが公平の原理に合致するがゆえに補償がみとめられているからである。土地利用権の制限などによって財産上なにがしかの損失が生ずることが少なくないが、そのすべてについて必ずしも常に補償がみとめられているわけではないのもこのためである。

損失補償の根拠は、しかし、この財産権の保障と負担の公平の二つにつきるのではない。これに加えて近年有力に主張されているものに生活権の保障の要請がある。この生活権保障の要請にもとづく補償内容の充実の要求は、学者の観念的な理論から出てきたものではなくて、現実の実際の必要から生じたものである。土地を収用（買収をふくむ。以下同じ）される側からいえば財産権の保障だけでは、従前の生活を再建することはできないし、土地を収用して公共事業を進める側からいっても、この生活権補償を配慮しないことには実際に事業を進めることがいちじるしく困難となってきている。

これは単に権利意識の高揚ばかりでなく、公共事業自体の内容や性格が変わったことによるところが大きいと思われる。ひところよくいわれた「点と線から面的収用へ」というのがそれであって、今日、事業規模の大規模化等による個人生活や地域社会に対する影響の深刻さの程度は昔日の比ではないのである。ダム建設によって村落の大半が水没する場合や国際空港設置による航空機騒音の場合を念頭におけば容易に想像のつくように、誰しも用地買収費の支払いだけで事足れりとは考えないであろう。地域経済構造、共同生活体機能、日常生活機能等に及ぼす急激な変化や深刻な障害をなんらかの形で緩和すべきことは当然といえよう。

二　生活権保障の考えにもとづいて生活機能回復や生活障害除去等を内容とする生活権補償をみとめるとしても、その具体的なあらわれ方は実に多様な形をとるものであって、現在すでに立法上または行政措置上みとめられているものがいくつかある。

(1)　土地収用法八二条以下のいわゆる現物補償は、実際上に生活権補償の機能をもつものとして要求されることが少なくない（なお、公共用地の取得に関する特別措置法二三条、三八条参照）。また「残地を従来利用していた目的に供することが著しく困難となる」ことを理由とする残地収用（土地収用法七六条）も生活再建に役立つことがあるであろう。

(2)　土地収用法八八条にいわゆる通損補償としてまとめられているもののなかには、営業補償をはじめとして、生活権補償としての意味をもちうるものがふくまれている。

(3)　収用それ自体による収用損失ではなく、収用後土地が事業の用に供されることによって、生ずる騒音、振動、日影等の生活障害にかかわる事業損失の補償については、その性格が損害賠償なりや損失補償なりやについて争いがあるが、昭和三七年の公共用地の取得に伴う損失補償基準要綱（閣議決定）の施行に関する閣議了解においては、損害発生が確実に予見される場合にはあらかじめ賠償することも差し支えないものとしている。また事業損失の一種である隣接地に対するいわゆるミゾカキ補償は道路法七〇条や土地収用法九三条等において実定法化されている。この道路法七〇条による補償ついて道路面と隣接地間の高低差など物理的障害にもとづく損失に限られないとする近時の判決例が注目される（高松地判昭和五四年二月二七日行裁例集三〇巻二号二九四頁）。

(4)　行政措置によるものとしては、右の損失補償基準要綱による少数残存者補償、離職者補償（同四五条、四六条）がある。また、昭和四二年の公共事業の施行に伴う公共補償基準要綱（閣議決定）においても、公共施設等と並んで「自由使用に供され、かつ、地域住民一般の生業又は日常生活に欠くことのできない公共的機能を果たしていると認められる自然の状態」である自然施設の損壊に対する代替施設建設の費用負担に関する定めがおかれる（同一六条）など、地域共同体の機能回復のための措置が用意されている。

(5)　最後に、その性格としては行政や事業者に努力義務を課するにすぎないものであるが、公共用地の提供や公共事業の実施によって「生活の基盤」を失うこととなる者に対する生活再建措置を定める立法が徐々にふえつつある（国土開発幹線自動車道建設法九条、公共用地の取得に関する特別措置法四七条、都市計画法七四条、琵琶湖総合開発特別措置法七条、水源地域対策特別措置法八条）。文字通り生活再建のため、土地・建物の取得のあっせんをし、職業の紹介・指導・訓練をあっせんするなどし、また、不良な土地に移住した場合の環境整備等を行うこととしている。

三　生活権補償の見地から近年注目に値するのは、公共施設周辺地域整備法としてまとめることのできる一群の法令である。

(1)　これには二つのグループを区別することができる。第一グループは主として航空機騒音に関するものであって、昭和四一年防衛施設周辺の整備等に関する法律、四二年公共飛行場周辺における航空機騒音による障害の防止等に関する法律、四九年防衛施設周辺の生活環境の整備等に関する法律（上記四一年法改正）、同四九年上記四二年法の大改正、五三年特定空港周辺航空機騒音対策特別措置法などをあげることができる。第二グループには、四七年琵琶湖総合開発特別措置法、四八年水源地域対策特別措置法、四九年発電用施設周辺地域整備法をあげることができる。第一グループは、空港の騒音対策等を目的とし、上記の事業損失の補償の延長線上に位置づけられるものであって、公共施設周辺整備制度とよぶのがふさわしいかもしれない。近年の沿道環境整備制度もこれに数えることができよう。第二グループは、上記の生活再建措置をいわば地域ぐるみで行おうとするものであって、法律名も示すとおり、これこそ公共施設周辺「地域」整備制度とよぶことができる。しかし、両者には共通性がみとめられる。

(2)　第一グループの立法は、第一段階（昭和四一・二年）においては、学校・病院等の特定施設に対する防音工事の助成、共同利用施設等の助成、移転補償・土地買入れ、農業等の経営上の損失の補償を内容とするものであったが、第二段階（四九年改正）においては、住宅に対する防音工事の助成のほか、緑地帯の整備、空港周辺整備計画、空港周辺整備機構、特定防衛施設周辺整備調整交付金などによる周辺整備ならびに周辺土地利用転換事業をもその内容とするものとなり、第三段階（五三年）にいたっては、ついに周辺における土地利用規制に踏み切るにいたった。第二グループの立法の内容は、地域振興や環境保全等を目的とする地域振興整備計画にもとづく整備事業のほか、その費用の負担、生活再建措置に関する定めなどである。なお、これらの再建措置等を実効あらしめるため、とくに水源地域については地域対策基金制度が誕生している（昭和五一年利根川・荒川、五二年木曽三川、五四年淀川）ことも特筆に値することといえよう。

(3)　これら公共施設周辺地域整備法の存在は、公共施設整備等の公共事業が公共用地取得と、公共施設建設につきるものではないこと、したがって、それが払うべき代償が用地取得費と建設費につきるものでないことをよく示している。さらに、右の第二グループの立法における事業について給水区域をふくむ地方公共団体の費用負担、電源開発促進税・電気料金を通じてする電力会社・電気利用者の費用負担、第一グループの事業における空港使用料・ジェット機利用料金を通じてする空港・航空機利用者の費用負担など、受益者負担の仕組みが他方において用意されていることもまたきわめて注目に値することといわなくてはならない。

(4)　上記の、昭和三七年の損失補償基準要綱、四二年の公共補償基準要綱のもととなった公共用地審議会答申においては、前者については、離職者補償、少数残存者補償以外の生活権補償をする必要はないものとし、後者については、大規模公共事業の施行により地域の経済・社会構造に著しい影響を与える場合に対しては関連公共事業の有効適切な施行等の施策を講ずる必要があることをみとめつつ、これを公共補償の範囲外の問題としていた。これら二つの補償基準要綱に関する同審議会の二つの答申は、いずれも、補償基準の不備不統一をもって公共事業遅延の最大原因とみなしている。それでは、これらの基準要綱の規定によってその後公共事業が促進されたであろうか。さらに、三六年の公共用地の取得に関する特別措置法制定、四二年の土地収用法大改正による収用手続の促進化によって公共事業は促進されたであろうか。答えは「否」であった。公共施設周辺地域整備法のその後の展開がその理由を示している。

四　生活権補償は、以上にごく簡単にみるところからもわかるように、多様な形をとって具体化されている。生活権を保障すべきであるという共通の根拠ないし理念にもとづくものではあっても、その内容は雑多であり、たかだか、公共事業を原因として生じた生活機能・環境上の障害を除去し、これらを回復するためのものであるというのが最大公約数的なところであろう。すなわち、生活権補償というのは、単に補償項目の一つを構成するにすぎないものではないのである。しかし、これは財産権補償とて事情は全く同じである。また、元来、財産権というものは、今日の憲法学者が分類整理するような単なる経済的自由権にとどまるものではなかった。それは人の包括的な自由そのものを経済的側面から表現したものであり、自由の生活的基盤そのものであった。保護に値する財産権とは元来がそのようなものであったというべきであるが、その後経済の高度化は、経済的取引価値のある諸財産権と生活上の利益との乖離《かいり》をもたらすにいたった。客観性、明確性を重視する補償理論も、個別的な売買を念頭においた取引価値を中心とした構成をとらざるをえなかった。しかしながら、大規模な公共事業により強制的に生活基盤そのものが奪われるとき、取引価値中心の財産権補償だけでは、これによって救われない生活上の利益が大きく浮び上ってくるのは当然の話である。市街地再開発事業における「生活空間」の保障の要求もこれと軌を一にする。このズレをうずめる努力が近年やっと始まったわけである。この努力は個別具体的に保護に値する生活上の利益を一つ一つ掘りおこして、それぞれに応じた救済の手法を開発していく地道な方法をとる以外にないであろうが、なお、一般的に次のことが重要であると思われる。

(1)　今日の行・財政制度、法律制度等は、いわば現代的な分業の表現としてタテ割りの形をとっている。ダムや空港のため土地が収用される場合を例にとると、被収用者は、財産権補償を中心とする収用損失の補償の問題を収用委員会の場で起業者を相手として主張し、事業損失の賠償請求を裁判所に訴え、その他の生活上の不利益を緩和するための関連公共事業の施行を地元の地方公共団体や関係行政機関、あるいは、地元選出代議士に陳情し、場合によっては、さまざまの形の反対運動や交渉のための団体を組織しなければならない。一つの公共事業によって身にふりかかった問題でありながら、解決の窓口は多数である。法律的には問題は複数であるが、彼にとっての問題は、自分や家族の「生活」が今後これまで通りなりたっていくのかという生活の基盤にかかわる、文字通り、一生の大事という深刻な不安である。この不安を正面から受け止める窓口もないままで、法律上の手続をすました公共事業であるとか、損失補償基準要綱にもとづいた補償であるとかの錦の御旗をふりかざしたのでは、彼が反対運動の旗の下に追いやられるのは当然すぎるほど当然の話である、公共事業遅延の原因はここにあるのであって、補償基準や収用裁決手続の如何はこの次の問題であり、全体のごく一部をしめる問題であるにすぎないのである。

(2)　将来の生活の不安とともに、人を反対運動に追いやる理由の一つは、今日の大規模公共事業が、ダムであれ、発電所であれ、新幹線、空港であれ、それがもたらす巨大な利益と甚大な不利益の帰属者を異にするという性格である。わが町の小学校の校庭のためなら我慢もしよう。しかし、これとても当事者には過酷な出来事である。(私ごとであるが、これが原因でわが家は故郷を捨てることとなった)。ましていわんや身も知らぬ遠方の都市居住者の電気や水道のために先祖伝来住みなれた村落がダムの水底に没するというのは当事者にとって耐えがたいことであろうと感じられる。上記の受益者ないし受益団体の費用負担の仕組みが特筆に値するというのはこのためである。

(3)　このように大規模公共施設にはプラスの効果も大きい代わりにマイナスの効果もまたはなはだしく大きい。しかも、地元は、プラスの効果を享受することなく、マイナスの効果を一手に引き受けることになる。公共施設の立地を決定する過程において、プラス効果ばかりでなくマイナス効果にも十分配慮したうえで、適正なプラス・マイナスの利益の比較較量がされるような過程がとられたかどうか、すなわち、立地の計画が具体的に合理性をもつかどうかが重要である。無法としかいいようのない成田空港騒動をあれだけ長びかせた理由の一つは、その決定過程に問題があったことにある。

(4)　最後に、最も重要なことは、公共事業により急激かつ深刻な生活の変容を強いられる関係当事者のこの変容の過程を成り行きまかせ、当事者まかせに放置することなく、その変容の最初から最後まで面倒をみることである。すなわち、その変容の過程そのものをあらかじめ計画の中にとりくんで、事業によるマイナスの衝撃をやわらげ将来の不安を軽減するための万全の措置を講ずることこそ最も必要なことであり、生活権補償の最も重要な内容の一つであるといわなくてはならない。公共施設周辺地域整備法をとりあげるのも、そこにこのための萌芽がみとめられるからである。

(建設月報三六八号、一九八〇年)

第三部　判例研究

11　免職処分取消請求事件

行政事件訴訟法附則第三条

昭和四〇年四月二八日最高裁大法廷判決（昭和三七年（オ）第五一五号渥美義一対名古屋郵政局長、免職処分取消請求事件）民集一九巻三号七二一頁

〈事実〉　上告人（原告・控訴人）は郵政省の職員であったが、昭和二四年行政機関職員定員法付則三項および国家公務員法七八条四号の規定に基づいて罷免されたので、この免職処分の取消を求めて出訴した。ところが、上告人は、免職処分後の昭和二六年市会議員に立候補し当選しているため、公職選挙法九〇条の規定によって、仮りに免職処分が取り消されたとしても郵政省の職員たる地位には復帰できない状態にあった。そこで、第一審並びに原審裁判所は「免職取消の訴は被免職者を原職に復帰せしめることを目的とするものであるから免職の取消により現在においてもなお公務員たる地位を保有し得る場合でなければならない」とし、また上告人主張の如く「過去の一定期間公務員であったことに基づく給料請求権の如きは別個の訴訟で之を訴求すれば足り、それ故に免職処分取消の訴の利益ありとなすことができない」として、請求を棄却（却下）した。

これに対して、上告人は次のような理由で上告した。即ち、免職された日から市会議員当選（立候補）の日までは「国家公務員であったわけであるから、それに伴う公務員たる地位から生ずる一切の利益は当然存在するも

のである、その間の給与請求権などは当然の利益であって、これが公務員たる地位から生ずる従属的なものであるから〝訴の利益〟とは考えられないということはできないであろう。訴を提起した者にとっては、訴の事件の内容についてそれが違法か適法か、すなわち本件においては、免職処分が違法か否かの審査がなされることが望まれるところであって、また、そうすることが権利侵害に対する救済制度としての裁判の目的でもあるから〝訴の利益〟という場合においても、これを広く考えて、訴訟の内容に立入って審査し得るように取扱うことが裁判制度の本来の目的でもあり、また任務でもある」

〈判旨〉　原判決破棄。第一審判決を取り消す。

「本件が当上告審に係属しているうちに、行政事件訴訟法が施行されるにいたったが、右新法九条は、『処分の取消しの訴え及び裁決の取消しの訴えは、当該処分又は裁決の取消しを求めるにつき法律上の利益を有する者（処分又は裁決の効果が期間の経過その他の理由によりなくなった後においてもなお処分又は裁決の取消しによって回復すべき法律上の利益を有する者を含む）に限り、提起することができる』と規定し、同付則三条は『この法律は、この付則に特別の定めがある場合を除き、この法律施行前に生じた事項にも適用する。ただし、旧法によって生じた効力を妨げない』と規定している。

ところで、新法には訴の利益に関する特別の経過規定はなく、また、右付則三条但書にいう『旧法によって生じた効力』とは、旧法を適用してすでに確定した個々の法律上の効力を指すものと解するのが相当である。しかも、訴の利益の有無は職権調査事項であり、かつ、その存在は訴維持の要件であるから、本件訴の利益については、当上告審において右付則三条本文の規定により、新法を適用してこれが存否を判断すべきものと解する」

「本件免職処分が取り消されたとしても、上告人は市会議員に立候補したことにより郵政省の職員たる地位を回復するに由ないこと、まさに、原判決（および第一審判決）説示のとおりである。しかし、公務員免職の行政処分は、それが取り消されない限り、免職処分の効力を保有し、当該公務員は、違法な免職処分さえなければ公務員として有するはずであった給料請求権その他の権利、利益につき裁判所に救済を求めることができなくなるのであるから、本件免職処分の効力を排除する判決を求めることは、右の権利、利益を回復するために必要な手段であると認められる。そして新法九条が、たとえ注意的にもしろ、括弧内において前記のような規定を設けたことに思いを致せば、同法の下においては、広く訴の利益を認めるべきであって、上告人が郵政省の職員たる地位を回復するに由なくなった現在においても、特段の事情の認められない本件において、上告人の叙上のごとき権利、利益が害されたままになっているという不利益状態の存在する余地がある以上、上告人は、なおかつ、本件訴訟を追行する利益を有するものと認めるのが相当である」。（なお、本判決には、昭和三五年三月九日の最高裁大法廷判決・民集一四巻三号三五五頁が新法の規定によって立法的に変更されたものとする奥野裁判官の補足意見がある。）

〈評釈〉　判旨の結論に賛成である。ただ、その理由づけについては問題があるように思われる。

周知の通り、新法九条によって「取消訴訟における訴の利益」の範囲が従前よりも広くされたのかどうか、さらに遡って「取消訴訟における訴の利益」が如何にあるべきかに関しては、新法制定を機として種々の議論があった（研究会「行政事件訴訟法」ジュリスト二六二号五一頁以下、豊水「処分後の事情変更と訴の利益」行政判例百選一九一頁以下、杉本「行政事件訴訟法の解説」法曹時報一五巻三号三九四頁、田中二郎『新訂行政法』上三〇四頁、原田「訴えの利益」行政法講座三巻二五五頁以下等参照）。本判決は、この点について、最高裁判所大法廷が、全員一致の意見によって、初めてその判断を示したものであり、しかも、従前の大法廷判決（議員の任期満了後除名処分の取消を求める訴の利益はないとした、前記補足意見中に引用の判決）を覆えして、行政行為の効力が意味を失なった後になっても、広く訴の利益を認めようとする態度を示した点で注目に値いするが、次の諸点が問題となりうる。

まず第一に、新法の規定が従前の理論を立法的に変更したものであるのか、或は従前の理論においても認められ得たところを確認したものであるのかという問題について、補足意見は従前の大法廷判決が立法的に変更されたものであると解しているけれども、判決自体は「新法九条が、たとえ注意的にもしろ、括弧内において前記のような規定を設けたことに思いを致せば」云々と判示するに止まり明確に断定していない。この問題をどう解するかは、本件の結論には影響はないであろうが、理論的にはかなり重要な問題であろう。

次に、判旨は訴の利益を認めるべき実質的な理由として、行政行為を取消し、その効力を排除した上でなければ、これを前提とする状態を否定できないこと（いわゆる公定力）を挙げている（これは前記大法廷判決の少数意見の考えでもあった）。しかしながら、このような理由づけは、行政行為自体がその本来の目的を失なっていない通常の場合に妥当する極めて一般的なものである。従って、本件のように、免職処分を受けた者が、他の理由で公務員の地位に復帰し得なくなり、従って、その限りで免職処分の本来の目的が意味を失なっているという特殊の事情のある場合の説明としては不十分であるとともに、逆に、一般的にはともかく、本件の如き事情のある場合に限って、行政行為の効力を前提として、これから派生した法律関係を判断しなければならない実質的な理由はない、という解釈も不可能ではないであろう。のみならず、そもそもこのように、行政行為自体がもつ特殊の効力から問題を考えるべきではなく、むしろ、行政行為をめぐる権利救済の特殊性の方から考えるべきではないかと思われる。即ち、まずわれわれが判断すべきことは、行政行為によって不利益をこうむった者がある場合に、それを裁判によって救済すべきかどうか、それを与えるべきである場合に如何なる手続によって与えるのが権利救済上最も適当であるかである。この判断があった上で、場合によっては、行政行為に対して救済を求めるのは取消訴訟手続によるべきものとされた結果として、これを先決問題とする他の訴訟手続では、行政行為の効力を、判断の前提として承認せざるを得ないことも生じる、という順序になるものと思われる（勿論、そのような手続の分配という手続的な側面ばかりではなく、実体的な側面も重要であるが、ここでは論じない）。そこで、理論的には極めて素朴であって、直ちに裁判の基準として役に立つという性格のものではないが、上告理由の中にも現われているように行政行為の違法性を正に本案の問題として争わしめる訴訟が、単なる客観訴訟的な見地からのみではなく、広い意味での権利救済上の見地から必要だという考えが成り立ち得るのではないかと思う（原田氏・前掲の言葉を借りて比喩的にいえば、「保護に値いする利益回復説」によって限界づけられた「処分の適法性保障説」である）。フランスやアメリカなどでは、このような帰結が認められていると考えられるが、本判決も、「権利・利益が害されたままになっているという不利益状態の存在する余地がある以上」は、「特段の事情の認められない限り「広く訴の利益を認めるべき」だとする点で、これに一歩近づいたものと評することも可能である。

なお、本判決は前段で、新法の適用があることを論証しようとしている。しかし、前述のように、本判決自体その態度が明確でないように、新法をまって初めて判旨の解釈が可能となるべきものとは考えられない。また、前記の大法廷判決とでは事実関係が全く同様だともいえないところがある。さらに、手続法に関する経過規定においては、例えば、刑事訴訟法施行法の如く訴提起の時を基準とするものもあれば、民事訴訟法改正法（昭和二九法一二七）付則にみられるように口頭弁論終結時を基準とするものもあり、訴の利益が職権調査事項であり訴維持の要件であることからは当然訴訟係属中事件に新法を適用すべしとする結果は一義的には出てこないと考えられる。ちなみに、行政事件訴訟法付則六・八条によれば、取消訴訟の被告適格並びに取消訴訟以外の抗告訴訟の原告適格及び被告適格については、現に係属中の事件に旧法を適用すべきものとしているが、これの形式的な反対解釈から判旨同様の結論を出すことも無論できないであろう。

いずれにしても、新法九条をきっかけとして、判例も、処分の形式的な効力の喪失の一事をもっては訴の利益がなくならないという原則を確認し、むしろ、特段の事情のない限りは原則として訴の利益が広く認められることを示した点で、大きな前進だと考えられる。この判決が、さらにこれ以上に出でて、フランスに例をみるように、取消訴訟制度の補充性を否定して取消訴訟制度が行政行為によって権利利益を侵害された者の一般的な救済手段として発展してゆくきっかけとなるかどうかは、専ら、今後の判例学説並びにわが国の裁判制度の発展によるであろう。ただ、その際に、問題を行政行為自体の特殊性の方から考えてゆくか、行政行為をめぐる権利救済の特殊性の方から考えてゆくかによって、かなり違ったものになるのではないかと思われるのである。

（法学協会雑誌第八三巻一号、一九六六年）

12　景表法上の公正競争規約認定審決に対する消費者（団体）の不服申立資格の有無――いわゆる果汁規約と主婦連の原告適格をめぐって

一　事実の概要

一　本年三月一四日公正取引委員会（以下「委員会」という）は、さきに委員会が社団法人日本果汁協会等の申請についてなした「果汁飲料等の表示に関する公正競争規約」（昭和四六年三月五日公取委告二一。以下「果汁規約」という）の認定が不当景品類及び不当表示防止法（以下「景表法」という）第一〇条第二項第一号ないし第三号の規定に反して違法であるとして同条第六項の規定に基づき同認定の取消しを求めて昭和四六年四月三日主婦連合会ほか一名（以下Xという）から出された不服申立てに対し、これを却下する旨の審決を下した。

Xの主張は、果汁規約第三条第一項では、果汁含有率一〇％以上のものは一〇％きざみに、五％以上一〇％未満のものは果汁一〇％未満と表示することとしつつ、果汁含有率五％未満のものまたは果汁を含まないものにあっては、その旨の表示にかえて、「合成着色飲料」、「香料使用」等とのみ表示すればよいことになっているが、このような表示は適正な表示ではないなどの五点にわたる理由から、果汁規約の認定は景表法上の認定基準に反して違法であるというにあった。しかしながら、審判における争いの焦点はXの不服申立資格の有無にあり、結局Xに不服申立資格なしとする門前払いの審決が下されることとなったのである。

二　この点に関するXの主張は、取消訴訟における原告適格に関する判例学説を参考としつつ、次のようなものであった。

(1)　景表法は、直接消費者を相手とする取引方法が問題とされているものであり、個々の消費者の保護を通じて、その集合である一般消費者の利益を実現することを目的とする。同法第一〇条第二項は「一般消費者及び関連事業者の利益を不当に害するおそれがないこと」を認定基準としている。公正競争規約が違法に認定されれば個々の消費者ないし一般消費者の利益が不当に害されるおそれがあるから、Xに不服申立資格があることは明らかである。

(2)　委員会は、さきに類似事件において関連事業者に対して不服申立資格を認めている（「内田MFC研究所に対する件」昭和四三年(判)第一号、昭和四五年二月一七日審決、審決集一六巻一六九頁）。この点では関連事業者と一般消費者とを不当に差別すべきではない。

(3)　独禁法第二四条の三に規定する不況カルテルの認可によって一般消費者が不利益をこうむるときは不服申立資格のあることは通説であるが、本件果汁規約の認定は、これよりも一層一般消費者の利害にかかわりが深い。

(4)　かりに一般消費者が個々の消費者の集合ではなく、消費者の集団であるとしても、集団利益が違法な行政処分によって侵害された場合には、その集団の一員であり、その集団の利益を代表するものに不服申立資格を認めるべきである。

(5)　かりに原告適格について狭い見解をとるとしても、不服申立手続は行政事件訴訟とは異なるから、不服申立資格はこれよりも広く認めるべきである。

三　これに対し、委員会は、審判における審判立会官の主張同様に、その審決の理由において、次のような考えをとって、Xの主張を排斥したのである。

(1)　不服申立てをなしうるものは、行政事件訴訟法第九条にいう「法律上の利益を有する者」とその範囲を同じくし、この「法律上の利益を有する者」とは、法律上の争訟手続において、具体的・個別的な権利ないしは法律上保護された利益が直接侵害されたか、少なくとも必然的に侵害されると主張しうる者でなければならない。

(2)　景表法は、独禁法の特例法であり、その目的は、独禁法同様に、公正な競争を確保し、もって国民大衆としての一般消費者の利益を保護することにある。

(3)　本件不服申立ての理由の趣旨は、果汁規約の認定が景表法第一〇条第二項に反しているため、一般消費者の利益を不当に害するおそれがあるというのであって、X自身の具体的・個別的な権利ないしは法律上の利益が必然的に侵害されるというものではない。同項第二号に「一般消費者（中略）の利益を不当に害するおそれがない」とあるのは、公正競争規約の認定の要件を定めたものであって、それがただちに一般消費者に対し不服申立資格を付与したものではない。また、景表法に民衆訴訟制度の定めのない以上、かかる主張のかぎりにおいては、Xに不服申立資格は認められない。

四　審判における当事者であるXならびに委員会指定の審判立会官、さらに委員会と立場を同じくする参加人（果汁飲料公正取引協議会）は、それぞれ不服申立書、答弁書、準備書面、最終陳述書等[1]において不服申立資格の有無をめぐって、相当詳細に取消訴訟の原告適格に関する判例学説を引用した上で、議論を展開しており、学問的論争の観すら呈している。とくにXは、原田教授の論文等[2]を援用するほか、原田教授自身の鑑定書（以下、「原田鑑定」という）も得て、わが国の判例はもちろん、アメリカの判例をも援用して、堂々の論陣を張っているのである。

周知のとおり、原田教授の分類に従えば、取消訴訟の原告適格については、(1)権利享受回復説、(2)法律上保護されている利益救済説、(3)保護に値する利益救済説、(4)適法性保障説の四説が区別できる。Xは、わが国の判例は第二説であるが実質的には第三説に近いこと、しかも近時の判例の中にはできるだけ広く原告適格を認めようとするものがあること、基本的には第四説が正しいこと（第一準備書面七頁）を主張するのに対して、委員会は、わが国の判例通説は第二説であり、これに従うべきであるとするのである。Xの主張がやや学問的にすぎたため、かえって実務家の拒絶反応をまねいた感もないではないし、右の四分類もあくまで一応の傾向を示すにすぎないものであって、相互の連続性を看過すべきではない。さもないと、今後の実務の健全な発展を阻害するおそれも皆無とはいえまい。そこで本稿は、右の四分類とは別の角度から、近時のわが国の判例の傾向を検討した上で、消費者としての地位に基づく原告適格の位置づけを求めることを課題とする。(3)

二　原告適格に関する近時の判例の傾向

一　訴訟上原告適格（処分取消・無効確認請求事件）ないし申請人適格（執行停止申立事件、仮処分申請事件）が問題となった事案は、近時相当の数にのぼるし、その内容も多岐にわたっている。本稿の論述上重要と思われるもののみをひろいあげることにしよう。

行政処分の直接の相手方以外の第三者も、処分要件が公益とあわせてこの者の利益をも保護法益としている場合、当該法規によって保護された法的利益を有する者として原告適格が認められるとした最高裁判所のリーディング・ケースは、例の既存の公衆浴場業者に法定の距離制限違反の公衆浴場許可処分を争う適格を認めた昭和三七年一月一九日第二小法廷判決（民集一六巻一号五七頁）である。これ以前にも、講学上同じ警察許可に属する温泉掘さく等の許可を既設温泉井所有者が争いうることは当然と考えられていた（最判昭和三三・七・一民集一二巻一一号一六一二頁参照）。公衆浴場同様に距離制限がおかれるにいたった薬局業については、距離制限をおくこと自体に問題があり、この点について判例も分かれているが、建築許可を近隣居住者が争う場合などは今後相当広く原告適格が認められていくであろう。西ドイツなどで、「法律上保護されている利益救済説」「法的保護に値する利益救済説」などの発展の素材は主として建築法・営業法等の分野における隣人訴訟（Nachbarklage）であった。

また、免許等に関して競願関係に立つ者も、免許処分と拒否処分とは「表裏一体」ないし「相互に優劣の順位関係に立つ一連の処分」であるから、他人に対する免許処分を争いうるのは当然である（最判昭和四三・一二・二四民集二二巻一三号三二五四頁）。

二　営業許可等を既存業者・競願者等が争う場合には、原告となる者の範囲はおのずから限定されている。つぎに、その範囲は一応限定されてはいるものの、事実上範囲が拡大し多少ゆるやかになるものとして、公益事業ならびに公共施設の利用者が考えられる。

(1)　公益事業の利用者が、公益事業の提供する財貨・サービスの内容に関する処分、例えば、供給規程の内容である料金や特別供給条件の変更認可処分を争う適格を有するのは当然である。処分は事業者に対するものであっても、処分の対象たる供給規程は附合契約の一種であり、利用者はこの契約の当事者だからである。バス運賃値上げについての広島地判昭和四八年一月一七日（判時六九二号三〇頁）、ガス事業の特別供給条件を争った利用希望者についての東京地判昭和四三年七月一一日（行集一九巻七号一一七六頁）などがその例である。ただし、線路・停留所変更認可処分を地元住民が争うことは認められないであろう（東京地判昭和四六・四・二七行集二二巻四号五八六頁）。

(2)　公共施設の廃止変更処分があったときに従前の利用者がこれを争うことができるであろうか。

公立小中学校廃止処分等に対して、通学が著しく困難または事実上不能となるとき、現に学齢児童を有し親権または後見を行う保護者はこれを争うことができるとされる（仙台高判昭和四六・三・二四行集二二巻三号二九七頁等）。しかし、道路については判例の態度は明確とはいえない。

まず、道路の公用廃止によって公道利用を事実上奪う場合には、道路に面して家屋を持つ者など直接の利害関係を有する者はこれを争うことができるであろう（東京高判昭和三六・三・一五行集一二巻三号六〇四頁）。社会生活維持のために公道利用は不可欠であり法的に保護されうる生活利益といえるからである（名古屋地判昭和四七・九・二二判時六八二号七頁）。しかしながら、歩道ないし歩道橋の設置・廃止等によって、たんに公道利用の形態が変わるにすぎない場合にあっては、これによって損害（いわゆる「平面歩行の権利」または「環境権」の侵害、ときには営業上または地価低下の損失）をこうむったと主張する附近住民に原告（申請人）適格を認めるべきか否かについて判例は分かれているし、また申請人適格を認めた場合にあってもいずれも執行停止の申立ては却下されている（広島地決昭和四四・三・一九行集二〇巻二・三号二五六頁、東京地決昭和四五・一〇・一四行集二一巻一〇号一一八七頁、福井地決昭和四六・一〇・一六行集二二巻一〇号一六一八頁、京都地決昭和四七・四・二一判時六七六号二〇頁、名古屋地判昭和四七・九・二二—国家賠償請求事件—判時六八二号八頁、東京地判昭和四八・五・三一翌六月一日付新聞報道参照）。

三　近時、原告適格の拡大がみられる最も代表的な分野は、わが国においても、いわゆる環境訴訟の分野においてである。

(1)　従来からも建築確認処分について保健衛生上不断の悪影響あるいは火災のおそれあるときは、近隣居住者がその取消等を求める適格を有するものとされていた（横浜地判昭和四〇・八・一六行集一六巻八号一四五一頁、同地判昭和四二・一〇・一九行集一八巻一〇号一三三九頁等。ただし、反対趣旨の判決もある）。近時、いわゆる三菱原子炉関係事件において東京高裁判決は「万一災害が発生したならば、附近住民の損害が僅少ですまない場合のあることは常識に属する。したがって、被控訴人らが附近住民であるかぎり、確認処分によって間接的な権利または利益の侵害をうける」として審査請求をする法律上の利益を有するとしている（昭和四七・九・二七判時六八〇号一九頁）。

(2)　先に公共施設の利用のところでも引いた国立市歩道橋事件の東京地裁決定も、従来の通行方法の侵害のほか「排ガスの増大によつて、健康の損傷、風致美観の破壊等の損害を破り、環境権が侵害されるにいたるというのであるから、その主張の限りにおいては」申請人適格があるとしていた（昭和四五・一〇・一四前掲。ただし、昭和四八・五・三一判決により本案の取消訴訟の原告適格は否定された）。

(3)　公害ないし災害発生の可能性をもった公共施設の建設には近隣住民の反対運動を伴うことが常例となったが、これは行政訴訟の形よりも、建設禁止等の仮処分申請の形をとるものの方が多い。そこでは、ゴミ処理施設・火葬場・し尿処理施設あるいは石油パイプライン敷設ルート等から数百m、ときには二kmの位置に居住する者をもふくめて申請人適格が認められている（広島地判昭和四六・五・二〇判時六三一号二〇頁。広島高判昭和四八・二・一四判時六九三号二七頁。大阪地岸和田支決昭和四七・四・一判時六六三号八〇頁。鹿児島地判昭和四七・五・一九判時六七五号二六頁。千葉地決昭和四七・七・三一判時六七六号三三頁。ただし、後二者では「受忍限度を超える被害を及ぼす蓋然性」「急迫した現在する危険」がないものとして、それぞれ申請自体は却下されている）。

四　以上の判例の概観から、さしあたり、つぎのようにいうことができる。

(1)　Xも認めるように（第五準備書面一二頁）、わが国では消費者としての地位に基づく原告適格が直接に取り扱われた事例はまだない。

(2)　原告適格の拡大は、傾向としては認められるが、それは人の生活ないし生存にとって基本的な手段（公益事業、公共施設）ないし基本的条件（環境）が問題となっている事例が主たる場合であるといえる。やはりそれぞれに相当に限定付きのものであることを認めなくてはならない。

(3)　環境訴訟にあっては、仮処分申請の形をとるものが相当数あり、そこでは被保全権利の内容が問題とされるのであって、なにも公共施設なり行政措置なりだけが仮処分の対象となるわけではなく、私人の行為も対象となる。したがって、行政訴訟の目的や原告適格の本質論から、ことを論ずるのは一面的にすぎるのであるまいか。

(4)　このようにみてくると、消費者に原告適格を認めることは一見悲観的だと思われるかもしれない。しかし、結論を下す前に消費者といわれるものの内容を検討しておく必要がある。けだし、消費者に原告適格ありやなしやという問題の立て方自体に問題があると考えるからである。

三　消費者保護規定と消費者の権利

一　本件審決にいたる当事者の議論は、消費者に原告適格が認められるか、という問題の立て方をしているようにみうけられる。これでは原田鑑定にいう「公共信託」の理論により客観訴訟にまで飛躍しないことには、とうていこれを認めることができないかのごとくである。しかし、このような問題の立て方には疑問がある。

例えば、いわゆる環境訴訟における地域住民をとりあげよう。そこでは相当多数の地域住民に原告適格が認められることがある。しかし、地域住民一般に原告適格が認められているわけでは決してないことに注意すべきである。抽象的な無限定の住民ではなく、自己の生命・健康・財産権等が侵害されると主張している住民達であり、原告適格を基礎づけているものは、いうまでもなく、これら主張されている権利利益である。先にふれたように、環境訴訟は仮処分申請の形をとることが多い。この場合その対象はなにも公共施設なり行政措置なりである必要はない。私人の行為に対しても行われるのであり、問題は被保全権利の内容であろう。多数住民の生活環境に影響を及ぼす大規模プロジェクトは公共施設として、あるいは行政庁の処分が介在して行われることが多いだけのことであるともいえる。だとすると、行政訴訟の目的や原告適格の本質からだけ、ことを論ずるのは原告となる者の数の多さにまどわされた一面的な議論ではないだろうか。原告適格が拡大したのではなく、危険が拡大しただけのことである。少なくとも、仮処分申請事件において被保全権利の内容として論ずればよいものが、行政事件ともなれば、にわかに「法律上の争訟」をこえた客観訴訟的なものとして論じられる場合については、そういうべきであろう。

したがって、消費者の場合にあっても、消費者が自己の原告適格を基礎づけるものとして何を主張しているのか、ということを問題としなければならないのである。

二　消費者の主張する権利利益を評価する前に、まず、「消費」「消費者」「消費者行政」などのもつ意味を、われわれの生活との関連で簡単にみておこう。これらの言葉は、きわめて広い多様な内容をふくんだ言葉だから、これをいくぶん明確にしておく必要があるのである。

(1)　われわれすべてのものが「消費者」である。個人も企業も公共団体も、その生活・活動に必要な、使用目的に従った財貨の最終的な消費のための商品や役務を購入するかぎりにおいては消費者である。

(2)　つぎに、消費者を「なまみの人間」(正田彬・消費者の権利八頁ほか)に限定すると、人間の日常生活はそのほとんどすべてが「消費」のうえに成り立っている。自給自足と無縁の現代人にとって、衣食住のすべての局面において、身のまわり、口にするもの、手にするもの、受けるサービスのすべてが商品であり、商品化の度は毎日進んでいく。また、私的取引で購入する商品やサービスのみならず、公共施設・公共事業の提供するサービス、一般行政サービス等、公共財の消費なくして今日の生活はありえない。道路なくして自動車なく、電気なくして電気製品はない。

(3)　われわれの日常生活のあらゆる局面に消費があるとしても、それぞれの消費内容がわれわれの生活・生存に関してもつ重要性には「程度の差」が認められる。電気ガス水道等の公共事業、道路・学校等の公共施設による生活必需財貨の提供もあれば、バー・キャバレーによるサービスの提供もある。消費者が表示に対してもつ利益にも、食料品の品質表示とバーの飲み代の表示とでは程度の差が認められよう。

(4)　消費者と関係のある行政を「消費者行政」とよぶとすれば、いわゆる「消費者保護行政」をこえて、はるかに広く行政の全分野をおおうことになる。ことに有形商品のみならず無形のサービス分野(国民生活審議会編・サービスと消費者保護参照)の行政等、生活に関係の深い行政サービスそのものが、消費の対象である。公営公企業・公共施設も同様である。また、危険の防止・公衆衛生等を目的とする従来の警察法もまた消費者保護の意味をもちうる。現に、従前の業界取締法の類が、近時の改正によって消費者(購入者等)の保護を謳うにいたったものがある。建設業法、宅地建物取引業法などがその例である。その実質的当否はともかく、公衆浴場業、薬局業における距離制限の大義名分もまた消費者（利用者）の利益保護であるとされている。

(5)　消費者保護の見地に立って私的取引に行政が介入する場合にあっても、その介入には多種多様の形態がある。その目的にも、危害防止・安全・衛生もあれば取引の公正もある。また、取引内容（価格・暴利禁止・品質の確保等）に介入することもあれば、取引態様（広告・表示・契約内容の文書化等）に介入することもある。さらに、行政庁の許可等、そこで用いる法的手段もまた多種多様である。

三　このようにして、消費者一般もなければ、消費者の権利一般もなく、また消費者と行政とのかかわりも一様ではないことが明らかとなった。したがって、抽象的な消費者の権利利益一般を主張することによって原告適格を基礎づけることができないのは勿論であるが、しかし同時に、消費者だという程度では一般的に原告適格がないと断定することもまた疑問だといわなければならないのである。そこで、いまいちど先の判例の概観をふりかえって、一応の目安となるものを引き出してみることにしよう。

(1)　人の生活・生存と基本的にかかわりのある生活必需財貨の供給に関する場合は、その供給の廃止、供給内容の本質的な変更を争うことができる。公道・小中学校の廃止、公益事業の供給規程の変更がその例である。

(2)　供給内容の非本質的な変更の場合には現状ではまだ争うことが認められていないといってよいであろう。公道の全面廃止でなく歩道・歩道橋の設置廃止など、その構造ないし利用方法の変更にとどまる場合、運賃値上げなど供給規程の内容の変更ではなく停留所の位置の変更である場合などがその例である。

(3)　人の生活・生存の基本となる生命の安全・健康がそこなわれるおそれがあるという主張がある場合、それが一見明白に事実と反する事情であればともかく、一般的に争訟の適格が認められる。原告となる者の数の多少は問うところではない。環境訴訟でこのような主張がないのは稀である。

(4)　右のように人の生活・生存の基礎をおびやかす場合は、たとえ他人に対する処分であれ、また、たとえ処分要件の中では明示の配慮がされていない場合であっても、争訟の適格を認めることはむしろ当然である。いわば「法的保護に値する利益」の最も典型的な場合であるといえよう。しかしながら、同時にこれはギリギリ最低限の保障にすぎないのではあるまいか。これ以上に出でて、より積極的に快適な生活環境の中で、あるいは良好な生活条件の下で生活するということを、争訟適格を基礎づける利益として主張できないであろうか。

現在までのところ、わが国の判例においてはここまで認められているとはいえない。例えば、環境訴訟において、健康・生活の安全への悪影響等の主張を全く抜きにして、美観風致の破壊等のみの主張によって原告適格が認められた判例(4)はまだない。また、小中学校の統廃合においても、通学が著しく困難または事実上不能となる限度にいたったことを主張しなくてはならないとされている。

しかし、何が人間の生存・生活にとって基本的手段であり、基本的条件であるのかの判断は時代と文化によって異なることに注意すべきである。わが国では一〇〇年前には電気ガス水道は生活必需財貨でなかったであろうし、小学校もまた生まれて間もない時期であった。早い話が、原告適格の拡大として引かれる事例は、二、三〇年前には原告適格は認められなかったのであるし、現在外国で原告適格が認められている事例は、早晩おそらく二、三〇年後にはわが国でも殆ど同様に原告適格が認められるであろう。理屈ではなく、ただ時間的ズレがあるだけだとまではいわないが、問題は、理論的判断の問題ではなく、人の価値評価の問題だということである。法律家の理論ではなく、世間一般人の意識が事を決するのである。呼び名は「権利」であれ「利益」であれ、内容は常に変化する。分類も一応の便宜にすぎないのである。

四　さて結論として、消費者はいかなる権利利益を主張すれば、原告適格が認められるのであろうか。ここでは、具体的な特定の結論の選択はさておき、上記の「程度の差」によって類型化された場合について物の考え方を述べておこう。

(1)　消費者が生命・健康への危害のおそれを主張する場合、環境訴訟の場合同様に、生命・健康は憲法に基礎をもつ最も基本的な人権（憲一三条・二五条等参照）であって、原告適格は極めて容易に認められるであろうと予想する。

(2)　消費者が表示の適正を争う場合にも、特定の食料品の一定の品質表示のように、不当な表示がひいては健康被害をもたらす可能性が相当にあるという主張をする場合には、割合容易に原告適格が認められるのではないかと予想する。この主張が当たっている場合には、実体的にも「消費者の利益を不当に害するおそれ」（景表法一〇条二項二号）がある場合に該当するであろう。

(3)　消費者が、健康被害とは無関係に、およそ正当真実な表示そのものに対して持つところの利益を主張した場合については、必ずしも予断を許さないように思われる。しかし、かりにこれを肯定する立場に立つとすれば、この利益は消費者が経済的取引においてもつところの経済的利害だとして、憲法に基礎をもつ人権の一つであると理解することも可能である（憲一三条・二五条・二九条等）。また今日の社会国家において経済的取引における実質的対等性を確保するために必要最小限の権利であり、「知らされる権利」はすでに一般に承認されている消費者の基本的権利であるのみならず[5]、現代の大量生産、大量消費、商品の高度化、新商品と広告氾濫の時代にあって、消費者を商品について無知のままに放置し、企業によって人為的に作り出された消費欲望の波間にほんろうさせることは、わが憲法の最も基本にある「人間の尊厳」を否定する結果となるということも可能であろう。

(4)　わが景表法は、「不当」表示の排除を目的とし、必ずしも、より積極的に消費者に理解しやすい正確な表示を要求しているわけではない。経済的取引における実質的対等性を確保するという上記の趣旨からいえば、積極的に正しい表示に対してもつ消費者の利益を保障するという段階にいたらなければならないはずであるが、これは恐らく将来の立法をまってのことであろう。この立場に立てば、業者の公正競争規約を認可するという建前自体がおかしいのであって、消費者団体が表示に関するルールをきめるということの方が筋であろう（現在でも消費者の側でわかりやすいという表示を事業者がやらぬという理屈はないと思うが）。

四　その他の問題点

一　時間と紙幅の関係上、なお検討すべき点を簡単に列挙して結びにかえたい。

本件の場合は不服申立資格の有無が問題となっているが、取消訴訟の原告適格についていえば、司法救済に対する評価の如何が原告適格の範囲の広狭に微妙に影響しているように思われる。例えば、原告適格が拡大している主要な分野に環境訴訟があるが、しかし、ここで本案勝訴は少ないし、仮処分申請等が認められた場合にあっても、一定期間工事をストップし、その間に住民の理解を得たり公害防止措置を講ぜよとする趣旨のものが少なからずある。

二　原告適格と不服申立資格とは異なる旨、Xの側は予備的に主張している。かつて美濃部達吉博士は、訴訟にあっては「権利の毀損」を要するのに対し、訴願にあっては「利益の侵害」で足りる旨述べている（日本行政法上巻八四七頁）。理論的には区別があるはずだが、今日では原告適格の拡大の結果、両者に実際上区別はなくなったとの見方も可能であろうか。

三　司法救済に対する評価と同様に、行政争訟に対する評価にも、これにあまり多くを期待しないで、別途救済をはかるべきだという考えもありうる。

そのひとつは、公正競争規約認可の事前手続を整備して、消費者または消費者団体の参加を要件とするという方法である。

四　もうひとつは、本件で実際に行われたように、業者の作った公正競争規約の認可ではなく、公正取引委員会のイニシアティブにより、景表法第四条第三号による告示によって表示の規制を行うという方法である。

五　公正取引委員会ならびにその手続は、行政委員会と行政手続にとっての模範だと考えられながら、消費者の信頼を得ていないようであるが、行政委員会の元祖であるアメリカの州際通商委員会も同様あるいはそれ以上であることは、ラルフ・ネイダー・レポート等にその報告(6)がある。

六　本件における両当事者の論理は、それぞれの立場において筋が通っているため両者の間にこえられない断絶があるかのごとき印象を与える。原告適格に関する第一・二・三説と第四説とは、非連続であり、第四説のごときは、立法論としてはともかく実定法の解釈としてとうてい採用できないかのごとくである。しかし、筆者は、このような区別の絶対視は疑問であり、第四説も、しょせん第三説の特殊例として、結果的に客観訴訟的機能をもつにすぎない場合だと考えている。したがって、両者の連続性を求めるあまり、多少論理の筋の通らない議論を展開することとなった。

七　なお、原田鑑定では、消費者「団体」が特別の意味をもっているが、本稿の議論の重点が右のような点にあるため、ここには及ばなかった(7)。

（1）　本審決関係の資料は全部今村成和教授に見せていただいたものである。ここに謝意を表したい。
（2）　原田尚彦「行政行為の取消訴訟制度と原告適格（訴の利益）」国家七七巻四号、九・一〇号。同「訴えの利益」行政法講座三巻。
（3）　審決は「ちなみ」論として実体についても適法である旨の判断を下しているが、本稿では特に論じない。
（4）　アメリカにおけるこのような判例の存在については、金子正史「行政事件訴訟における原告適格」自治研究四九巻一号一二八頁。同「行政庁の行為に対する訴訟の原告適格」判評一七〇号（判時一九四号）一三八頁参照。
（5）　周知のように一九六二年のケネディの消費者保護教書の中で、消費者の基本的な四つの権利として、「安全を求める権利」「意見がききとどけられる権利」のほか、「知らされる権利」「えらぶ権利」がうたわれていた。なお消費者保護基本法一〇条参照。
（6）　R・フェルメス著・ラルフ・ネーダー・レポート「忘れられた利用者」坂本藤良等訳。石井彰次郎・アメリカ鉄道論一五九頁以下。
（7）　なお、多少この点と関連あるものとして、仙台高判昭和四六年三月二四日前掲二⑵参照。

12 景表法上の公正競争規約認定審決に対する消費者(団体)の不服申立資格の有無

(ジュリスト五三八号、一九七三年)

13

勧告審決取消訴訟の原告適格

――ノボ・天野製薬国際的契約事件に関する最高裁判決について――

一　最高裁判決の論理

一　ジュリストにおいても審決または高裁判決の段階において紹介・評釈がされている（松下満雄・ジュリスト四五三号一六四頁、桑田三郎・ジュリスト四五三号一六七頁、大須賀虔・ジュリスト五〇二号一二九頁、丹宗昭信・ジュリスト五〇九号一九七頁）いわゆるノボ・天野製薬国際的契約事件について昭和五〇年一一月二八日最高裁判所第三小法廷の判決が下された。

事案は、デンマーク王国コペンハーゲン市に本店を置くノボ・インダストリー株式会社（原告・上告人。以下Xという）と訴外天野製薬株式会社（以下Aという）との間に昭和四一年六月締結された「アルカラーゼ」の継続的販売に関する契約（以下「本件契約」という）の三条、四条及び一〇条後段において契約終了後の競争品の製造、販売及び取扱いの禁止を定めた部分が私的独占の禁止及び公正取引の確保に関する法律（以下「独禁法」という）六条一項の規定に違反するとして公正取引委員会（被告・被上告人。以下Yという）が、本件契約終了後の昭和四四年一二月一六日同法四八条一項の規定に基づきAに対して勧告を行い、その応諾を得たうえ、昭和四五年一月一二日同条三項の規定に基づいてAに対して右契約条項の削除を命ずる審決（以下「本件審決」という）をしたのに対し、Xがその取消しを求める訴訟を提起したものである。原審の東京高裁昭和四六年五月一九日判決（判例時報六三七号一四頁、審決集一七巻二九七頁）は、Xには原告適格ないし訴えの利益がないものとして本件訴えを却下する門前払いの判決を下したが、最高裁判所もまた原審判決を支持し、Xは原告適格を有しないものとして、上告棄却の判決を下している。

二　判旨は概要次のようにいう。「独禁法四八条の定めるいわゆる勧告審決は、正規の審判手続を経てされる審決（いわゆる審判審決）が証拠による違反行為の認定を基礎とするのに対し、専らその名宛人の自由な意思に基づく勧告応諾の意思表示を基礎とするものである。このような勧告審決の趣旨及び目的にかんがみるときは、右審決は、その名宛人に対する関係においては、それがその者の自由な意思による応諾に基づくものである限り、客観的な違反行為の存否及びこれに対する排除措置としての適否にかかわらず、適法有効な審決として拘束力を有するが、右名宛人以外の第三者に対する関係においては、右第三者を拘束するものでないことはもちろん、当該行為が違反行為であることを確定したり、右審決に基づく名宛人の行為を正当化したりするなどの法律的な影響を及ぼすこともまたないものとして、独禁法上予定されているものと解するのが、相当である。したがつて、名宛人以外の第三者は、他に特段の事情のない限り、勧告審決によつてその権利又は法律上の利益を害されることはないものというべきである。」

三　判旨は、右のような勧告審決の趣旨・目的から、名宛人以外の第三者であるXは、特段の事情のない限り、本件審決によってその権利又は法律上の利益を害されることはないものとし、

(1)　名目的な名宛人はAであるが、実質的には、Xが違反行為をしたもので、Xに対して向けられたものであるとの上告論旨に対しては「勧告審決においては、違反行為の認定は、審決の基礎をなすものではないし、まして、その名宛人以外の第三者に対する関係において違法行為の存在を確定する効果を有するものではないとしてこれを排斥し、

(2)　本件審決によってXの契約上の権利が侵害されるという上告論旨に対しては、「勧告審決がその名宛人以

外の第三者に対する関係において右審決に基づいてする名宛人の行為を正当化するものでないことは前述のとおりであり、また、Aが本件審決に拘束されるとして本件契約条項の破棄ないし不履行の挙に出ることがあるとしても、Aが右審決を受け、これに拘束されることになつたのは、Aがその自由な意思によつてYの勧告を応諾したことに基づくものであるから、右契約条項の破棄ないし不履行は、あくまでA自身の意思による一方的な契約の破棄ないし債務不履行として評価されるべきものであつて、審決の強制によるものということはできない。」としてこれを排斥したほか、本件契約上、契約の効力の準拠法としてはデンマーク法が指定されているが、デンマーク法上特に本件審決によってXが右契約上の権利が侵害されているとのXの主張はなく、本件記録上の資料によってもこれを認めることができないとした。

(3) 最後に、Xの名誉毀損の主張に対しては、名宛人でないXが本件審決によってその名誉や信用を毀損されることはないとする原審の判断を援用している。

四 以上にみるように、最高裁判決の論理は、「勧告審決」の法的性格を根拠とするところに特色があるということができる。これは原審判決とは異なる。原審の東京高裁判決はむしろ「排除措置」の法的性格を根拠としている。次のようにいう。「ほんらい、右排除措置は、受命者に、その内容に応ずべき公法上の義務を負わしめ、刑事上ないし秩序保持上の制裁(独禁法九〇条、九七条)をもつてその履行を確保するものである。従つて、それは、同法所定の目的を達成するためのいわば行政的手段にほかならず、その対象とされた行為等の私法上の効果を直接左右する効力を有しうるものではない。」

Xに原告適格なしとする結論においては同じでありながら、このように最高裁判決と原審判決にはその理由づけに顕著な違いをみとめることができる。この違いは重要だと思われる。というのは、最高裁判決の論理を裏返していえば、正規の審判手続を経てなされる審判審決に対してはXのような名宛人以外の第三者にも原告適格が認められる余地があるのに対して、原審判決にあっては、この場合にも原告適格が否定されるように読めるからである。もちろん審判審決に関する原告適格は判決の判断の対象外のことであって、判決の明言するところではないとはいうものの、排除措置の法的効果においては相違がないにもかかわらず、もしも最高裁判決の論理が、審判審決に対してならXの原告適格を認めるものであるとすると、なぜ勧告審決に対してこれを否定するのかが疑問に思われてくるであろう。

二　原告適格の論理

一　取消訴訟の原告適格が処分の相手方にかぎられず、相手方以外の第三者についても認められることは珍しいことではない。原審判決も、本件審決の被審人のほか同審決の取消を求めるにつき法律上の利益を有するものにこれが認められるとしていたし、最高裁判決も、特段の事情があれば、名宛人以外の第三者に原告適格が認められる余地のあることを否定していない。処分の相手方と特別の関係にある者や相手方にとっては授益的処分であって第三者に不利益を及ぼす場合など、実質的には相手方と考えるべき第三者が存在するからである。

とくに契約に関する処分にあっては、契約の一方当事者に対する処分は、当然に契約の他方の当事者の法的地位に影響を及ぼさざるをえないから、他方の当事者もまたこの処分を争うことが認められなければならない。農地所有権移転許可処分や賃貸借解約許可処分などがその例である（大阪地判昭和四〇年五月一一日行裁集一六巻六号九九三頁、高松地判昭和三九年一〇月一三日行裁集一五巻一〇号一九〇〇頁）。また、バス料金値上げ認可など公益事業の供給規程に関する処分も、特殊の附合契約に関する処分として利用者ときには将来の利用希望者が争うことができる（広島地判昭和四八年一月一七日判例時報六九二号三〇頁、東京地判昭和四三年七月一一日行裁集一九巻七号一一七六頁）。しかしながら、これらの事例における処分はいずれも講学上に認可（補充行為）であり、処分をまって私法上の効果等が有効に完成するなど、形成的効果をもつ場合であって、本件とは事情を異にする。

二　本件の場合、XとAとの間の民事訴訟において、本件審決の存在は直接の法的効果をもたないものと考えられる。本件契約条項が私法上有効かどうかは、直接独禁法との関係で判断され、審決（審判審決の場合も同様）の存否にかかわらないであろうし、Aの債務不履行が正当化されるかどうかも、審決（最高裁判決では審判審決の場合をのぞくのであろうか）の有無にかかわらない。しかしながら、本件審決の存在はXにとって事実上民事訴訟において不利に働くということが考えられる。とくに最高裁の論理において審判審決を別異に取り扱う理由に、この審決の存在が独禁法違反の存在をより強度に推定させるということも考えられているとするならば、程度や根拠は異にするにせよ、勧告審決の存在もまたXにとって訴訟上不利であることは同様であるといわなくてはならない。

このような訴訟上有利な地位が得られることが原告適格ないし訴えの利益を基礎づけうるかに関連しては、高等海難審判庁の原因解明裁決が抗告訴訟の対象となるかについて、これを否定した最高裁判決（最判昭和三六年三月一五日民集一五巻三号四六七頁、同昭和三六年四月二〇日民集一五巻四号八〇六頁）と肯定する立場に立つ判例学説（南編・注釈行政事件訴訟法二六頁参照）とが参考となる。訴訟上有利な取扱いが法律上に明記されているため若干事情を異にするが、独禁法二五条、二六条によって損害賠償請求をする者に訴訟上有利な地位が与えられていることは法律上保護された利益であるとする決定がある（東京高決昭和五〇年三月一八日判例時報七七六号三五頁。ただし、審決確定前は未発生だとして参加を否定する。しかし、正にそうであればこそ審決取消によってこの利益が害されるのを防ぐため参加の利益があるという逆の結論も可能だと思われるが）。

三　いわゆる環境訴訟の例をみてもわかるように、今日、原告適格を基礎づける「法律上の利益」は、「何々権」というタイトルを有する「権利」に限られないことは当然として、実定の「法律上に保護された利益」よりも広く、「法の保護に値する利益」いいかえると「裁判上の保護に値する利益」であって、いわば原告適格の同義反覆に等しく、行政活動による「具体的」かつ「実質的」な被害が生じているため裁判上の救済を必要とするかどうかの判断にかかるものと思われる。したがって、裁判上の救済を必要とする程度に実質的な被害が生じているかどうかは人の価値判断によって異なってくる。

上記の訴訟上有利な地位についても見解は分かれうるが、名誉・信用の毀損の回復が原告適格を基礎づけるにたりる利益であるかどうかについても判例学説は分かれている。ただ、従来はどちらかといえば消極説の方が有力であったといえるが、今後検討を要すると思われる。というのは、今後各種の「公表」制度が、情報提供、警告のみならず制裁、強制の機能をもってますます広く用いられることが予想されるからである。これは何ら直接の法的効果は伴わないにせよ、関係当事者に甚大な影響を及ぼす。社会的経済的破滅をもたらすことさえ容易に生じうる。今の世は人を殺すに刀はいらぬ。悪い噂の一つでたりる。首相や大統領を葬るにも爆弾は不要であった。まことにペンは強しであるが、万人の批判を超越して膨張し続ける厚顔無恥の最大の権力者である情報産業が支配する現代において、行政はこれを利用することによって、法律や行政処分によることなく、極めて容易にその目的を達することができる。しかし、その被害者たるや、被害の程度は深刻かつ過酷である。人は五〇万や一〇〇万の金を落したものとして諦めることができる。しかし、悪い噂はこのような金によって償うこともできなければ、耐えることもできないであろう。わずか五万円であれ課税処分に不服があれば文句なしに訴訟を起こすことができる。営業停止処分を停止期間後には名誉・信用の毀損が残るにすぎないから争うことができないというのは非常識だというのがむしろ一般の常識ではあるまいか。内容は確定できないまでも被害は具体的であり、営業の種類によってはその経済的損失の程度さえ深刻である。

四　取消訴訟の原告適格についてはもう一つ適法性保障説というのがある。これは行政処分が裁判審査の可能性なく確定することを極力排除する見地から、当該処分を争うにつきもっとも適した利益状態にある者あるいは他から区別しうるだけの特定の利害関係を有する者に原告適格を認めようとするものであって、取消訴訟に客観訴訟的性格をも加味しようとするものである（原田「訴えの利益」八頁ほか）。

この考えによれば、本件のXには文句なしに原告適格が認められることになる。

しかしながら、本件の場合、原告適格に関する従来の諸判例や物の考え方のあれこれを参照してみても、どうもしっくりしないところがある。それはXが本件審決の名宛人とされ原告適格も認められるのが当然すぎるほど当然でありながら、名宛人とされなかったことであり、そこに独禁法の論理が働いているからである。

三　独禁法の論理

一　上記のように最高裁判決は、勧告審決の法的性質から出発し、これが名宛人以外の第三者に法的影響を及ぼさないことを理由としてXの原告適格を否定している。しかし、勧告審決であれ審判審決であれ審決であることに変わりはなく、成立の由来に関する相違にすぎないという考え方もありうるものと思われる。名宛人に対する関係においては相違が生ずるにせよ、名宛人以外の第三者にとっては、名宛人がいかなる態度をとり、そのため審決がいかなる成立の仕方をしたかは、そのあずかり知らぬことであるというのも一つの物の考えであろう。勧告審決の名宛人は、審決取消訴訟において違反事実の存否、法令の適用、排除措置の適否を争うことができないという高裁判決（東京高判昭和五〇年九月二九日判例時報七九〇号二四頁）があるが、本判決のいうとおり、第三者に対する関係では、違反事実の存在を確定する効果はない。しかし、審判審決であっても、名宛人でもなく審判手続に関与できなかった第三者が、審判手続があったということを理由として、違反事実の存在等の承認を強要されることはおかしいのではあるまいか。応諾に根拠をおくとはいえ、勧告審決にあっても排除措置の履行について刑事上ないし秩序保持上の制裁があることも、審判審決と同様であって、両審決の間に本判旨のいうような質的な差はないといえないであろうか。

二　本件の問題点は、Xが審判の被審人とされず、審決の名宛人とされていないこと自体にあると思われる。

それは独禁法六条の規定の特殊性にある（松下・前掲、桑田・前掲、丹宗・前掲参照）。独禁法一九条が不公正な取引方法における拘束的契約当事者のみを対象とするのに対して、六条一項はいわば被害者である被拘束的契約当事者をも対象とする。しかも、本件のような国際的契約においては加害者である外国の事業者に対しては対人的管轄権が及ばないことが多いため、そのような場合にも国内の事業者のみを被審人として排除措置を命じうることを目的として昭和二八年に設けられたものである。まさしく本件のような場合を考えて設けられたものであり、本件がその適用例の第一号である。対人的管轄権の及ばないXに対して、手続上いかなる手当て（送達・通知・参加等）をなしうるかの議論は別として（桑田・前掲参照）、ここに法技術的には極めて異例な、契約の一方当事者、しかも被害者的な当事者に対して契約の破棄を命じうるということが定められていることが本件の問題の特殊性の根源である。六条一項に対する立法政策的批判はともかく、六条一項の存在を前提とするかぎり、本件のように実質的には真の当事者であるXを関与させることなく、排除措置がむしろ有利に働く被害者的な当事者であるAを被審人とし、これを名宛人とする審決がなされることは法が本来予定しているところである。Yからいえば参加させることができないためであるが、Xからいっても参加することができない手続によって、X・A間の契約に対する排除措置がAに対して命ぜられる。Xが事前の審判手続に関与できないことを前提とすることは、しかしながら、論理必然的に事後の訴訟について原告適格が否定されるということまでも意味するものではない。なお、独禁法上の手続の構造について検討する必要がある。

三　独禁法上審決にいたる手続とくに審判審決にいたる手続は準司法手続といわれる。周知のとおり審決にかかわる訴訟については第一審が東京高等裁判所とされ、審決取消訴訟における裁判所は第一審からすでに法律審的な構成がとられ、審決取消事由としては法令違反のほかは実質的証拠の不存在があるにすぎない（八二条）。いわゆる実質的証拠法則の適用があり、事実認定は公正取引委員会の手続において行われるものとされるため、あたらしい証拠を取調べる必要があると認めるときには裁判所は事件を公正取引委員会に差戻すべきこととされている（八〇条、八一条）。このように第一審裁判所が法律審的なものとされ、審決の手続がいわば事実審に相当するものとして構成されている結果、審決に利害関係を有する者はすでに審決の手続に被審人もしくは関係人として関与し、事実認定の形成過程に参加しておくべきであると考えられる。かりに審判手続の当事者たりえない者が訴訟においてあたらしい証拠を提出しても、事件をこの者の参加できない手続に差戻すことはおかしいし、審判手続において事実認定が形成されるとすると、この手続外の第三者が事実認定を争うことが、上記のような全体の手続の構造と合わないということが考えられよう。審決によって法的影響を受けるため事実認定を争う者は前もって参加しうべきものでなくてはならないとする考えである。法令違反の一つとして、Xのいうように参加させるべきであったという主張も、対人的管轄権がないということのほか、右の考えの筋道を逆にとると、まさに参加をしていないという理由によって、審決による法的影響を受けないため、参加しうべきではなかったとして排斥されることになるのである。

四　本件の特殊性の大半は、このように六条一項をはじめとする独禁法上の規定並びに手続構造の特殊性によるものである。したがって、ここに生じうる不合理な面は、送達・参加手続にしろ、または勧告審決の用い方にせよ立法論的に解決を図っていくべきであろうと考えられる。しかし、独禁法の特殊性にもかかわらず、なお、別の論理から原告適格を認めうる余地もあるのではないかと考える。

四　手続法の論理

一　本件の場合、少し単純化していうと、外国の事業者はこちらの方から相手にできないから向うの方から出てきても相手にしないともいえるし、参加をさせろと争う者に参加をしていないから争う資格がないともいえる。これは、農地売渡を受けていないから他人に対する売渡処分を争う適格を有しないとする判決例や、審決確定を目的として審決取消訴訟に参加する者に審決が確定していないからダメだとする決定例にも似通った面がある。私人が争っている対象であることをまさに理由として、私人の争う適格が否定されるというのであれば、私人は争い様がない。まことにもって救われないことになる。

二　このような場合、それぞれの場合に応じて、争訟の適格を肯定する論理が考えられるが、本件の場合には次のようなことが考えられる。

本件の場合、最高裁判決の論理に従えば、Xにとっては、勧告審決の方が有利であって審判審決が不利である。けだし、勧告審決であれば何らの法的な影響を受けないのに対して、審判審決にあってはこれと異なることが言外に読みとれるからである。何人も、自己に対してより不利益となる処分を求める権利を一般的に有しないことは明らかである。しかし、より不利益な処分といっても、ある面では有利な側面が認められることが少なくない。審判審決にあってはXは、被審人とはされないまでも、関係人として事前の審判手続に参加する機会がありえた。不利ではあるが、事前手続への参加のチャンスがあるということがほかにも考えられる。例えば、公共施設の整備にあたって、用地取得のため収用法の手続による場合と都市計画法の手続による場合とがある。後者の方がより用地取得の便宜をはかっている反面、手続の運用ではより慎重で関係者が事前手続に参加するチャンスが多いということが考えられる。また、営業法上の違反事実ありとして行政指導がされたことが公表されたにとどまる場合に比べて、正式の営業停止処分がされる方が、法律的にいえば、より不利益な処分ではあるが、事前の聴聞手続において反論の機会が与えられる。

このような場合、より実体的には不利でも、事前の手続参加の機会が奪われないという利益は極めて重要だと思われる。とくに行政手段が多様化し、行政手続の選択の余地のあるとき、行政はとかく「行政指導への逃避」など、事前手続への参加と後の訴訟提起の可能性のある手法を回避する傾向がある。事前手続への参加の機会が奪われるとともに、訴訟提起の機会まで奪われてしまう。たしかに、よりおだやかな手段そのものの内容によっては権利利益の侵害はないにせよ、正によりおだやかな手段が選択されて、より正規のきびしい手段が選択されなかったということによって重要な権利利益が侵害されている。個々の行政処分そのものではなく、全体としての行政過程のあり方が、権利利益を侵害している。現実に様々の行政手段が果たす機能にかんがみ、行政手段の自由な選択によって、訴訟提起の可能性まで奪われることが認められるべきではないとするならば、ここに法の保護に値する利益が認められて然るべきではあるまいか。

（注）　右は試論の域を出ないが、ご批判をいただければ幸いである。なお、日頃、実方・丹宗・今村の諸教授より独禁法に関して断片的知識を仕入れているものの、独禁法の解釈に関しては独断を犯しているかもしれない。あわせてご教示を乞いたい。

（ジュリスト六〇七号、一九七六年）

14　処分事由の追加——公務員に対する不利益処分と救済——

東京高裁昭和五二年三月一五日判決／（昭和四七年（行コ）第三五号懲戒処分取消請求控訴事件）／行裁例集二八巻三号二〇五頁

〈事実の概要〉

本件は、昭和四〇年一〇月に日教組が人事院勧告の完全実施などを目的とする一斉休暇闘争を計画した際、X（静岡市教組執行委員長、本件原告・被控訴人）らが闘争に消極的な分会長Sに対して暴行を加えたことを理由としてされた懲戒処分の取消訴訟である。本件懲戒処分が行われたときにXらに交付された処分事由説明書には、Sに対する暴行行為の事実のみが記載されていたが、取消訴訟において処分庁側は、これに追加してあらたに処分事由として、地公法三七条一項後段（争議行為の企画、共謀、そそのかし、あおりの禁止）に該当する事実を主張した。そこで、処分事由説明書に記載されていない事由を処分事由として主張できるかが、主要な争点のひとつとなった。第一審判決（静岡地判昭和四七・四・七判タ二七七号九一頁）は、これを積極に解しつつ、半日一斉休暇闘争が地公法三七条一項で禁止された争議行為にあたらないとして懲戒処分を取り消した。本判決は、最高裁昭和五一年五月二一日大法廷判決（刑集三〇巻五号一一七八頁）にしたがって、法の禁止する争議行為と判断し、第一審判決を取り消したが、右の争点については、第一審判決同様に、処分事由の追加主張をみとめる考えをしめしている。

〈判　旨〉

「Xらは、この点に関して、処分事由説明書に記載されていなかった事実は処分取消訴訟において処分事由として追加することは許されないと主張する。しかしながら、行政処分の取消しを求める訴訟において、処分者はその処分当時に存在したすべての事実を処分事由として追加することができると解すべきであるから、右主張は採用できない。とくに、本件では、地公法三七条一項後段に該当する事実はSに対する暴力行為の背景をなしていることが前段の認定によって明らかであって、両者は密接な関連を有するから、地公法三七条一項後段に該当する事実を処分事由として追加し処分の適否を判断する際の資料とすることを禁ずべき理由はない。」

〈解　説〉

一　行政処分は、根拠法条・処分理由などにかかわる法的判断を内容とし、これらの法的判断によって特定される。ところが、処分後の争訟とくに取消訴訟など行政事件訴訟の段階にいたって、処分当時の法的判断の内容とはされていなかった新たな法律上または事実上の主張によって行政処分を根拠づけることがおこなわれる。このようなことがみとめられるであろうか。すなわち、処分の理由の追加、追完、さしかえの可否の問題である。

一般的に、判例は、これを肯定する傾向にある。たとえば、最高裁昭和五三年九月一九日判決（判時九一一号九九頁）は、「一般に、取消訴訟においては、別異に解すべき特別の理由のない限り、行政庁は当該処分の効力を維持するための一切の法律上及び事実上の根拠を主張することが許されるものと解すべきである」としている。事案は、道路運送法にもとづく個人タクシー事業の期限更新にかかわるが、本来、同法一二〇条二項によって審査すべきところ、「誤まって、法六条一項を基準としてこれを審査したものにすぎないのであるから、いま、裁判所が、法一二〇条二項の趣旨に従い、免許期限の変更を許すことが公衆の利益に反しないかどうかを基準として本件処分の適否を判断したからといって、これによって本件処分と別個の新たな処分をしたことになるとはいえないし、また、司法審査権の限界を逸脱したものであるともいえない」（傍点筆者）とし、なお、「法律の定める行政手続の保障をはく奪することにはならない」とする。

二　とくに法律上に理由の附記が要求されているとき、理由の追加、追完、さしかえの可否はどうなるか。これについては青色申告書にかかわる更正処分をめぐって多くの議論がみられる。

法律上に理由の附記が要求されていない白色申告書にかかわる更正処分の取消訴訟においては更正処分の効力を維持するため新たな事由の追加主張が判例上みとめられている（最三小判昭和四二・九・一二訟月一三巻一一号一四一八頁、最一小判昭和五〇・六・一二訟月二一巻七号一五四七頁。ただし、金子宏・租税法四四九頁）。ところが、青色申告にかかわる更正処分にあっては、その理由附記について、判例は、つぎのように、ひじょうにきびしい態度をしめしている。

(1)　理由附記の程度は、帳簿書類の記載以上に信憑力のある資料を摘示して処分の具体的根拠を明らかにすることを必要とする（最二小判昭和三八・五・三一民集一七巻四号六一七頁、同昭和三八・一二・二七民集一七巻一二号一八七一頁、同昭和五一・三・八民集三〇巻二号六四頁、最一小判昭和五四・四・一九民集三三巻三号三七九頁）。

(2)　附記の程度が右の程度にいたらないなどによる理由附記の不備は、それだけで処分の違法をもたらし、再調査決定または審査裁決などにおいて具体的根拠がしめされても、その瑕疵は治癒されない（最二小判昭和四七・三・三一民集二六巻二号三一九頁、最三小判昭和四七・一二・五民集二六巻一〇号一七九五頁、最一小判昭和四九・四・二五民集二八巻三号四〇五頁。ただし、青色申告承認の取消により遡及的に白色申告となった特別の場合について、最一小判昭和五四・四・五訟月二五巻八号二二三九頁）。

(3)　附記理由は、その記載自体からその具体的根拠を理解納得できるものでなければならず（最判昭和四七・

三・三一前掲）、相手方がその理由を推知できる場合であると否とにかかわりのないものである（最二小判昭和三七・一二・二六民集一六巻一二号二五五七頁）。

なお、理由附記制度は、「処分庁の判断の慎重、合理性を担保してその恣意を抑制するとともに、処分の理由を相手方に知らせて不服申立の便宜を与える趣旨に出たものである」（前掲諸判決）。

そこで、以上のような内容および趣旨をより徹底する立場に立てば、理由の追加、さしかえについて、これをみとめるべきではないとする消極的態度をとることになる。①京都地裁昭和四九年三月五日判決（行集二五巻三号一四二頁）、②東京地裁昭和五五年九月二九日判決（行集三一巻九号二〇二四頁）がその例である。しかし、これに対して、理由附記の趣旨・目的は、以上にのべるところにとどまり、それ以上の問題は別だとする立場に立って、「租税行政の偏頗化」や「不誠実なる納税義務者を不当に利する結果」をさけるべきであるから、理由の追加主張をみとめるべきであるとする積極的見解がある。①の控訴審である③大阪高裁昭和五二年一月二七日判決（行集二八巻一・二号二二頁）、②の控訴審である④東京高裁昭和五七年八月一〇日判決（行集三三巻八号一六七七頁）は、この見解をとっている。最高裁は、①③の上告審である昭和五六年七月一四日判決（民集三五巻五号九〇一頁）において、不動産の取得価額が申告額よりも低額であるとする附記理由に追加して、かりに低額でなかったとしても同販売価額が申告額よりも高額であったから結局更正処分は適法であるとの主張がされた事案つき、「このような場合に被上告人に本件追加主張の提出を許しても、右更正処分を争うにつき被処分者たる上告人に格別の不利益を与えるものではないから、一般的に青色申告書による申告についてした更正処分の取消訴訟において更正の理由とは異なるいかなる事実をも主張することができると解すべきかどうかはともかく、被上告人が本件追加主張を提出することは妨げないとした原審の判断は、結論において正当」（傍点筆者）であるとしている。最高裁は、一般論をさけたわけであるが、やや積極説に傾いている。その後の下級審判決にも積極説が目につく（千葉地判昭和五六・八・二八行集三二巻八号一四八四頁、名古屋高判昭和五六・九・三〇訟月二七巻一二号二三七二頁)。

三　公務員の懲戒処分については、処分事由説明書の交付が要求される(国公法八九条、地公法四九条。)ことにより、理由附記制度がとられている点で、青色申告にかかわる更正処分におけると同様である。しかしながら、両者の間にはつぎのような差異がみとめられる。

まず第一に、更正処分などの課税処分にあっては、暦年における所得などにもとづき、すでに抽象的には成立している納税義務を前提として、これを具体的に確定するための一連の手続上の行為のひとつであるにすぎない。申告納税制度のもとにおいては、私人の申告もまたそのような行為のひとつに数えられる。そこで、徴収手続上、争訟手続上などにおいて、形式的な手がかりとなるべき処分が介在するにせよ、基本は租税債務をめぐる争いであり、争いの対象は暦年における所得などによって客観的に特定されているものとみることができる。したがって、特別の負担と特典をともなう青色申告制度において、基本的資料となるべき帳簿記載が本来期待される正確さを欠く場合に、更正処分に上記のような程度の理由附記を要求しつつ、なお客観的な実体に立ちかえって勝負をつけることも、紛争の特定性を害することなくみとめられるとする見解もあながち否定できないように思われる。これに対して、懲戒処分にあっては、いかに客観的に懲戒事由たりうべき事実が存在しようとも、処分に先立って義務といったものはありえない。処分庁によって懲戒事由たるべき事実が特定されないことには、争訟の対象たるべき懲戒処分が特定できないという特色がみとめられる。

ついで第二に、更正処分をはじめ課税処分は、羈束行為のひとつの典型であるのに対して、懲戒処分は裁量性の強い行為である。したがって、懲戒処分にあっては、それだけに処分の対象たるべき事実を明らかにし、これに対する評価、その他の考慮事項など、結論(処分)にいたる過程を相手方に理解納得させるものがしめされていなければならない。ただし、懲戒処分において裁量は情状などの多種多様な事項におよぶため、そのすべてを処分事由説明書に記載することは困難である。また、青色申告におけるように、申告者の帳簿記載制度との関連において、更正処分の理由附記の程度を考えるという観点はとうぜんのことながら問題とならない（青色申告にかかる更正処分と懲戒処分との比較は、鈴木康之「処分理由と訴訟上の主張との関係」新・実務民事訴訟講座(9)二五七頁、二七七頁以下参照）。

四　そこで、判例の大勢は、懲戒処分の基本的処分事由たる事実は、被処分者が事実関係の同一性を判別しうる程度においてすべて処分事由説明書に記載しなければならないが、付加的事実すなわち情状事実については、かならずしもすべて記載をしなければならないものではないとし、また、基本的処分事由たる事実については処分事由説明書記載の事実と同一性のない事実をのちの争訟過程で追加主張できないが、情状事実については説明書に記載のない事実も主張することができるとしている（和歌山地判昭和五〇・六・九判時七八〇号三頁、大阪地判昭和五一・五・二四判時八二七号一五頁、東京高判昭和五九・一・三一行集三五巻一号八二頁）。本判決もこのような判例の大勢にしたがい「背景」となり「密接な関連」をもった情状事実について追加主張をみとめたものとみることができる。

（別冊ジュリスト『公務員判例百選』、一九八六年）

15　土地利用規制と行政指導

一　序　説

1　行政指導は今日、行政の広範な分野にわたってみとめられる一般的な現象である。また広い意味での行政指導は古くからみられたものであるし、さらに、法律の根拠にもとづいて行われる行政指導も少なくない。しかしながら、近年、法令の根拠にもとづかないばかりか、法令の規定に反するのではないかという疑いがもたれる行政指導さえ登場するにいたった。しかも、それにもかかわらず、世論の相当部分がその種の行政指導を強力に支持し要請するという困難な事態がみられるのである。いわば現実の必要にもとづく行政の責務とこれを実現する手段に関する法の不備との狭間にあって法令によらない行政指導が活用されることとなった。そこでは法と行政との関係について実に深刻な問題が提出されているのである。このような問題に関する重要な分野のひとつが都市環境保全の分野であり、都市自治体による要綱行政として政治的、社会的にも問題となっているところである。法的にこの問題をいかに考えるべきであろうか。本稿では、近時の判決例を素材にして、この難問について簡単な検討を加えることとしたい。

2　この問題に関するリーディングケースともいえるものは、いわゆる武蔵野市マンション指導要綱事件に関する東京地裁八王子支部昭和五〇年一二月八日決定（判例時報八〇三号一八頁）である。周知のように、武蔵野市が、中高層建築物に関する指導要綱中の、①日照影響をうける付近住民の同意を得ることと、②一定の要件の下で小中学校の用地の無償提供または用地取得費等の負担をすることという二つの条件に従わなかった業者に対して上水道の供給、下水道の使用を拒否したため、マンション業者の側から、水道の供給、下水道の使用承諾の仮処分が求められた事件である。指導要綱の法的効力について本決定は次のようにのべている。

「行政庁が国民に義務を命じ、あるいは権利自由を制限又は剝奪する権力行為を行う場合には法律の根拠があることを要すると解すべきところ、指導要綱は条例や規則のように正規の法規ではなく、また法律上の根拠にもとづいて制定されたものでもないことから、関係業者に対し指導方針を明示したものにすぎず、行政上の法律関係において直接的な強制力をもつものではないと解するのが相当」である。

大方の予想の通り、国民の権利自由を制限剝奪し義務を課することは法規事項であるとする伝統的な考えに従い、法令の根拠にもとづかない指導要綱のごときは、内部的な行政指導の基準にすぎないものとされたのである。いわば、行政指導なり指導要綱なりは法外的な事実上の次元の現象であって、法的な権能を主張する資格を欠くものとされたわけである。

3　類似の考え方は他の判決例にもみることができる。

まず、右の武蔵野市マンション指導要綱事件にみられた住民同意方式については、消防法一一条二項による危険物取扱所変更許可処分について隣接住民の同意書の提出を要求した付款が違法とされたものがある（神戸地判昭和五〇年九月一二日行裁例集二六巻九号九八三頁、大阪高判昭和五二年一〇月二八日行裁例集二八巻一〇号一一九〇頁）。

つぎに、同じく右の武蔵野市マンション指導要綱事件にみられた開発費用の負担については、農地の宅地転用後に必要となる道路用地確保の必要から、農地転用申請受理に際し接道部分の土地の寄付を要求したことが民法九六条一項にいう「強迫」にあたるとした判決がある（東京高判昭和五一年一〇月二八日判例時報八四三号五五頁）。

これらの諸判決においては、いずれも法外的な現象である行政指導に対して消極的な評価が下されていると一応いうことができる。しかしながら、これらの諸判決によって要綱行政の全体が否定されたかにのべることは行き過ぎであるといわなくてはならない。たとえば、先の武蔵野市マンション指導要綱事件の決定においても、指導要綱に法的拘束力がないというところで判断を停止することなく、実質的に要綱の内容とされている条件を守らないことが給水契約申込みを拒否しうる「正当の理由」に該当するかどうか、また、給水契約の申込みが権利の濫用とならないかどうかを本件の具体的事情（申請人が付近住民の同意を得るために努力した事実があること、寄附制度採用の経緯や必要性について疎明が全くないこと）に即して検討しているほか、小中学校用地等の寄附も強要にわたらず自由意思による場合についてはこれを認める旨をのべている。したがって、指導要綱の効果を事実上にある程度みとめる余地を残しているのである。

事実上、これら諸判決にもかかわらず、要綱行政はその後もますます盛んであるばかりか、近時の一群の諸判決によって、国家賠償請求関係訴訟ではあるものの、その適法性が承認されるにいたったのである。

二　近時の諸判決

1　ここで検討の素材としてとりあげようとする判決は次の七つである。

① 東京地裁昭和五二年九月二一日判決（行裁例集二八巻九号九七三頁）
② 東京地裁昭和五二年一二月一九日判決（判例時報八九四号八二頁）
③ 東京地裁昭和五三年七月三一日判決（判例時報九二八号七九頁）
④ 大阪高裁昭和五三年九月二六日判決（判例時報九一五号三三頁）
⑤ 東京地裁昭和五三年九月二九日判決（判例時報九三一号七九頁）

⑥東京地裁昭和五四年一〇月八日判決（判例時報九五二号一八頁）

⑦東京高裁昭和五四年一二月二四日判決（判例時報九五五号七三頁、③の控訴審判決）

2　右の判決中①②③および⑦は、マンションなど中高層建築物の建築計画に対して日影被害等を理由とする周辺住民の反対運動があり、話合いによる建築紛争の円満解決を図るために行政指導を行っている間、形式的には建築基準法上の要件をみたしていて確認処分をなしうるにもかかわらず、建築確認を留保したことが違法でないかどうかが問題とされた事例である。

⑤は、やはり同様の事情の下で実力行動も辞さないとする激しい反対運動があるために建築資材搬入に必要な大型車両について車両制限令一二条による通行認定の処分を留保したことが違法でないかどうかが争われた事例である。

以上と多少異なって、⑥は、いわゆるミニ開発抑制のための行政指導を行っている間、ミニ開発の事実上の原因となりうる道路位置指定の処分を留保したことが違法でないかどうかが争われた事例である。

最後に、④は、以上と異なって、それ自体が建築基準法に違反した違法建築物に対してなされた、いわゆる「水攻め」の違法が争われた事例であって、建築基準法等の違反の防止・是正を図るための行政指導の一環として、その実効性を担保するため市の水道の供給を停止したことが違法でないかどうかが問題とされたものである。行政指導の強制手段として「水攻め」が問題となっている点で先の武蔵野市マンション指導要綱事件と似通っているところがある。

3　以上の諸判決では、いずれも行政指導を行っている間、本来なすべき行政処分その他の行政措置をしなかったという不作為の違法を理由として、国家賠償法にもとづく損害賠償請求がされたものであるが、⑦の判決において一部請求が認容されているのをのぞいて、他においてはすべて請求が排斥されている。すなわち、形式的にみるかぎり違法とみる余地の十分にある行政指導ならびにこれと結びついた不作為が適法とされているのである。勿論無条件ではなく、一定要件の下でのそれが社会的相当性なり合理性をもつものとして容認されているわけであるが、そこにはいくつかの問題点がある。

三　判例の検討

1　法定期間と相当期間

上記の①②③および⑦においては、建築基準法上に確認処分のための法定期間がもうけられているため、その法的性格が問題となる。これを訓示規定にすぎないとするのは②だけであるが、他の①③⑦においても、訓示規定ではないとしても違反をおよそ許さない絶対的規定とまではいえないとしている。

これに対して、④⑤⑥においては、別段の法定期間はもうけられていない。しかし、④⑤においては申請受理後すみやかになすべきところを長期（④では一年半、⑤では五月以上）にわたって放置したものとされ、⑥においては五〇日程度が相当であるところを九六日間にわたって放置したものとされている。したがって、④⑤⑥の事例においても、本来正当な、あるべき相当の期間はすでに経過しているという認定をうけているわけである。

また、①②③⑦においては、法定期間の性格を多少ゆるやかなものとしてとらえる一方で、他方これに加えて、形式的には申請にかかる建築計画が建築基準法上の建築確認の要件をすでにみたしていることが判明し、建築確認をすることができるばかりか、通常の場合ならば建築確認をなすべきであるにもかかわらず、実質的にはこれを留保することが社会通念や法の趣旨目的によりよく適合する特別の事情がある場合として、紛争収拾のための行政指導が社会的妥当性をもちうる要件は何かを論じているのである。さらに、④⑤⑥においても、期間の経過のほか、各種の諸利益、諸事情を比較衡量し、総合的判断することによって、行政指導が社会的妥当性をもちうるゆえんを論じている。したがって、いずれの判決にあっても、法定期間ないしは相当期間経過後における不作為は原則としては違法であって、例外的にこれを適法とする特別の事情の存する場合は何かという基本的立場に立っているということができる。

2　主観主義と客観主義

例外的な特別の事情の存在は具体的事情の総合的判断によるものとするのが諸判決の大勢だといえるが、その際、関係当事者の意思などの主観的事情にどれだけ重要性をみとめるかによって、主観主義と客観主義とを区別することができる。

(1)　この点で主観主義の立場を明確に示しているのは⑦である。相手方建築主の行政指導に任意に従う意思の有無を重視して次のようにいう。「その行政指導について当該建築主において、任意に協力、服従していると認められる限りにおいて、建築主事が形式的に確認することが可能であっても応答を留保することは（建築基準）法六条四項に準ずる正当な理由がある」と。したがって、建築主が建築審査会に対して審査請求をすることによって不服従の意思が明らかとなった以降の留保は違法であるとしたのである。

これに対して、客観主義の立場を示しているのは⑥であって、「勧告、説得により相手方の翻意を促す方法による行政指導の場合は、（中略）相手方が勧告、説得を一再ならず拒絶しあるいは反発することはむしろ当然であり、これを説得することこそがかかる行政指導の本質にほかならない。したがって、当該行政庁は、行政指導に応じない旨の相手方の意思表示がどのような理由、根拠に基づくか、又どの程度その意思が持続しており、どのように具体的な所為として表明されたか等を総合的に判断して、行政指導を終了すべき時期を決定しなければならない」ものとしている。

後者とある範囲で似た考えをとるものとして①がある。①においては、行政指導により「円満な解決が期待できる限りにおいて」という円満解決の期待可能性を特別な事情存在の要件の一つとしたうえ、この円満解決の期待可能性の重要な内容として建築計画の変更可能性をあげ、次のようにいう。「申請にかかる当初の建築計画が変更される可能性を有するか否かは、単に申請者の主観のみに基づいて判断するのではなく、その際行われている行政指導の経緯、これに対する当事者の対応その他の諸事情を総合して客観的に判断すべき」であると。

(2) 右にあげた⑦①が紛争収拾型の行政指導であるのに対して、⑥はタイプを異にするから平面的な比較はさけなければならないが、紛争収拾型の行政指導にあっては、紛争収拾の可能性とともに、紛争両当事者の意思の対等性を要件とすることが一つの考えとしてありうる。上記の②③の判決においても、「双方の合意が成立しないことが明らかとなったときには速やかに確認処分を行う限り」という紛争両当事者の合意の可能性を要件の一つに数えるとともに、周辺住民の意思に優越的な効果をみとめ、その同意を確認処分の条件とする、いわゆる住民同意方式を排斥している。

(3) 紛争収拾型の行政指導のうち①②③は、紛争両当事者のいずれの意思にも決定的な優越性をみとめることなく、はなはだ困難ながら紛争収拾に積極的に取組むことを是認する立場に立つものということができる。①において、その趣旨がより顕著にあらわれている。これに対して、⑦においては、紛争収拾のための行政指導が一方当事者の意思にかからしめられる点で消極的なものであることは否定できない。なお建築主による審査請求後一か月後に両当事者間に合意が成立したのであるが、⑦の原審判決である③は、審査請求後に確認処分をしたならば紛争を激化させる結果に終わったであろう、という判示をしている。

3 行政権限の融合

以上の諸事例にみられる行政指導は、問題となっている行政処分や行政措置の根拠法にもとづくものではない。そのような行政指導（紛争収拾や寄付など）に法律にもとづく行政処分や行政措置を関連づけることは、いわゆる行政権限の不当な融合（遠藤「行政権限の競合と融合」北大法学論集一九巻四号七一四頁参照）の問題を生じさせる。

(1) この問題に対して、以上の諸判決の多くは行政指導の目的とするところが行政処分等の根拠法令の趣旨目的にかなったものであり、これに反するものではないという答え方をしている。

①②③⑦においては、行政指導の目的が、紛争当事者の利害調整をはかりながら、双方の合意にもとづき「快適な住環境を維持保全する」という建築基準法の趣旨目的にかなうものであることがとくに重視されている。⑥においても、「建築基準法、住宅地区改良法、地方自治法等の趣旨、目的に顕現された快適な住環境の保全、維持を通じて住民の福祉の増進を図るとの行政目的」のためのものであること、したがって、多少他の関連法令も加味されているとはいえ、根拠法令の趣旨目的とかけはなれたものでないことが重視されているといえる。

この点で、とくに明確な立場を打ち出しているのは⑤であって、次のようにいう。「地方公共団体は日常法令に基づく種々の事務処理を行っているが、これについては、単にその直接の根拠となっている法令等のみでなく、これと密接に関連する他の法令等の要請をも考慮して行うべきことは当然であって、たとえ根拠法令等の不遵守があっても、他の法令等の要請を実現するため根拠法令等を遵守することが困難でありやむをえないときには他の法令等の要請の内容、実現の方法の相当性等に照らし、根拠法令の不遵守による違法性が阻却される場合がありうる」と。しかも「本件通行認定申請に対する被告の認定留保の理由は、道路上での車の通行をめぐっての実力による衝突という被告が本来処理すべき事務である道路管理と密接に関連する事柄であるから、右のような実力による衝突の可能性があれば、被告において、相当な方法によりこれを回避させ、もって地方公共団体の秩序を維持すべき権限と責務がある」「このような権限と責務は、秩序維持に関することがらについてのものであるから、車両制限令一二条により認定を行うべき責務に優先させることはやむをえない」としているところからみて、右に「これと密接に関連する他の法令等」という場合の「これ」とは、直接の根拠法令ではなく、事務処理であり、したがって、関連性もまた法的なものではなく、事実上の次元のもので足りることが示されている。

極端にいえば、「秩序の維持をはかることは、自治組織としての本来的な当然の権限であり責務」であるという地方公共団体の一般的な責務の中に入るかどうかが判断の眼目をなしており、立論の表現が一見与える印象と異なり、法令相互間の関連性は実際上の重要性をもたされていない。①などにおいても「地方公共団体の調整及び紛争解決機能」が「行政目的一般からもまた建築行政という分野に限ってみても、当該地方公共団体に課せられた重要な任務」であるとされている。

(2) この点で、近時極めて興味のある判決例が出ている。タクシー会社が労使紛争に嫌気がさして廃業したという事例で、廃業認可をする許可権者は、根拠法令である道路運送法の「公衆の利便が著しく阻害されるおそれがあると認める場合」のほかは申請を許可しなければならないとする規定にのみ従うべきか、それとも労働法上の違法という、いわば他事考慮をなすべき義務があるかが争われている。第一審判決（大阪地判昭和五〇年七月一一日判例時報七九九号二九頁）は、他事考慮義務を肯定して「国家機関が右申請を許可することにより、労働法秩序に反する結果の招来に自ら加担することとなるわけであり、このような解決は全法秩序の円満な調和を阻害し、採ることができない」としている。これに対して、第二審判決（大阪高判昭和五五年三月一三日判例時報九七一号四二頁）は、かくのごときは「およそ法の予想しないところ」であり、「むしろ各行政機関に対する権限分配の当然の効果である他の行政機関の権限の不可侵の要請に悖るものといわなければならない」としたのである。

建築確認にあたって民法の相隣関係規定を考慮に入れるべきかどうかなど（最判昭和五五年七月一〇日判例時報九八二号一一一頁参照）、古くから、他の法令の要請を考慮に入れるべきかどうかは問題となってきたところであるが、一律に答えを出すことができない性格の問題である。たとえば環境アセスメントを事前に行うべきであるという法確信が一般化している時点においては、建築計画について周辺住民に情報を公開し意見反映の機会を与えることは、直接の根拠法令に関わりなく当然視されるであろうし、根拠法令の趣旨目的の理解の仕方などにもよるものだからである。

4 損害賠償法上の違法

いずれの諸判決においても行政指導の社会的相当性、社会的妥当性が、行政指導の目的、方法、態様、期間等の各種の事情を総合して判断されているが、このような諸利益、諸事情の比較衡量という方法がとられている最大の理由は、事案そのものが損害賠償請求であるところにある、少なくともそれによるところが大きいといえる。

損害賠償法上の違法が、処分取消訴訟における違法など、法的行為の法効果発生要件にかかわる違法と異なることは今さら詳説を要しない。両者が事実上に一致する場合もないではないが、刑事司法手続上の行為に関する結果違法説と職務行為基準説の対立を持ち出すまでもなく、損害賠償法上の違法は一般の違法と次元を異にするため、前者は後者に関わりなく生ずることが極めて多いし、逆に、後者の違法にもかかわらず前者が否定されることがある（例、東京高判昭和五三年一〇月一七日判例時報九一六号三五頁）。上記④の水攻めの事例でも、水道法一五条に違反するものとされつつ、被害者側の建築基準法違反の程度の重大性、違反是正の容易さなど各種の事情を総合判断した結果、国家賠償法上の違法が否定されている。

損害賠償法上の違法は、損害塡補・分配にあたって、一方に負担をおわせるに値するだけの手落ち、手ぬかりがあることを表現するものであるため、故意過失の判断と一体的に判断されることも珍しくないことは周知のとおりである。学校事故事例で、国家賠償法一条によりつつ、違法性判断が言葉の上にもあらわれないことがよくある。また、近時、建築確認処分に関し、敷地重複使用にかかわる法解釈に問題がある事例で、第一審判決が法解釈の過誤に過失なしとしたのに対し、第二審判決東京高判昭和五四年九月二七日判例時報九三九号二六頁は、違法性なしとする判断を下している。これまた損害賠償法における違法が、右にいうような意味での手落ち、手ぬかりをあらわすものであることをよく示しているといえよう。

5　不作為の違法

本稿でとりあげた諸判決はいずれも損害賠償法上の違法を取扱い、しかも行政の不作為の違法を問題とし、かつ、一判決の一部をのぞいて、これを否定しているところに顕著な特色がある。これは丁度スモン訴訟に関する諸判決がことごとく国の不作為の違法を肯定しているところときわだった対照をなしている。福岡スモン判決

（福岡地判昭和五三年一一月一四日判例時報九一〇号三三頁）が行政指導をなすべき義務があるとし、京都スモン判決（京都地判昭和五四年七月二日判例時報九五〇号八七頁）等の諸判決が実情より論じて行政実務は単純な行政指導以上の強制力をもつゆえに、その不作為と損害との間に因果関係があるとしている点など、本稿との関係でも興味深い論点が数多く含まれている。しかし、紙幅の関係上、スモン判決との比較検討は別の機会に譲り、ごく簡単な相違点を最後に列記しておきたい。

(1)　本稿の建築確認等の事例においては、行政指導をなしたために本来なすべき行政処分や行政措置について不作為が生じたのに対し、スモン判決においては本来なすべき行政措置等の一環として行政指導の不作為も問題とされている。

(2)　スモン判決で問題となっている法益は生命健康であるのに対し、本稿の諸判決で問題となっているのは主として都市の住環境の維持保全である。住環境の維持保全のために行政が積極的な作為義務を負うかどうかについては、日照阻害、騒音などについて消極に解するものがある（東京高判昭和四二年一〇月二六日高民集二〇巻五号四五八頁、横浜地判昭和三八年一〇月三〇日下民集一四巻一〇号二一三五頁）が、ひいては災害に及ぶときには積極的に解されるであろう（大阪地判昭和四九年四月一九日判例時報七四〇号三頁参照）。やはり法益の重大性や問題となる反対法益との比較衡量が重要な意味をもつといってよいであろう。

(3)　行政の不作為の違法が問題となる場合にも、手続の遅延、処分留保など、不作為が直接に損害をもたらすものである場合と、損害の直接の原因が薬害や自然災害など他にあって行政がこれらを防止すべきであった、いわゆる危険管理責任の場合とを区別すべきである。前者の場合は古くから多くの事例があり少しも珍しいものではないが、後者の場合については今後の検討課題が多い。スモン判決は後者の事例を取扱い、本稿の事例は前者の場合であって、その意味でも必ずしも目新しいものではない。

四　結　語

以上ごく簡単な検討から明らかとなったことは、法と行政の関係が一面的平面的なものではなく、多面的かつ立体的ないし多次元的なものであって、多くの判決例にみられる行政指導の取扱われ方もやはりこのような中においてとらえられていることである。

(1)　行政にとって問題となる法は、処分その他行政措置の直接の根拠法令だけではない。他の行政法令もあれば、民法、労働法、国家賠償法を含めた損害賠償法など、異質複数の法が存在している。これらの法相互の関係が問題なのであって、行政指導が単に事実上の次元の法外的な現象とされて単純にこれを否定したり、または、法的強制力ないゆえに消極的に放任しておけばよいといったものではない。

(2)　個別の行政法令についても、その趣旨目的を重視し、多様な法律の規定上、規定外の行政措置をその手段としてとらえる考え方もありうる。しかし、それも福祉国家などというスローガンをふりかざすことによってではなく、本稿が対象とした諸判決が試みているように、具体的な基準を多角的に見い出す努力を重ねることによって、おのずから法の性格や構造についても、また、行政指導の適法性についても有意味な議論をすることができるものというべきである。

（法令解説資料総覧二〇号、一九八一年）

16　工場誘致奨励金打切事件

釧路地裁昭和四三年三月一九日判決／昭和四一年（行ウ）第三号条例公布処分等取消請求事件、行裁例集一九巻三号四〇八頁／昭和四一年（ワ）第八一号奨励金交付請求事件、行裁例集一九巻三号四二六頁

〈事実の概要〉

釧路市工場誘致条例は、同市の産業振興に寄与する一定の企業が工場を新設又は増設した場合に固定資産税相当額に一定の割合を乗じて得た額の範囲内でこれに奨励金を交付することができること、交付期間はその工場が操業を開始し固定資産税を課された年度から原則として三年であること、奨励金の交付を受けようとする者は事業開始後三月以内に申請書を市長に提出しなければならないことなどを内容としていた。また、同条例施行規則四条は「市長は、前条の申請書を受理したときは審査し、適当と認めたときは、その工場に対する助成の限度その他必要な条件を付して助成するものとする」と規定していた。

この条例による奨励金交付の件数は、昭和三〇年度から三九年度までの一〇年間に合計七〇件に及んだが、同条例所定の要件に適合する限り、申請却下された事例は一件もなかった。原告会社もこの間に二回にわたって工場増設を行い、そのつど奨励金の交付を受けている。

原告会社は、昭和四〇年九月二六日工場増設工事を完了し（原告は工場新設を主張したが裁判所の認めるところとならなかった）、同年一二月二〇日市長に奨励金交付の申請をした。ところが、同年一二月二八日市議会は、工場増設に対する奨励金交付の廃止を内容とする条例の一部改正案を議決し、市長は同日これを公布した。改正条例附則によれば、同改正条例は公布の日から施行されること（一項）、「この条例施行前に、奨励金の交付の決定を受けたものについては、なお従前の例による」こと（二項）、「改正前の条例の規定により、昭和四〇年度を初年度として、奨励金の交付の対象となるものについては、なお従前の例による」こと（三項）とされていた。そこで市長は、昭和四一年二月一七日にいたり原告会社に対し、右改正条例の施行により工場増設には奨励金が交付されないこととなったこと、および本件工場増設は右附則三項にも該当しないことを理由として、右申請を却下した。

これに対し原告会社は、市長を被告とし、改正条例の公布処分の取消し（請求1）と、奨励金交付申請却下処分の取消し（請求2）とを求める行政訴訟（（行ウ）第三号）を提起するとともに、市を被告とし、奨励金交付請求権に基づく一定額の奨励金の給付を求める請求（請求3）と、交付決定を停止条件として奨励金交付を受けることを期待しうる法的地位が侵害されたことを理由とする損害賠償請求（請求4）とを内容とする民事訴訟（（ワ）第八一号）を提起したが、いずれの請求も排斥された（判旨の骨子は行政訴訟と民事訴訟とで、殆ど同一である）。

〈判　旨〉

一　事業を援助するためその遂行者に金銭を与える法律関係は一般に贈与であり、贈与契約の申込みに対し承諾することによって金銭の給付請求権が生ずる。奨励金交付の決定あるいは奨励金交付申請却下の決定は、その実質においては贈与契約の申込みに対する承諾あるいは拒絶であって、本来非権力的な作用であるが、条例上形式的には行政処分として構成されている。

二　条例の規定と奨励金交付の法律関係を考え合わせれば、工場の新設又は増設をした者から市長に対して奨励金の交付申請がなされ、市長がその審査の結果助成を適当であると認めて奨励金交付の決定をしてはじめて、右の者に奨励金交付請求権が生ずるものであることは明らかであり、原告の主張するように、工場の新設又は増設という事実行為の完了によって当然に右請求権が発生するものとは到底解しがたい。

三　工場増設に対する奨励金交付の制度を廃止するに当たっては、すでに具体的に発生している奨励金交付請求権は財産権として尊重すべきであるけれども、将来奨励金の交付を受けられるであろうと期待してある種の行為をしたにとどまり未だ右請求権を取得していない者の地位は法律上これを保護しなければならないものではなく、かようなものについて経過規定を設け、特別の取扱いをするかどうかは単に立法政策の問題にすぎない。右改正条例の附則二項は、本件改正がすでに発生している奨励金交付請求権に何らの消長を及ぼすものではないことを定めているばかりでなく、その三項は、未だ交付決定のなされていない工場増設についても、昭和四〇年度を初年度として奨励金交付の対象となるものについては経過規定を設けているのであるから、本件改正条例には法律不遡及の原則に反するというような非難を受けるべきところはない。

請求1については、判旨二、三より、改正条例は、奨励金交付請求権を侵害するものではなく、行政処分的性質を持たないため抗告訴訟の対象とはならないことを理由として、訴えを却下。

請求2については、判旨一より訴えは適法としつつ、判旨二、三より、附則三項の解釈を誤った違法がないことを理由として、請求を棄却。

請求3については、判旨一、二より、請求を棄却。

請求4については、判旨三より、改正条例を公布する行為、これを適用して申請を却下する行為に違法性がないこと、これらの行為による原告の権利の侵害は生じていないことを理由として、請求を棄却。

〈解　説〉

一　昭和三〇年代の経済の高度成長による地域格差の拡大に伴い、均衡ある発展をねらいとする地域開発政策が推進されることとなった。その一環として、後進地方公共団体においては、企業誘致による当該地域の発展（雇用増大、所得向上、将来の税収の増大等）を期待して、工場用地の造成、道路・工業用水の整備等の公共投資がなされるとともに、進出企業に対し、一定期間をかぎって地方税の課税免除・不均一課税（地税六条参照）ないしは徴収税額の全部又は一部に相当する奨励金の交付等の優遇措置を行うことを内容とする工場誘致条例が多数制定されるにいたった（昭和四二年四月現在三八道県一一七一市町村に及ぶ）。国も通達により優遇措置の無原則な拡大をいましめる（田中・後掲参照）反面、一定の場合には課税減免等による地方公共団体の減収を国庫より補塡する措置を講じた（低開発地域工業開発促進法五条、産炭地域振興臨時措置法八条、新産業都市建設促進法二二条、工業整備特別地域整備促進法一一条、首都圏開発三三条の二等）。ところが、案に相違して企業誘致は公共投資の割りには期待した利益を地元にもたらさぬばかりか、公共投資の増大と公害問題の発生（保木本「生存権と公害」ジュリスト四二二号四二頁参照）等による弊害が大きく、企業誘致政策を再検討し、工場誘致条例を改廃する地方公共団体がふえることとなったため、それに伴う紛争が発生するにいたった。本件もその一つであるが、保守系市長時代に制定された条例が、その廃止を公約して当選した革新系市長の下で改正されたため、紛争は一種の政治問題化し、訴訟の結果如何が本年秋の市長選に微妙に影響するといわれる事件でもある。

二　国・公共団体がその政策を変更しうること、このために法令を改廃しうること自体は問題がない。それは文字通り立法政策の問題だといってよい。しかしながら、このことは、法令改廃に際して既存の個人の権利や法的地位を尊重して如何なる経過措置をとるべきかもまた立法政策の問題であるということを意味するものではない。そこには当然一定の限界がある。判決もこのことは前提としつつ、限界の内容を導き出す論証の過程があまりにも単純であるため、その理由づけには疑問が多い。

まず、奨励金の交付が贈与としての性質をもつことと、それが単なる恩恵にすぎないものであり、その交付を期待できる地位が全く事実上のものにすぎず、法律上の保護に値しないものであるかどうかとは、全く別個の問題である。けだし、贈与としての性質をもちうる場合にも、負担付贈与もあれば、懸賞広告的なものもあるし、あるいは、これらに類する実質をもち、相手方の一定の行為を前提とする贈与であるため、相手方の信頼保護を考慮すべき場合も少なくない。また、国・公共団体の公行政主体が公行政目的のために行う贈与にあっては、公益上の目的による限界（自治二三二条の二参照）、平等原則による限界（憲一四条参照）、宗教的中立性による限界（憲八九条参照）、政治的中立性による限界等に服するのであり、純粋に私的な贈与と同視することは許されない。のみならず、条例等の根拠による場合には、当該法規の定める具体的公益目的による限界があるほか、当該法規に定める具体的要件に従わなければならない。したがって、具体的要件の定め方如何によっては、行政庁の行為は単なる確認的なものにとどまることもあるし、また、そうでなくても、贈与の対象となるものの性質上、相手方等の行為によって信頼保護に値する要件事実が実際上に形成されてしまうことも十分にありうる。

つぎに、奨励金交付・申請却下の決定が行政行為として構成されていることは、手続上に、原則として交付決定があってはじめて一定額の奨励金の給付を請求しうることを意味する。したがって、同時に、交付決定がない以上は一定額の奨励金の給付は請求できないこと（請求3）、交付決定がある以上は奨励金の交付を拒否できないことを意味する。しかしながら、その交付を期待できる相手方の地位が、(1)　申請却下の決定（請求2、4。被告答弁はこれをも争えない程の恩恵的なものという）、(2)　交付決定の取消し、(3)　申請中の条例改正（請求1、4）、(4)　事実行為完了後申請前の条例改正、(5)　事実行為完了前申請前の条例改正等の際に、法律上どの程度の保護に値するものであるかについては何らふれるものではない。このような問題の解決には、(1)　当該根拠法令の規定上申請者等の地位ないし交付決定の性質が如何に構成されているか（判例時報五一六号一二頁参照）、(2)

手続上既に申請中の者の地位を如何に評価するか、(3) その他の信頼保護に値する諸事情の認定ならびに評価などの検討が不可欠というべきである。

三 （1） 奨励金交付の要件等が、条例上客観的基準として与えられているか、それとも行政庁の自由裁量に委ねられているか、の法的拘束の程度によって、交付決定が確認的行為にすぎないか否かの区別をする見解もあるようである。しかしながら、一方で手続上に、行政庁の交付決定のない以上は確定額の奨励金の給付を請求できないものとされる限りでは、法的拘束の程度というのは相対的な区別にすぎないのではないかと思われる。さらに他方で実体上に、要件等について法令上同程度の法的拘束のある金銭給付においても、法令上の規定の内容を離れてこれに対する私人の権利に程度の区別が考えられる（例えば、生活保護給付、社会保険給付、補助金の交付等）。同じく補助金あるいは奨励金と呼ばれるものにあっても、さらに種々の区別が考えられよう（例えば、公行政の一部を行政主体に代わってやっている者に対するものとそうでないもの、資本労力等の投下に対してなされるものとそうでないもの）。

（2） 本件では、原告は、ただ単に工場増設という事実行為を完了したのみならず、それに加えて法令上正当な申請を既に行っている。もはや、行政過程は開始しているといってよい。従前の行政行為中心の物の見方から、行政過程の展開を専ら行政庁のイニシアティブに基づくものとみる立場に立てば格別、今日、実体法上の権利とは別個に、私人に行政過程に主体的に参加しうる手続上の「申請の権利」が認められる（今村・行政法入門一三四頁）ものとすれば、私人は、申請に対し相当の期間内に正当な手続を経て瑕疵なき内容をもった行政行為が得られるであろうという法律上保護に値する地位をもつというべきである。多くの法令改正の際の経過規定においても、現に申請中のものについての適用法規を明らかにするのが例である。

ところで、これまで数次にわたる改正条例附則において「交付の決定を受けた者については従前の例による」旨の規定があることを判旨二の理由として援用しているのであるが、それらの時の改正の内容が制度の廃止でない場合には、申請中のものについては当然新たな改正法によって交付の決定がなされたはずであるから、交付の決定によって初めて法律上保護に値する地位が形成されるかどうか、交付の決定を受けていないものが法律上全く保護されていないかどうかの例証とならぬことは明らかである。そうだとすれば、判旨は経過規定を読みちがえているといわなくてはならない。

（3）申請や決定の性質論、狭義の行政過程論以外に、さらに、信義則違反等の主張に対して具体的諸事情の判断が必要である。条例自体は一般抽象的法規を定める立法の一つであり、具体的事案に適用されるにすぎないのであるが、適用対象たる企業の規模や条例の目的たる企業誘致の性質上、具体的に特定の企業に対する市当局の誘致工作等の働きかけが存するならば、場合によっては、事実上に公法上の契約に類する事情の存在が認められなくてはならないこともありうる（田中・後掲一九五頁、綿貫「公法上の契約」行政法講座二巻一一四頁参照）。

四　附則三項によると、昭和三九年度中に事実行為が完了したものについては、既申請・未申請を問わず、従前の例によることとされている。まず、附則三項に該当する具体例が現実に存在するかどうかが重要であるが、それはともかく、既申請未決定のものについて、事実行為が三九年完成のものと四〇年完成のものとで区別する合理的理由があるであろうか。さらに、三九年完成未申請のものについていえば、これを四〇年完成既申請中のものより強く保護すべき合理的理由は全くない。けだし、申請手続上、操業開始後三月以内に申請すべきこととされている以上、該当事例はいずれも本件増設工場より操業開始が遅いこととなるが、事実行為の完了時が遅くても操業開始時期の早い方が本条例の趣旨目的により適合することは明らかであり、奨励金の交付も「操業を開始し」固定資産税を課された年度から三年を原則とするのである。以上の解釈によれば、附則の経過措置は、合理的理由のない区別を内容とするものであり、公行政目的のための奨励金交付に関するものとしては、違法たるを免れない。したがって、本改正条例附則には、いわゆる立法の欠缺あるものとし、このような場合には一般原則に立ち帰っての補充的解釈により、附則三項のある以上は、平等原則と法律不遡及の原則に基づき、昭和四〇年増設工事完成の既申請者についても、なお従前の例によるものとするのが正当と思われる。

五　判旨は、本案前の問題についても種々判断を加えているが、とりたてて目新しいところもないから、左記に列記しいちいちの検討は省略する。

（1）条例とは独立に条例の公布行為のみを抗告訴訟の対象とすることができないというのはその通りである。

（2）法令が適用行為をまたず、直接個人の権利義務に変動を及ぼす場合に、一種の行政処分として抗告訴訟の対象となりうるというのは、行政裁判所時代から認められている。ただし、判旨のいうような狭義の権利を侵害する場合に限定されるかどうか、また、適用行為を争いうる場合に、同時に法令取消しを求める利益があるかどうかには疑問の余地が大きい。

（3）自由裁量事項の問題は、本案前の問題ではなく本案の問題であるというのもその通りである（行訴三〇条参照）。

（4）金銭給付請求にあって、請求権の存否が本案の問題であるというのもその通りである（（1）（2）は請求1、（3）は請求2、（4）は請求3につきいわれている）。

なお、控訴審である昭和四四年四月一七日札幌高裁判決（判例時報五五四号一五頁）も本判決をほぼそのまま承認している。

（参考文献）

田中二郎・行政法演習Ⅰ一九一頁以下

今村成和・判例評論一一六号（判例時報五二五号）一九頁（判批）

（ジュリスト臨時増刊『昭和四三年度重要判例解説』、一九六九年）

17　宅造法上の規制権限の不行使と国家賠償責任

大阪地裁昭和四九年四月一九日判決／昭和四二年（ワ）第五〇二一号損害賠償請求事件／判例時報七四〇号三頁

〈事実の概要〉

傾斜地の山林を造成して階段状をなした住宅地（兵庫県西宮市内）のうち、訴外A（妻X_1、子X_2）及びX_3は下部住宅地の宅地を購入し、X_4、X_5及びX_6は上部住宅の宅地を購入し、それぞれ家屋を建築所有していたが、この上部住宅地と下部住宅地とでは九メートル余の高低差があり、その間の崖面にはコンクリート擁壁及び石積擁壁がもうけられていた。ところが、昭和四二年七月九日近畿一帯を襲った集中豪雨（日降水量では明治三〇年神戸海洋気象台創立以来の記録的豪雨）の際、この擁壁が崩壊し、上部住宅地の土砂が下部住宅地上に崩れ落ちたため、A及びX_3の家屋は倒壊して、A及びその子B、C、Dは死亡、X_1・X_2も負傷し、また上段のX_4、X_5及びX_6の家屋も半ば宙吊りの状態となり、後日解体収去を余儀なくされたほか、いずれも宅地の復旧工事に多額の費用を要するところから敷地を他に処分（下部住宅地は兵庫県に売却、上部住宅地は西宮市に寄附採納。現在は緑地になっている）せざるをえなくなった。

原告X_1ないしX_6は、これらの損害について、上部住宅地及び擁壁の造成工事をしたY_1に対しては民法七〇九条に基づく賠償を、もと山林の所有者であったY_2に対しては工事の注文者並びに擁壁の所有者・占有者であるとして民法七〇九条及び七一七条に基づく賠償を、宅地造成等規制法（以下「宅造法」という）、建築基準法上防災のために必要な措置をとるべき権限と責任を有する兵庫県知事の属するY_3（兵庫県）に対しては国家賠償法一条に基づく賠償を請求した。

裁判所は、Y_2については、Y_1が上部住宅地及び擁壁の造成工事に着手した昭和三七年五月当時既に上部住宅地の所有権はY_2からY_1に移転し、擁壁の所有権も上部住宅地の所有権とともにその後X_4及びX_5に移転していたものとして、その責任を否定したが、Y_1については本件のコンクリート擁壁崩壊の原因が、擁壁の構造上等の欠陥にあるものとして、その責任を肯定し、さらにY_3についても、少なくとも本件崩壊事故発生当時においては宅造法上の規制権限を行使しなかったことは違法であるとして、本件擁壁の所有者・占有者として安全保持義務を負っていたX_4及びX_5を除き、その他の原告に対する責任を肯定した。

以下本稿では、Y_3の国家賠償責任を中心として論ずる。

〈判　旨〉

「宅造法は宅地造成に伴う崖崩れ等による災害を防止するため必要な規制を行なうことによつて国民の生命、財産の保護を図ることを目的とする（同法一条）から、同法一五条の勧告、一六条の命令を発する権限もこの目的に沿うよう適時適切に行使しなければならないものであるが、右法条の文言によつても明らかなとおり、その行使は知事の合理的判断に基く自由裁量に委ねられているのである。したがつて改善の勧告ないし命令を発しうる法律上の要件が具備されたからといつて、知事の改善勧告ないし命令権の不行使が常に違法となるものではなく、その自由裁量が著しく合理性を欠くと考えられるとき、はじめて違法となるのである（行政代執行法による代執行についても同様である）。そしてY_1の宅地造成工事中、兵庫県知事が原告ら主張の改善の勧告、命令を発しなかつたことが、著しく合理性を欠くとは認めがたい。」

そこで進んで宅地造成工事終了後の改善命令について検討すると「遅くとも本件事故発生当時には、本件擁壁はきわめて不完全な状態にあり、これを放置するときは崩壊するおそれが著しく、もし崩壊すれば下部住宅地の家屋のみならず、その居住者の生命にも危害が及ぶ危険のあることが明らかであつて、前記宅造法の趣旨目的に照らすと、その状態はまさに本件擁壁につきその所有者らに対し同法一六条所定の改善命令を発し、行政代執行法による代執行の措置によつてでもその命令の実効を期し、危険を除去すべき場合に当るとみるのが相当であり、兵庫県知事がこれをしなかつたのは著しく合理性を欠き、違法であるというべきである。」

「ところでY_3は兵庫県知事が行政法上の作為義務を怠つても、その作為が特定個人に対する関係でなすべきことを法規上命ぜられている場合でなければ、不法行為の責任を負わないから、本件については損害賠償義務がないと主張する。しかし知事の発する改善命令は宅地造成に伴う崖崩れなどの災害より住民の生命財産を護ろうとするものであるから、兵庫県知事が改善命令を発せず、その執行をしないことが違法であつて、これがため、Y_1の不完全な擁壁の築造等と相俟つて、人の生命財産に危害が生じたときは、その損害賠償責任の問題が生ずるのであり、この問題については兵庫県知事が被害者に対し作為義務を負つていたか否かは問うところでない。」

〈解　説〉

一　本判決は、公法上の規制権限の不行使を理由として国家賠償責任を認めた注目すべき判決である。

(1)　行政庁の不作為によって国家賠償責任が生ずることは既に一般に認められている。

(2)　とくに国家賠償法二条の公の営造物の設置管理の瑕疵についていえば、安全良好な状態に保つべき義務を果たさないとか、災害防止上必要な措置を講じないとかの不作為（注意義務違反）がその責任の根拠であり、いわゆる客観化された過失の内容である。

(3)　国家賠償法一条についても、例えば、非権力的な学校の教育活動や課外活動における事故の場合にみるように、必要な注意、監督等をしなかった不作為が賠償責任を生じさせている。また、違法な積極的行為（公訴の提起・維持）を撤廃する行為（公訴の取下げ）をしないことが違法とされることがある。さらに、適法な行為（許可）をしないことが違法となることがある（不作為の違法確認の訴え参照）。

このように作為と不作為とは盾の両面であり、行政過程展開の局面には様々の現われ方をするから、ある局面だけをとらえて作為か不作為かで形式的な区別をすることはできない。例えば、最高裁昭和四六年一一月三〇日第三小法廷判決（民集二五巻八号一三八九頁）は、土地区画整理事業の施行者が換地予定地上にある建築物等について移転除却の代執行をしなかったために土地所有者が損害を受けた事案について施行者の損害賠償責任を認めているが、これは土地区画整理事業施行の過程に既に土地所有者を巻き込んでおり、これに対する換地予定地の指定処分をして、従前地の使用をできなくしておきながら、換地予定地の現実の使用ができるだけの手当をしなかった事例であって、全体としての事業の施行の仕方がまずかったわけである。

(4)　以上の諸例では、私人に対する義務の存在、損害発生との因果関係の存在などが相当明確な場合である。しかし、本件のような規制権限の不行使の場合にあっては、損害の発生の原因となる私人の行為が別にあって、行政庁の規制権限の行使によってこれを防止できたかもしれないという関係（因果関係の成立を妨げることができたかもしれないという消極的な因果関係）があるにすぎないから、国家賠償責任を認めることは一般にははなはだ困難であろうと思われる。例えば道路上での交通事故について、道路の設置管理の瑕疵を理由とする責任は認められやすいが、道路交通法上の取締権限の不行使を理由とする国家賠償責任が認められることは稀であろう。しかしながら、他面において、いかなる状況においても国家賠償責任が成立しないとの断定もできない。ことに公害・災害をはじめ、医薬品や食品などにも危険が一杯で公法上の規制権限も増加の一途をたどっている現代において規制権限の不行使による国家賠償責任の問題は実際上にも極めて重要な意義をもつ。

二　一般に不作為による不法行為の成立には種々の問題がある。

(1)　国家賠償責任にかぎらず、一般の不法行為が不作為によって成立するためには、その違法性の前提となる作為義務の存在と、不作為によって損害が発生したという因果関係の存在が認められなくてはならないが、この点で問題があるわけである。

(2)　規制権限行使の作為義務については、通例、規制権限の行使が行政庁のイニシァティブに委ねられており、許認可のように私人の申請権が認められている場合を除いては、いわゆる行政庁の自由裁量に委ねられている（私人の申請権が認められる場合にあっても、旧来の通説では、不作為の違法確認訴訟までであって、義務付訴訟などは認められない）ため、まず、作為義務の存在そのものが問題となる。いわゆる自由裁量論との関係が問題とされるわけである。判旨も自由裁量が「著しく合理性を欠く」かどうかを論じているが、同様の議論は他の諸判決にもみられる（横浜地判昭和三八・一〇・三〇下民集一四巻一〇号二一三五頁、東京高判昭和四二・一〇・二六高民集二〇巻五号四五八頁）。

(3)　行政庁の作為義務は、さらに、行政上の義務にとどまらず、被害者個人に対する義務であるかどうかが問題とされる（横浜地判前掲、東京地判昭和四〇・一二・二四下民集一六巻一二号一八一四頁、東京地判昭和四四・一二・二五判例時報五八〇号四二頁）。ドイツのワイマール憲法一三一条や西ドイツの基本法三四条などでは、公務員が公権力の行使にあたって「第三者に対する職務上の義務に違反」することが国家賠償責任の成立要件とされ、その趣旨がうかがわれるが、判旨はこれを「問うところではない」として一蹴している。

(4)　たしかに行政庁の作為義務については、自由裁量の限界の問題と、誰に対する作為義務であるかという問題とは一応区別できるし、具体的事例によっては区別すべき場合もあろうが、裁量論は通常私人の権利利益との関連で論じられるものであるため、裁量の限界をこえて、行政「法」上の義務だということになれば、同時に私人に対する関係での義務でもあるのが普通であるし、それは被告Y_3主張のように法規の明文による規定をまたず、裁量の限界という条理法によっても認められるものである（なお、現在の西ドイツの国家補償責任が危険責任論をはじめ種々の理論構成により極めて広く認められるにいたっており、上記の文言をはるかにこえたところで展開されていることもいうまでもない。今村・国家補償法二五頁、三二頁以下参照）。

三　行政庁の作為義務の存否並びに因果関係の存否は具体的状況にかかわる。

(1)　一般抽象的に例えば宅造法一六条の権限の行使は私人に対する関係での義務だというのではなく、とくに災害防止の場合は具体的状況にかかわるし、また例えば人体に悪影響のある医薬品を当時の知見に基づいて放置した場合の責任もその後の回収指示等の具体的な措置のやり方の如何にかかわり、必ずしも形式的な権限の有無によらないのではないかと思われる。

(2)　この関係で、行政庁の責任を認めるためには、行政庁が結果発生にどの程度加功、荷担ないし寄与することが要求されるであろうか。前掲横浜地裁判決は、違反建築物による騒音被害について「元来、かような騒音の発生そのものは、当該建物の使用者の行為によるものであるから所轄行政庁が違反建築に対する是正措置を懈怠又は遅滞することに基く不法行為が成立する為には右懈怠又は遅滞と騒音の発生行為とが共同又は従属の関係にあることを要し、かような関係があるというためには、右懈怠又は遅滞と騒音との間に客観的に原因結果の関係があることのほか、主観的に所轄行政庁において右騒音を認識しつつ故ら之と共同し、又は少くとも之を容認する意思を以て、或は之等に準ずる過失に基き懈怠又は遅滞したことを要するものと解すべきである」としている。

(3)　また、国家賠償請求事件ではないが、拓大リンチ死亡損害賠償請求事件の第一審判決（東京地判昭和四八・八・二九判例時報七一七号二九頁）においても、大学の責任を肯定するにあたって、学生課長らが事前に被害者から相談を受け、責任をもって退会できるように取り計らう旨約束したことなどによって、退会に伴う集団暴行による生命侵害を防止すべき条理上の義務を負うにいたったとしている。一般の常識からいえば学生のリンチ事件に大学が責任を負うべき理由は毛頭ない（拘束的・閉鎖的な刑務所等での暴力事件とは事情が異なろう）が、事前の相談等によってこれにかかわりを持ったという具体的事情が重視されているものと思われる。

(4) 行政庁に作為義務を生じさせる具体的事情の一つは、損害の内容、生ずべき危険の性質、程度であろう。この点から、騒音や日照阻害の防除のため行政庁の作為義務を認めなかった判決例（横浜地判前掲、東京高判前掲）と本判決あるいは拓大リンチ事件判決とで差異が生ずるのは当然ともいえよう。危険に着目して仮に危険責任と呼ぶとしても、今村説（今村・前掲書参照）にいう行政活動に内在する危険ではなくて、行政の対象たる社会に存在する危険であり、社会管理機能である行政がその防止の義務を負担すべきことが責任の根拠である。この点からみると、行政庁の職務の性質によっては必ずしも積極的な加功ないし寄与は要求されず、知りつつ放置するだけでその責任を認めるに十分な場合もありうると思われる。例えば、警察官が泥棒の現場を目撃しながら理由なく放置した場合など（東京地判昭和四七・二・二六判例時報六七〇号五九頁参照。別の理由から結論消極）。警察・消防など高度の危険に対し高度の責任を負う職務の類型にあっては、消極的な職務の懈怠が積極的な加功に等しい結果をもたらすという論理を仮に一般化することが可能であるとするならば、行政庁の活動自体に危険状態をもたらしているものがあるというのとは異なる論理による危険責任の分野の展開がみられうることになる。

四 このような危険責任の論理の援用なくしては、本判決の結論には問題があるほか、なお、いくつかの疑問がある。

(1) このような危険責任が成立するための要件として差し当たり考えられるものは、① 生命・財産に対する高度の危険が切迫していること、② 規制権限を行使しないことが著しく不合理であることが通常人の目に明らかであり、③ とるべき措置の内容が明確であってさほど困難を伴わないことであろう。これらの要件を充足するにもかかわらず、あえて不作為のままでいることは、積極的な加功に等しいとみてよいのではないかと思われる。

(2) 本件の場合、昭和四〇年五、六月頃コンクリート擁壁の隣接擁壁との継目のところに縦にかなりの長さの亀裂が生じたこと、同年九月頃には、コンクリート擁壁に横に長く亀裂が生じたことを、原告X_3の妻が西宮土木出張所に告げて善処方を要望したが、何らの措置もとられなかった（またY_1に対しても原告らは補修を求めたが費用がないとして拒否されている）。従来、わが国の建築関係法令の敷地に関する規制ははなはだ不十分であり、昭和三六年の宅造法にいたって部分的手当てがなされ、本件等の災害発生後の昭和四四年には急傾斜地の崩壊による災害の防止に関する法律が成立し、また同年施行の都市計画法によって一般的に敷地に関する規制が強化された。しかし記憶に新しい科学技術庁の山崩れ実験の際の人命事故にみられるように技術的面ではなお立ち遅れ、あるいは科学的にも不明部分も多く、極めて高度の科学技術を要するため、具体的内容を持った改善命令を短時日の間に地方公共団体の執行体制で出すことは実際にはちょっと期待できない現状にある。

(3)　また、宅造法も従来の法令の例にもれず、例えば、改善命令に関する一六条では、監督処分の場合同様、事前の聴聞手続や改善命令によらないで自ら必要措置をとりうる場合の限定など、私権尊重に十二分の配慮をしている（同法一六条三項、一三条四項・六項等）。とかく行政庁の規制権限の発動の臆病さが指摘されているが、それは決して職務の怠慢・懈怠ではなくって、技術的困難や経済的困難のほか、法律上の困難によるところが大きい。本件の場合も結果から逆様にみれば或は判旨のいう通りかもしれない。しかし、判旨の論理が通用するためには災害防止を理由とする規制権限の行使は相当広範に行政庁の裁量の幅がみとめられ、科学的立証がつかなくても、多少の疑いがあれば規制に踏み切れるし、かつ規制の内容も宅地の使用禁止等強度のものも可能であり、かつ、補償を要しないことは勿論、結果として災害が生じなくても規制は違法とならず賠償も要しないという法理が確立しなければならない。そうでなければ、神技的な刀渡りのような不可能を強いることであって片手落ちだと思われる。けだし、災害というものは起きてみなければ分らないからである。

(4)　しかしながら、災害の疑いさえあれば、勇敢に改善命令も出し、宅地も使用禁止にし、道路も閉鎖・廃道にするということがこれらのもののもつ社会的効用と照らして好ましいことであろうか。多少のリスクを覚悟の人間が自己の負担で利用することまで禁止すべきではないという考えもありうるのではないかと思われる。本件の土地も、危険の点からみて（また原告らが災害の後所有権放棄しようとしたことからも）極めて無価値な土地であったとみうる反面、それを住宅地として安全に利用するには本当は極めて高価な土地であったはずである。その費用は他ならぬ原告らの負担すべきものであり、ここに公費を投入すべき理由は考えられない。社会的に有用である行政活動に内在する危険が顕在化したから、社会全体で負担するという警官の休日強盗事件や通常の道路上の災害事件に通用した論理とは全く異なる論理が要求される事件であることは明らかであろう。

(5) 本件のような危険住宅地の改善方法として最も好ましいのは住宅地内の所有者が共同で改善工事をなしうるような法律上の手法を考案することである。切土、盛土等の状況で危険の度合いがそれぞれ異なり利害も異なるが、しかし防災工事は全員共同でなくてはできないことが多い。あるべき行政の負うべき責任は、造成後にあってはこれらの共同の事業の推進を融資や技術的援助によって側面から援助することであろう。

（ジュリスト臨時増刊『昭和四九年度重要判例解説』、一九七五年）

18 パトカーに追跡された逃走車両（加害車両）が第三者に生じさせた損害について国家賠償責任が否定された事例

損害賠償請求事件／最高裁昭五八（オ）七六七号／昭六一・二・二七・一小法廷判決、破棄自判／判例時報一一八五号八一頁／民集四〇巻一号一二四頁

〈事　実〉

パトカーに追跡されて逃走する車両が逃走中に交通事故を起し、第三者に損害を生じさせた場合に、パトカーの追跡の開始・継続の違法、過失を理由とする国家賠償責任が問題とされる事例がある。本件はそのような事例の一つである。逃走車両（加害車両）が赤信号を無視して交差点に進入したため、交差点内において被害車両Aに衝突し、A車がさらに被害車両Bに激突して、B車運転のX_1、同乗者のX_2、X_3に、それぞれ顔面挫傷等、骨盤骨折等、大腿骨骨折等の各傷害を生じさせた（以下「本件事故」という）。本件事故発生にいたる事実関係のうち主要なものは、つぎのとおりである。

⑴　日　時　　昭和五〇年五月二九日午後一〇時五〇分頃追跡開始、同一〇時五七分頃本件事故発生。

⑵　場　所　　富山市内の国道八号線ならびに東町交差点においてこれと交差する通称しののめ（東町）通りという市道。

⑶　道路状況　　加害車両は、当初一キロメートルほど逃走し、いったん停止後、突如ユー・ターンをして逃

走しているが、このユー・ターン地点から東町交差点までの国道八号線は、東西に延びる延長約二キロメートルの四車線である。また、東町交差点を左折後本件事故現場にいたる道路は、同交差点からほぼ南北に延びる約一・七キロメートルの市道であって、雄山町交差点までは四車線、その後は二車線で歩道をふくむ道路の幅員が約一二メートルであり、最高速度は時速四〇キロメートルに指定され、道路両側には商店や民家が立ち並び、また、交差する道路も多いという状況であった。

(4)　逃走の態様　　加害車両は、ユー・ターンして、国道八号線を時速一〇〇キロメートルで逃走を続けたが、その間途中トラック一台を反対車線にはみ出して追い越し、三か所の交差点の信号機のうち、少なくとも一か所は赤信号を無視して走行した。また、東町交差点では、左折車線および直進車線に先行車両が信号待ちのため停車していたのに、減速しつつ右折車線から大回りで、赤信号を無視して左折し、左折後約九〇キロメートルに加速して逃走したが、音羽町交差点付近で自車後方視界に本件パトカーが入らなくなったので、同車を振り切ったものと考えていったん時速を七〇キロメートルに減速した。しかし、減速後しばらくして後方に本件パトカーの赤色灯を認め、追跡が続行されていることに気付き、再び時速約一〇〇キロメートルに加速し、清水旭町交差点の黄色点滅信号、雄山町および大泉東町一丁目の赤色点滅信号を無視して進行し、さらに、大泉東町二丁目交差点に赤信号を無視して突入したため、本件事故を発生させた。

(5)　追跡の方法・態様　　加害車両がいったん停車の際に車両番号を確認し、同車がユー・ターンして逃走開始後、本件パトカーは、赤色灯をつけサイレンを吹鳴して追跡を再開し、同時に加害車両の車両番号、車種、車色、逃走方向等の無線手配を行い、加害車両との車間距離約二〇メートルないし五〇メートル、時速約一〇〇キロメートルで追跡を続行したが、途中ユー・ターン地点から約九五〇メートル付近で「交通機動隊が検問開始」との無線交信を傍受した。また、東町交差点を本件パトカーも加害車両同様の方法で左折し、左折の辺りでは加害車両との距離が開いたが、左折後時速約八〇キロメートルに加速して追跡を続行したため、加害車両との車間距離を縮め、さらに、左折直後加害車両の逃走方向を無線で手配した。しかし、雄山町交差点からは道路が片側一車線となっているうえ前方の大泉東町一丁目交差点から道路が右にカーブしていて加害車両が見えなくなったため、赤色灯は点灯したまま、サイレンの吹鳴を中止し、減速して進行した（なお、上告理由によれば、本件事故発生時点における本件パトカーと加害車両の車間距離は五〇〇メートル以上であった）。

以上の事実関係のもとにおいて、第一審ならびに原審判決は、本件パトカーによる追跡を違法として国家賠償法一条一項にもとづく損害賠償請求を認容した。それは、本件最高裁判決が要約するところによると、つぎのような判断にもとづくものであった。

(1)　パトカー乗務の警察官としては、交通法規違反者の追跡に当たっては、追跡行為により被追跡車両が暴走するなどして交通事故をひき起こす具体的危険があり、かつ、これを予見できる場合には、追跡行為を中止するなどして交通事故を未然に防止すべき注意義務があるところ、(2)　本件においては、加害車両の運転速度及び逃走態様、道路交通状況に照らすと、本件パトカーが追跡を続行したならば、加害車両の暴走により通過する道路付近の一般人の生命、身体等に重大な損害を生ぜしめる具体的危険が存し、また、S巡査らも右危険を予見できたものというべきであり、しかも、追跡を続行しなくても交通検問その他の捜査によりこれを検挙することも十分可能であったから、S巡査らとしては、追跡を中止するなどの措置をとって第三者の損害の発生を防止すべき注意義務があったのに、これを怠り、高速度かつ至近距離で追跡を続行するという過失を犯したものであり、(3)　右追跡行為は、第三者の生命、身体に対し危害を加える可能性が高く、他の取締方法が考えられるから、被上告人らに負わせた傷害の重大性に鑑み、被上告人らに対する関係では違法性を阻却されない。

〈判　旨〉

「およそ警察官は、異常な挙動その他周囲の事情から合理的に判断してなんらかの犯罪を犯したと疑うに足りる相当な理由のある者を停止させて質問し、また、現行犯人を現認した場合には速やかにその検挙又は逮捕に当たる職責を負うものであって（警察法二条、六五条、警察官職務執行法二条一項）、右職責を遂行する目的のために被疑者を追跡することはもとよりなしうるところであるから、警察官がかかる目的のために交通法規等に違反して車両で逃走する者をパトカーで追跡する職務の執行中に、逃走車両の走行により第三者が損害を被った場合において、右追跡行為が違法であるというためには、右追跡行為が当該職務目的を遂行する上で不必要であるか、又は逃走車両の逃走の態様及び道路交通状況等から予測される被害発生の具体的危険性の有無及び内容に照らし、追跡の開始・継続若しくは追跡の方法が不相当であることを要するものと解すべきである。

以上の見地に立って本件をみると、原審の確定した前記事実によれば、㈠　Kは、速度違反行為を犯したのみならず、警察官の指示により一たん停止しながら、突如として高速度で逃走を企てたものであって、いわゆる挙動不審者として速度違反行為のほかに他になんらかの犯罪に関係があるものと判断しうる状況にあったのであるから、本件パトカーに乗務する警察官は、Kを現行犯人として検挙ないし逮捕するほか挙動不審者に対する職務質問をする必要もあったということができるところ、右警察官は逃走車両の車両番号は確認したうえ、県内各署に加害車両の車両番号、特徴、逃走方向等の無線手配を行い、追跡途中で『交通機動隊が検問開始』との無線交信を傍受したが、同車両の運転者の氏名等は確認できておらず、無線手配や検問があっても、逃走する車両に対しては究極的には追跡が必要になることを否定することができないから、当時本件パトカーが加害車両を追跡する必要があったというべきであり、㈡　また、本件パトカーが加害車両を追跡していた道路は、その両側に商店や民家が立ち並んでいるうえ、交差する道路も多いものの、その他に格別危険な道路状況はなく、東山交差点から雄山町交差点までは四車線、その後は二車線で歩道を含めた道路の幅員が約一二メートル程度の市道であり、事故発生の時刻が午後一一時頃であったというのであるから、逃走車両の前示の態様等に照らしても、本件パトカーの乗務員において当時追跡による第三者の被害発生の蓋然性のある具体的な危険性を予測しえたものということができず、㈢　更に、本件パトカーの前記追跡方法自体にも特に危険を伴うものはなかったということができるから、右追跡行為が違法であるとすることはできないものというべきである。」（傍点筆者）

〈評　釈〉

一　関連判例

パトカー追跡事故関係の裁判例として、つぎのようなものがある。

①東京地裁昭和四四年四月一六日判決（判時五六四号一八頁＝判タ二三六号一六五頁。責任肯定）

②東京高裁昭和四六年四月一二日判決（判タ二六五号二四九頁。①の控訴審判決。責任否定）

③札幌地裁昭和五一年四月二〇日判決（判時八三一号八一頁。責任否定）

④横浜地裁昭和五二年一月二五日判決（判時八五五号九五頁。責任肯定。同五三年四月二八日控訴取下げにより確定＝判例時報社調査による）

⑤富山地裁昭和五四年一〇月二六日判決（判時九五一号一〇二頁。本件と同一事故により前記被害車両Aの同乗者の死亡事故にかかわる。責任肯定。ただし、本件最高裁判決と同日に下された同趣旨の上告審判決により責任否定＝訴訟代理人中村三次弁護士のご教示による）

⑥東京地裁昭和五六年三月三一日判決（判時一〇二三号八二頁。責任否定）

⑦富山地裁昭和五七年四月二三日判決（民集四〇巻一号一八七頁。本件第一審判決。責任肯定）

⑧名古屋高裁金沢支部昭和五八年四月二七日判決（民集四〇巻一号二一三頁。本件原審判決。責任肯定）

⑨東京地裁昭和五九年六月二六日判決（判時一一三六号八七頁。責任否定）

⑩大阪地裁昭和五九年一二月二四日判決（判タ五五〇号二四二頁。責任否定）

⑪札幌地裁昭和六〇年九月九日判決（判時一一八三号一三〇頁。責任否定）

⑫神戸地裁昭和六〇年九月二五日判決（判時一一七〇号一二七頁＝判タ五七五号五八頁。責任否定）
⑬東京地裁昭和六一年七月二三日判決（判時一二〇四号一二三頁。責任否定）

以上の裁判例のうち、①②は、速度違反車両が何台か通過中、突然の白バイの出現に驚いた一台の車両があわてて急ブレーキをかけて左転把したために生じた追突事故にかかわり、パトカーに追跡された逃走車両が起した交通事故というのには当たらない。また、⑨と⑪は、パトカーに追跡された逃走車両が、それぞれ転倒事故（⑨は自動二輪）、河川転落事故（⑪では国家賠償法二条にもとづく責任が問題とされている）により、みずからが被害車両となった場合にかかわる。したがって、結局、パトカーに追跡された逃走車両が逃走中に交通事故を起し加害車両となって第三者に被害を生じさせた場合の関連判例としては、③④⑤⑥⑦⑧⑩⑫⑬がある。これらのうち、責任肯定例は、④⑤⑦⑧であり、⑤⑦⑧はいずれも本件事故にかかわる第一審判決または控訴審判決であるが、上告審判決において否定される結果となったため、責任肯定例としては④のみが存在することになる。

二　個別的論点の検討

責任肯定例である④、これに従ったとみられる⑤⑦⑧と、本件最高裁判決をはじめとする責任否定例との間には、後にみるとおり、全体の判断枠組みないし基体的発想にも差異がみとめられる。本件最高裁判決は、原審認定事実を前提としつつ、第一審判決（⑦）ならびに原審判決（⑧）と異なる結論を自判しているわけであるから、当然、そこに違った物の見方が予想される。順序として、まず、個別的論点について、これを検討することとしよう。

(1)　追跡の必要性　　本件では、車両番号が確認済みであり、無線手配もされ、検問開始の無線傍受もしていた。そこで、⑦⑧においては、「あえて追跡を継続しなくても交通検問など他の捜査方法ないしは事後の捜査」により検挙が可能であったとする。これに対して、本件最高裁判決は、「氏名等の確認はできておらず、無線手配や検問があっても、逃走する車両に対しては究極的に追跡が必要となる」とする。たしかに、車両番号だけでは、盗難車両の場合、後日の検挙は期待できない。また、無免許運転⑫⑬、飲酒運転⑫、禁制品等の吸飲・所持⑩、殺人事件等の重大事件の疑い⑩などのある場合には、証拠保全が後日の検挙によっては著しく困難となることが予想される。つぎに、無線手配による検問開始は、殺人事件、銀行強盗事件などによる広範な緊急配備は別として、本件の場合がまさにそうであったように、逃走方向の変化に応じて検問の場所が移動し、必ずしも追跡に代わりうるほど有効なものではない。しかも、本件の場合、いったん停止後、ユー・ターンして逃走しているから、最高裁のいうとおり、究極的に追跡が必要になることは否定できない。さらに、⑩のように、殺人事件の緊急配備のための検問を突破しようとした車両が検問待ちの車両の中に突込んだなどという極端な事例においては、検問をもうけたこと自体の適否が争われている。なお、③は、追突の危険を省みずに接近して車両番号を確認すべき義務はないものとし、⑥は、車両番号確認後、被疑者の特徴を確認中の事故であり、無線手配の暇はなかったとして、追跡を中止しなかったことに過失はないものとし、⑫は、人相を確認できなかった状況で、車両番号確認後も追跡行為を継続したのは最善の方法であったとしている。ところで、唯一の責任肯定例というべき④においては、逃走車両の運転者は、追跡した警察官が顔見知りであって、その氏名ならびに無免許運転であることが追跡開始時すでに判明していた点で、他の事例と著しく異なる特色がみとめられる。

(2)　違反行為ならびに逃走行為の態様・程度　　追跡開始の端緒となった違反行為は、必ずしも重大なものばかりではない。速度違反（③制限時速四〇キロメートルのところを約六〇キロメートルで走行、⑤⑦⑧制限時速四〇キロメートルのところを七八キロメートルで走行）、無免許運転④、いわゆる暴走族の暴走行為（⑥通行区分違反、速度違反、信号無視）、重大事件現場付近でパトカーを認めて加速逃走⑩、尾燈切れ、安全燈切れの整備不良⑫、ヘルメット無着用⑬などがその例である。しかし、逃走開始後は、速度違反、区分違反、信号無視、停止警告無視などを重ねることになるから、道路交通法規違反の程度が高くなるのみならず、他の何らかの犯罪を犯しているのではないかとの疑いを高めることになる。

したがって、一面において、逃走行為の態様・程度がひどければひどいだけ、追跡の必要性が高まることになる。⑩のように、阪神高速道路上を時速六〇キロメートルないし一五〇キロメートルで他車両の間隙をぬって逃走を続けるというのは、無謀な暴走行為というほかないが、緊急配備中の殺人事件現場との場所的・時間的近接性という重大事件との関連性に加えて、逃走の態様が尋常でないだけに、追跡の必要性は高められるというべきであろう。また、⑫は、深更の午前二時三〇分、逃走車両の運転者と助手席の男が「丸坊主の一見やくざ風で、後部座席に男三名が乗っていたなどの事情から、単なる整備不良車運転違反だけでなく、他の重大な犯罪に関連しているのではないかとの疑いを抱」いて追跡した事例であるが、「交通違反車両が信号無視を繰り返して逃走している場合、その信号無視が他の車両に危険をもたらすかもしれないということだけで、パトカーに中止義務を課することは、右逃走車両の運転者に交通違反するのを助長させ、遵法精神を喪失する結果を招くから相当ではない」としている。本件の場合も、いったん停止後、パトカー乗務員が近づいた途端に、ユー・ターンをして逃走を再開したほか、県外（名古屋）ナンバーであり、結果的に判明したものの、Kには多数の前科（窃盗罪について執行猶予中の身）があって、当夜富山市を訪れた目的は不明のままに終わっている。

しかしながら、反面において、逃走行為の態様・程度がひどければひどいだけ、交通事故により第三者に被害を生じさせる可能性もまた高くなることは否定できない。たとえば、④では、「逮捕を免れるためにはその速度、方法等をも顧みない無暴なものであって、前記道路状況等に照らし、第三者の生命身体に対し重篤な危害を加える可能性の極めて高いもの」としている。とくにここでは運転者の氏名人物が判明しているから、無免許者であり、「思慮、分別を欠く、衝動的性格の非行少年」であることがわかっていた。しかし、その他では、③⑥⑪においては、暴走行為がみとめられつつ、③⑥では後述の理由から、⑪ではいわば自招事故であるところから、追跡中止義務が否定されている。その他の事例においては、⑫で「自殺行為に等しい暴走行為ではない」とされるなど、無謀な暴走行為であったとまでの認定はされていない。⑩においても、暴走後とはいえ、検問突破という事故態様から、検問の強行突破のような「異常な行動に出ることは通常予見することができない」とされている。なお、本件における原審と最高裁の判断の差異については後に検討したい。

(3) 追跡の方法・態様等　事柄の性質上、おおむね一定の車間距離をおいて逃走車両を追尾する追跡の形をとることになるのがふつうである。

まず、追跡の距離・時間がきわめて短い事例がある。白バイの突然の出現に驚いて事故を起した①②がその極端な例であるが、③でも追跡距離八五〇メートル、時間五一秒ないし七七秒、⑥でも追跡距離二・一キロメートル、時間二分以内であった。そこで、③においては、他のパトカーの応援を求める時間的余裕がないため、通行人または他の車両との衝突の危険の認識があったものとしつつ、「速やかに道路交通の安全と秩序を回復するため加害者を追跡停止させて違反状態を摘除することに努めるとともに、その間においてサイレンの吹鳴により通行人及び他車両に交通事故の危険が迫っていることを警告しもって避譲措置をとらせることが必要」であり、この趣旨にそった追跡方法は妥当なものであったとし、また、⑥においても、「追跡開始後本件事故発生までの走行距離及び時間、車両番号確認できた時点等を考えるならば、本件パトカーの追跡によってC車が暴走行為を続け、その結果第三者に危害を及ぼす危険性の高い状況下にあったとしても」追跡行為を中止すべきであったとはいえないとしている。なお、⑬の追跡距離は一四〇〇メートルであった。

つぎに、車間距離については、⑥は逃走車両が「本件パトカーによって追突されることを避けるため止むを得ず信号が赤信号であるにかかわらず交差点に進入せざるを得なかったなどの特段の事情がないかぎり本件パトカーの運行と本件事故との間に相当因果関係があるものとはいい難」いとしている（なお、加害車両が被害車両に衝突し、さらにガードネット信号機に衝突した反動で道路中央付近に戻ってきたのにパトカーが追突している）。また、⑫は、事故発生時、パトカーが交差点手前で一時停止していた地点から衝突地点まで一六メートル以上の距離があることから、パトカー運行と事故との間の相当因果関係を否定し、さらに、⑬も、白バイと加害車両の間が終始一〇〇メートル以上離れていたところから、自賠法三条にいう車両（白バイ）の運行により生じたものとはみとめられないとしている。なお、責任肯定例である④においては、衝突時点におけるパトカーを衝突地点から約三二メートルの地点にいたものと認定されている。ところで、本件の第一審判決ならびに原審判決は、「東町交差点左折後も少なくとも雄山町交差点付近まで時速約八〇キロメートルの高速度で至近車間距離で追跡を継続するという過失を犯した」としている。しかし、東町交差点から雄山町交差点までは、図面上（民集四〇巻一号二二一頁の地図参照）ほぼ直線で一・一キロメートルにおよぶ四車線の道路であるところ、東町交差点左折後音羽町交差点（東町交差点から三〇〇メートル余の地点）付近で加害車両は後方視界にパトカーを見失い、いったん減速後、しばらくして後方にパトカーの赤色灯をみとめ（その地点は認定事実によれば、音羽町交差点と清水旭町交差点の間。かりに中間点とすれば、東町交差点より約五〇〇メートル余の地点）、再び時速一〇〇キロメートルに加速して逃走したのに対し、パトカーは雄山町交差点までは時速八〇キロメートルで追跡したものの、その後は減速して進行し、雄山町交差点から事故現場まで約六〇〇メートルあることなどにてらすと、右にいう「至近車間距離」の内容は明確ではない。少なくとも他の判決例と比較するかぎり、他に例をみないはなはだきびしい見方をしているといわなくてはならない。これは、後方にパトカーの赤色灯をみとめて再び時速一〇〇キロメートルに加速して逃走したために本件事故を惹起したゆえに、追跡行為の過失と事故との間に因果関係があるとしているところに、とくに顕著にあらわれている。⑥などでは、衝突事故直後ではあれパトカーが追突するほどの至近距離を追跡していながら因果関係が否定されているのに対し、ここでは一キロメートル以上先の事故について因果関係をみとめているのであって、追跡された逃走車両の起した事故であれば、当然に因果関係をみとめるに等しい結果となっているからである。

(4)　道路交通状況　責任肯定例である④においては、道路幅員が五、六メートルで、事故現場付近では七・一メートルであったものの、道路端から五〇センチメートルの位置に電柱、三〇センチメートルの位置に街路灯があって有効幅員が狭められていたほか、午後七時五分頃という時間帯で人通りや駐車車両も少なくなかった。現に加害車両は、駐車車両と接触後、通行人と駐車車両をさけるため蛇行して事故現場付近に至り、前方の通行人をさけるため、左転把したところ、駐車車両に接触させ、急きょ右転把して一〇メートル余暴走して街路灯に接触し転覆後に店舗にとびこみ店頭にいた被害者に衝突したという事故発生の経過をたどっている。事故態様そのものがはなはだ特異であった。これにひきかえ、本件では、原審において過失ある追跡行為をしたとされる市道は四車線で、交差道路も少なくないものの、その多くに対し優先道路の関係にあり、時間帯も午後一一時頃であったから、最高裁の「格別危険な道路交通状況はなく」というのがあたっているように思われる。

三　全体の判断枠組み

違反行為ないし逃走行為の態様・程度、道路交通状況などを考慮しつつ、追跡行為の必要性、追跡（の開始・継続・方法）の相当性を判断するという大枠においては、各判決例ともほぼ一致している。しかし、責任肯定例である④ならびにこれに従ったとみられる⑤⑦⑧の本件事故に関する下級審判決と、本件最高裁判決をはじめとする責任否定例との間には、問題に対するアプローチの仕方において、顕著な差異がみとめられる。すなわち、前者は、結果である被害の重大性から出発しているのに対し、後者は、原因とされる職務行為の正当性から出発しているということができる。

④は、つぎのようにいう。「D巡査がパトロールカーで加害車を追尾したことは、Tとの関係においては、警察官としての適法な職務行為と認めることができる。しかしながら、そのような場合にも、第三者の法益を侵害することは極力避けなければならないことは当然であり、他に手段方法がなく、第三者の法益の侵害が不可避であって、かつ、当該追尾によって達成しようとする社会的利益が、侵害される第三者の法益を凌駕する場合にのみ、第三者の法益侵害につき違法性を阻却されることがあるにすぎないと解すべきものである。これを本件についてみると、Dの追尾によって達成しようとする社会的利益が軽視しえないものであることはいうまでもないが、

そのためにDのとった方法は、第三者の生命、身体に対し重篤な危害を加える可能性が極めて高い態様のものであり、しかもその方法でなく他の取締りの方法が十分考えられるのであるから、原告に負わせた前記傷害の部位、程度の重大性に鑑みれば、Dの追尾の継続が原告との関係において違法性を阻却されるものとは到底いえない」と。⑤⑦⑧においてもほぼ同様の考えがとられ、とくに⑦⑧においては、右と同様の文章が用いられている。

　ここにおいては、まず、加害車両に対する関係での職務行為の適法性と、被害者に対する損害塡補の関係における違法性とが問題局面を異にするものとして区別される。ついで、被害者たる第三者の法益侵害が原則として違法なものとされ、それがごく限られた例外的な場合に違法性を阻却されるにすぎないものであるとされている。したがって、さらに、この例外的場合の要件は、あらかじめきわめて厳格なものとしてもうけられている。他の代替的な手段方法の存在も法益侵害の不可避性の前提としていわれ、法益の比較における追尾による利益の優越性も被害法益をはるかに凌駕すべきことが要求されている以上、被害の重大性の前には、違法性が阻却される余地が乏しいであろう。したがって、とくに本件の⑦⑧においては、追跡行為の必要性、相当性の判断が抽象的なものとなっている。いわばフィクションに近いものとなっているともいえる。それは結果である被害の重大性ゆえの原則的な違法を出発点とするかぎり、当然というべき認定判断の方法であった。

　これに対して、本件最高裁判決は、職責遂行の目的のため追跡はもとよりなしうるところであるから、「逃走車両の走行により第三者が損害を被った場合において、右追跡行為が違法であるというためには、右追跡が当該職務目的を遂行する上で不必要であるか、又は逃走車両の逃走の態様及び道路交通状況等から予想される被害発生の具体的危険性の有無及び内容に照らし、追跡の開始・継続もしくは追跡の方法が不相当であることを要する」とする。ここにおいても、加害車両に対する関係での職務行為の適法性とは区別して、第三者に被害が発生した場合における、これとの関係における違法性が問題とされている。しかしながら、ここでは原則と例外の関係が責任肯定説におけるとは逆転している。違法であるためには、追跡が不必要であり、または、追跡の開始・

継続もしくは追跡の方法が不相当でなければならないとするのである。しかも、重要なことは、追跡の必要性がもっぱら職務目的遂行の見地から判断されるのであって、先の説のように、法益侵害の不可避性の見地から判断されるのではない。問題は、結果からさかのぼって眺められるのではなく、時間の流れにそって、現実的に原因行為のほうから判断を積み上げていく認定判断の方法をとっている。このような現実主義の前に、第一審（⑦）ならびに原審判決（⑧）のフィクションのもろさが、原審認定事実を前提としつつ最高裁の破棄自判を招いたのであろう。

四　残された問題

筆者自身は、職務遂行上の一般的な適法性の問題と、損害塡補における違法性の判断とが別次元のものであるとする立場をとっている。また、本件最高裁判決がこれを否定したものとはみないことは上記のとおりである。しかしながら、他面において、④などの責任肯定例のいう法益の比較論については、追跡による利益の内容が一概にはいえないこと、侵害法益が偶然によって左右されるものであることの二点でかねて疑問をもっていた（拙著『国家補償法』上巻二四二頁）。暴走車両を検挙・排除することによる交通の安全もあれば、重大犯罪捜査の利益をどのようにみるか問題があるのに加えて、逃走車両の交通事故による被害内容が④のように偶然に偶然が重なって生じている場合が多く結果論になりがちだからである。結果論を徹底すれば、同一事故においても重大な被害者に対しては追跡が違法、軽微な被害者に対しては適法ということも理論的にはありうることになる。しかし、最高裁は本件判決と同日に下された⑤に対する上告審判決において、死亡事故についても同趣旨の判断を下したとのことであるから、このような可能性は否定したもののように推測される（なお、⑬も死亡事故）。もしそうだとすると、結果からする考察方法をパトカー追跡行為についてはとらず、職務行為の正当性に比重をおいた見方をとるにいたったものといえよう。なお、これが、他の争訟の裁判（最判昭和五七・三・一二民集三六巻三号三二九頁＝判時一〇五三号八四頁）、論告（最判昭和六〇・五・一七判時一一五六号四九頁）などにみられる正当な職務行為ゆえの違法性阻却論と関連があるかどうか、なお今後の判例の動きをみたい。

ところで、責任肯定例がとる結果からする考察方法は、被害者救済の見地からすると、大きなメリットをもっている。しかし、被害者の立場に立つと、逃走車両の運転者が殺人者であろうが、単なる速度違反者であろうが、はたまた逃走や追跡の態様・程度の微妙な差異がどうであろうが、被害は被害で、同じことではあるまいか。解釈論の技巧をこらして救済するよりも、むしろ、立法による救済にふさわしいように思われる。すなわち、警察官の職務に協力援助した者の災害給付に関する法律、証人等の被害についての給付に関する法律などを拡大して、たとえば、人質をとってする銀行強盗、ハイジャックなどの場合に、強行手段をとったがために生じた被害者に対して救済措置を講ずるとともに、あわせてパトカー追跡事故被害者の救済を図ってはいかがであろうか。もしくは、西埜説の主張するような公法上の危険責任の法理を判例法として形成して、これによる救済も考えられるべきであろう。というのは、損害賠償法における過失責任の法理の中で救済を図るのでは、どうしても、フィクションにフィクションを重ねることとなって、一般に対する説得力を欠くことになると思われるからである。さて、解釈論、立法論、判例法理の創造、この三者のうち、今後いずれの途がとられることになるであろうか？

（判例時報一二〇九号、一九八六年）

19　国家賠償請求訴訟の回顧と展望

一　判例の動向

一　古崎慶長判事は、一九七九年一〇月の公法学会報告「最近における国家賠償法の裁判例の動向について」において、国家賠償法（昭和二二年一〇月二七日制定施行。以下「国賠法」と略称）の当時三〇年余に及ぶ運用を三時期に分け、第一期を、昭和三〇年代のはじめで終わる「国賠法解釈の模索の段階」、第二期を、昭和四〇年代の前半で終わる「国賠法解釈の確定化の段階」、第三期を、昭和四〇年代後半から当時に及ぶ「国賠法の運用拡大の段階」としておられた（公法研究四二号一九二頁以下＝古崎慶長『国家賠償法研究』一九八五年、日本評論社一頁以下）。

ついで、当時の第三期の特長としては、第一に、「国賠法一条事件の顕著な特長は、立法や行政の不作為を問責する事件の著増である」とし、第二に、「国賠法二条事件の特長は、水害訴訟などにみられるように、これまで天災として諦められていた事故が提訴されるようになったことである」としたうえで、前者は、「国賠法を含む不法行為法の根本問題への解答を迫る。その根本問題とは、不法行為法の機能は、損害塡補に限られるのか、損害塡補のほかに加害者に対する懲罰的機能をも含めるのか、という困難な問題である」とし、後者については、「その被害が大型化するにつれ、必然的に保険による危険の分散へと向うのである。その例として、後述の道路賠償責任保険がある」としておられた。

なお、その補論において、昭和五〇年代の後半から第四期の軌道修正の時期に入ったのではないかとする説に対して、国賠法一条・二条のいずれについても、そう断定するのは時期尚早であるとしておられる（『国家賠償法研究』一七〜一九頁）。

二　古崎慶長判事の最近の論文集『国家賠償法の諸問題』（一九九一年、有斐閣）は、その「はしがき」において、国賠法が施行されてから、「四〇年以上が経過し、ようやく、最高裁判所の判例だけで、同法の輪郭をスケッチすることが可能になった」とし、「ここ一、二年の特長として、法律雑誌に紹介される同法に関する裁判例の減少傾向を挙げることができる。既に判例があるから、下級裁判所の裁判例を紹介するまでもないとの配慮が働いたものと思われる。ということは、同法の分野も、四〇年以上がたって、法的安定性を取得しつつあるということである。つまり、判例法に従った結果予測が可能になったのである」としておられる。また、「これからの国家賠償法学の課題の一つに、判例法の発見と確定、検討がある」とし、「もう一つの課題として、同法の四〇年以上の運用の実績を踏まえた国家賠償制度そのものの見直しがある」としておられる。

三　ところで、先の論文集『国家賠償法研究』において問題とされた第四期の軌道修正の時代に入ったのではないかとする疑問に対して、今回の論文集『国家賠償法の諸問題』は、どのように答えているのであろうか。

右の論文集の第一章第一節が「最近の国家賠償訴訟破棄判例の検討」であるのは、示唆的であるようにも思われる。というのは、そこでとりあげられている近時の最高裁破棄判例で、国賠法一条に関するもの九例中の七例が原審高裁判決において請求認容事例であり、国賠法二条に関するもの五例中の四例が原審高裁判決において請求認容事例だからである。逆に、原審高裁判決において請求棄却事例であって最高裁が破棄しているのは、国賠法一条に関して二件（最判昭和五六・一・二七民集三五巻一号三五頁＝企業誘致政策の変更に関する事例、同昭和五六・二・二六判時九九六号四二頁＝ストロングライフ輸入拒否に関する事例）、国賠法二条に関して一件（最判昭和五五・九・一一判時九八四号六五頁＝埋立地道路よりの海中転落事故事例）にすぎない。したがって、数の上から形式的にみるかぎり、原審までは国賠責任が肯定されていたにもかかわらず、最高裁の破棄判決によって、逆転して、国賠責任が否定されるにいたったものが少なくないことをしめしている。なお、この時期とくに昭和五〇年代における国賠訴訟に関する最高裁判例の数は、一条関係が二八件、二条関係が一三件である（古崎『国家賠償法の諸問題』一頁注一＝同『国家賠償法研究』二〇頁以下、一二八頁以下、一四八頁以下参照）。この総数と比較すれば、右の意味での逆転判決は、国賠法一条について二八分の七、国賠法二条について一三分の四ということになるが、その中に内容上重要なものがふくまれていることを考慮すれば、上記の第三期の運用拡大の段階に登場した多くの国賠訴訟がこの時期に最高裁判決の対象となり、しかも、その中の少なからざる重要事例が、右の意味での逆転破棄判決を受ける憂き目をみることとなった。それゆえ、運用拡大にブレーキをかける第四期の軌道修正の時期に入ったとする見方も十分に成り立つ余地がある。

ただし、古崎慶長判事は、右の破棄判例のうち、国賠法一条についても、二条についても、それぞれ一例（一条について最判昭和五七・四・一民集三六巻四号五一九頁＝定期健康診断という一連の行為における公務員の特定に関する事例、二条について同昭和五九・一・二六民集三八巻二号五三頁＝大東水害訴訟事件）をのぞいて、原審判決はいずれも破れるべくして破れたとして、非は原審判決にあるとしている（『国家賠償法の諸問題』五五頁、九四頁参照。なお、国賠法四条に関する破棄判例である最判昭和五三・七・一七民集三二巻五号一〇〇〇頁＝失火責任法適用の事例については、見解の相違によるもので、非は原審判決にはないとされる。前掲書九九頁）。もちろん、右の大東水害訴訟最高裁判決については、右の論文集の第四章第四節に「河川管理責任の『つまづきの石』」（前掲書二五三頁以下）としてとりあげ、同判決後の判例の流れによって、河川水害訴訟は「冬の時代」を迎えたとしておられる（二七五頁。なお、阿部泰隆教授の「氷河の時代」という表現も紹介されている。二六〇頁注3）。ただ、この「つまづきの石」は、大東水害訴訟最高裁判決それ自体の問題（『国家賠償法研究』一二三頁以下参照）のほかに、むしろ、下級審判決例の追随の仕方、すなわち、同判決の「射程範囲」の問題であり、同じ問題は、裁判官の裁判について国賠責任を限定する判断をしめした最高裁判決（最判昭和五七・三・一二民集三六巻三号三二九頁）についてもみられる（『国家賠償法の諸問題』二六八～二六九頁）。上記の「はしがき」が「これからの国家賠償法学の課題の一つに、判例法の発見と確定、検討がある」とするゆえんであろう。「冬の時代」とするもしないも、これによるとする想いが、第四期の命名を避ける理由ではないかと推測される。

二　主要な最高裁判例の内容

一　国賠法一条に関する判例

古崎慶長判事のいわれるように、施行後四〇年余を経て、最高裁判例だけで、国賠法の輪郭をスケッチすることが可能となった。国賠法一条に関する代表的な最高裁判例をあげると、つぎのようなものがある。

(1)　まず、「公権力の行使」の意義・範囲に関連するものとしては、国会の立法活動に関する①最高裁昭和六〇年一一月二一日判決（民集三九巻七号一五一二頁）、裁判官の裁判に関する②同昭和五七年三月一二日判決（民集三六巻三号三二九頁）、学校事故に関する③同昭和五八年二月一八日判決（民集三七巻一号一〇一頁）、④同昭和六二年二月六日判決（判時一二三二号一〇〇頁）、⑤同昭和六二年二月一三日判決（民集四一巻一号九五頁）、⑥同平成二年二月二三日判決（判時一三四五号七三頁）、行政指導中の行政処分の留保に関する⑦同昭和五七年四月二三日判決（民集三六巻四号七二七頁）、⑧同昭和六〇年七月一二日判決（民集三九巻五号九八九頁）などがある。

(2)　つぎに、「公務員」に関連するものとしては、代替執行に関する⑨最高裁昭和四一年九月二二日判決（民集二〇巻七号一三六七頁）、定期健康診断の一連の行為における公務員の特定に関する⑩同昭和五七年四月一日判決（民集三六巻四号五一九頁）などがある。

(3)　「職務を行うについて」に関連するものとしては、有名な外形主義に関する⑪最高裁昭和三一年一一月三〇日判決（民集一〇巻一一号一五〇二頁）のほか、上記⑩をあげることができる。

(4)　「違法性」に関連するものとしては、つぎのようなものがある。

上記①は、「国会議員の立法行為は、立法の内容が憲法上の一義的な文言に違反しているにもかかわらず国会があえて当該立法を行うというごとき、容易に想定し難いような例外的な場合でない限り、国家賠償法一条一項の規定の適用上、違法の評価を受けない」とする。なお、国会の立法同様に一般抽象的な政府の経済政策の可否について「政治的責任の問題」とするものに郵便貯金目減り訴訟に関する⑫最高裁昭和五七年七月一五日判決（訟月二九巻二号一八八頁）がある。

上記②は、事実認定や法令解釈の誤りなど「上訴等の訴訟上の救済方法によって是正されるべき瑕疵」がただちに国賠法上の違法ではないとし、「当該裁判官が違法又は不当な目的をもって裁判をしたなど、裁判官がその付与された権限の趣旨に明らかに背いてこれを行使したものと認めうるような特別の事情があることを必要とする」ものとする。また、⑬最高裁昭和五七年二月二三日判決（民集三六巻二号一五四頁）は、強制執行手続上の行為について、「執行手続の性質上、強制執行法に定める手続により是正されることが予定されているものである。したがって、執行裁判所みずからその処分を是正すべき場合等特別の事情がある場合は格別、そうでない場合には権利者が右の手続による救済を求めることを怠ったため損害が発生しても、その賠償を国に対して請求することはできない」とする（上記の「特別の事情」を認めたものに福島地いわき支判平成二・一一・一六判時一三七三号一二一頁がある）。さらに、⑭同昭和六〇年五月一七日判決（民集三九巻四号九一九頁）は、検事の論告について、「訴訟上の権利の濫用にあたる特段の事情がない限り、右陳述は、正当な職務行為として違法性を阻却され」るものとしている。なお、逮捕、勾留など、刑事司法手続上の行為について、後の（確定・再審）無罪判決により結果的に違法となるとする結果違法説と行為当時における資料を総合判断して合理性を有するかどうかを基準とする職務行為基準説の対立があるが、⑮同昭和五三年一〇月二〇日判決（民集三二巻七号一三六七頁）は後説をとった。加えて、パトカー追跡事故に関する⑯同昭和六一年二月二七日判決（民集四〇巻一号一二四頁）は、「逃走車両の走行により第三者が損害を被った場合において、右追跡行為が違法であるというためには、右追跡が当該職務目的を遂行する上で不必要であるか、又は逃走車両の逃走の態様及び道路交通状況等から予測される被害発生の具体的危険性の有無及び内容に照らし、追跡の開始・継続若しくは追跡の方法が不相当であることを要する」ものとしている。

以上の判決例は、特殊性の顕著な特定類型の国家作用にかかわるものではあるものの、違法を例外的な場合に限定し、もしくは、正当な職務行為ゆえの違法性阻却論的な発想に立つものということができる。これに対し、形式的にみるかぎり正当な権限行使などが、特定の第三者に対する関係で違法とされたものに、個室付浴場業と児童遊園に関する⑰最高裁昭和五三年五月二六日判決（民集三二巻三号六八九頁）、企業誘致政策の変更に関する⑱同昭和五六年一月二七日判決（民集三五巻一号三五頁）がある。

上記⑦・⑧は、不作為の違法にかかわるが、いずれも行政指導中の行政処分の留保という不作為それ自体が加害行為を構成している。これに対し、守備ミス型の危険管理責任が問題となる不作為の違法を認めたものに、銃刀法二四条の二にもとづくナイフの一時保管に関する⑲最高裁昭和五七年一月一九日判決（民集三六巻一号一九頁）、新島砲弾暴発事故等に関する⑳同昭和五九年三月二三日判決（民集三八巻五号四七五頁）、宅地建物取引業法にもとづく違法な免許の付与と規制権限の不行使に関する㉑同平成元年一一月二四日判決（民集四三巻一〇号一一六九頁）がある（ただし、㉑は結論消極）。なお、仮換地指定にともなう代執行の不作為に関する㉒同昭和四六年一一月三〇日判決（民集二五巻八号一三八九頁）は、打撃ミスと守備ミスの両類型の中間的なものとみるべきであろう。

(5)　「故意・過失」、過失の前提となるべき「注意義務」、「予見可能性」を問題とするものは少なくないが、主なものとして、つぎのようなものがある。

勾留延長に関する㉓最高裁昭和三七年七月三日判決（民集一六巻七号一四〇八頁）、登記に関する㉔同昭和四三年六月二七日判決（民集二二巻六号一三三九頁）、法解釈に関する㉕同昭和四六年六月二四日判決（民集二五巻四号五七四頁）、弁護士照会に関する㉖同昭和五六年四月一四日判決（民集三五巻三号六二〇頁）、公売処分における税関長の注意義務に関する㉗同昭和五八年一〇月二〇日判決（民集三七巻八号一一四八頁）がその例。

拘禁施設に関するものとしては、少年院私刑死亡事故について高度の注意義務を要求した㉘最高裁昭和四七年五月二五日判決（民集二六巻四号七八〇頁）、新聞記事抹消に関する㉙同昭和五八年六月二二日判決（民集三七巻五号七九三頁）がある。

学校事故にあっては、上記③が、部活におけるけんか事故について教師の立会い義務を論じ、④が、プール飛込事故について危険な教育活動により生ずるおそれのある危険から生徒を保護すべき義務を認め、⑤が、保護者への事故報告義務を論じ、⑥が、学校行事としての登山の遭難事故について事故発生を未然に防止すべき一般的な注意義務を認めている。

予防接種事故については、㉚最高裁昭和五一年九月三〇日判決（判時八二七号一四頁）は、禁忌者に誤って接種をした場合には、後遺症障害という結果発生について予見可能性があったのに過誤により予見しなかったものと推定するものとし、㉛同平成三年四月一九日判決（判時一三八六号三五頁）は、さらに進んで、予防接種により後遺症障害が発生した場合には、被接種者が禁忌者に該当していたと推定するものとしている。
(6)　「損害」と「因果関係」については、「被害者又は告訴人が捜査又は公訴提起によって受ける利益は、公益上の見地に立って行われる捜査又は公訴の提起によって反射的にもたらされる事実上の利益にすぎず、法律上保護された利益ではない」とする㉜最高裁平成二年二月二〇日判決（判時一三八〇号九四頁）、上記⑬・㉚のほか、損害塡補の範囲にかかわるものとして、登記に関する㉔、農地買収処分の無効に関する㉝同昭和五〇年三月二八日判決（民集二九巻三号二五一頁）がある。

(7)　最後に、「責任」に関するものとして、行為者である公務員の個人責任を否定した㉞最高裁昭和三〇年四月一九日判決（民集九巻五号五三四頁）と上記⑮のほか、道路交通取締警察官の行為について、国ではなく、都道府県の公権力の行使であるとして、都道府県の責任を肯定した㉟同昭和五四年七月一〇日判決（民集三三巻五号四八一頁）などがある。

二　国賠法二条に関する判例

国賠法二条に関する代表的な最高裁判例をあげると、つぎのようなものがある。

(1)　まず、「公の営造物」と事故態様ないし損害発生の態様を概観しよう。これらが多彩であり、それに応じて、おのずから、後述の瑕疵判断が異なってくるからである。

「公の営造物」として登場することの一番多いものは道路であり、自動車交通事故が事故の代表例である。これに関するものとして、穴ぼこ事故に関する㊱最高裁昭和四〇年四月一六日判決（判時四〇五号九頁）、落石事故に関する㊲同昭和四五年八月二〇日判決（民集二四巻九号一二六八頁）、道路工事中の一時的な路上障害物による事故に関する㊳同昭和五〇年六月二六日判決（民集二九巻六号八五一頁）、路上に長時間放置された故障車による事故に関する㊴同昭和五〇年七月二五日判決（民集二九巻六号一一三六頁）、港湾工事中の埋立地からの海中転落事故に関する㊵同昭和五五年九月一一日判決（判時九八四号六五頁）、雨中道路ぞいの河川への転落事故に関する㊶同昭和五五年一二月一一日判決（判時九九一号七六頁）がある。

このほか、道路歩行者に生じた事故としては、ガス会社水取りボックスのくぼみに関する㊷最高裁昭和五二年二月三日判決（訟月二三巻二号二二四頁）、信号機に問題があって歩行者に生じた電車との接触事故に関する㊸同昭和四八年二月一六日判決（民集二七巻一号九九頁）、同じ事情での自動車との衝突事故に関する㊹同昭和六〇年四月二六日判決（判例自治一二号一二四頁）がある。

ついで多いのが子供の転落事故であるが、これに関するものとして、道路防護柵からの転落事故に関する㊺最高裁昭和五三年七月四日判決（民集三二巻五号八〇九頁）、中州状の堆積土からの河川転落事故に関する㊻同昭和五三年七月一七日判決（訟月二六巻一二号二〇九一頁）、水深一五センチメートルの用水溝への乳児転落事故に関する㊼同昭和五三年一二月二二日判決（判時九一六号二四頁）、児童公園隣りの小学校プールへの転落事故に関する㊽同昭和五六年七月一六日判決（判時一〇一六号五九頁）、大阪城外濠での転落事故に関する㊾同昭和五八年一〇月一八日判決（判時一〇九九号四八頁）、市が事実上管理する用水路（もと農業用水路、現状は都市排水路）への転落事故に関する㊿同昭和五九年一一月二九日判決（民集三八巻一一号一二六〇頁）がある。

このほか、視力障害者の旧国鉄駅ホームからの転落事故に関する51最高裁昭和六一年三月二五日判決（民集四〇巻二号四七二頁）がある。

第三に、河川水害訴訟については、大東水害訴訟に関する52最高裁昭和五九年一月二六日判決（民集三八巻二号五三頁）、加治川水害訴訟に関する53同昭和六〇年三月二八日判決（民集三九巻二号三三三頁）、多摩川水害訴訟に関する54同平成二年一二月一三日判決（民集四四巻九号一一八六頁）がある。

最後に、公共施設周辺の公害被害にかかわるものとして、大阪国際空港公害訴訟に関する55最高裁昭和五六年一二月一六日判決（民集三五巻一〇号一三六九頁）がある。

(2)　「瑕疵」の意義、判断方法について、㊲は、「営造物の設置または管理の瑕疵とは、営造物が通常有すべき安全性を欠いていることをいい、これに基づく国および公共団体の責任については、その過失の存在を必要としない」とし、㊺は、その有無については、「当該営造物の構造、用法、場所的環境及び利用状況等諸般の事情を総合考慮して具体的個別的に判断すべきものである」とする。

右の判断枠組は、あらゆる営造物について通用し、河川管理についても基本的に妥当する（古崎『国家賠償法の諸問題』二五三頁参照）が、河川管理の場合には、もともと災害発生の危険性を内包する河川を、利水のほか、治水すなわち安全性を高めていくことを目的として、財政的、技術的、社会的諸制約のもとで治水事業を進めていかざるをえない特質をもつため、52は、「当該河川の管理についての瑕疵の有無は、過去に発生した水害の規模、発生の頻度、発生原因、被害の性質、降雨状況、流域の地形その他の自然的条件、土地の利用状況その他の社会的条件、改修を要する緊急性の有無及びその程度等諸般の事情を総合的に考慮し、前記諸制約のもとでの同種・同規模の河川の管理の一般水準及び社会通念に照らして是認しうる安全性を備えていると認められるかどうかを基準として判断すべきである」とする。53・54ともに、これを踏襲しているが、54は、「河川の備えるべき安全性としては、一般に施行されてきた治水事業の過程における河川の改修、整備の段階に対応する安全性をもって足りる」ものとし、「工事実施基本計画が策定され、右計画に準拠して改修、整備がされ、あるいは右計画に準拠して新規の改修、整備の必要がないものとされた河川の改修、整備の段階に対応する安全性とは、同計画に定める規模の洪水における流水の通常の作用から予測される災害の発生を防止するに足りる安全性をいうものと解すべきである」とする。

最後に、55は、瑕疵とは、「営造物が供用目的に沿って利用されることとの関連において危害を生ぜしめる危険性がある場合をも含み、また、その危害は、営造物の利用者に対してのみならず、利用者以外の第三者に対するそれをも含むものと解すべきである。すなわち、当該営造物の利用の態様及び程度が一定の限度にとどまる限りにおいてはその施設に危害を生ぜしめる危険性がなくても、これを超える利用によって危害を生ぜしめる危険性がある状況にある場合には、そのような利用に供される限りにおいて右営造物の設置、管理には瑕疵がある」とする（なお、新幹線公害について名古屋高判昭和六〇・六・一二判時一一五〇号三〇頁、道路公害について神戸地判昭和六一・七・一七判時一二〇三号一頁参照）。

(3)　通常有すべき安全性を欠くことが瑕疵であるが、通常有すべき安全性は、「通常の用法」に即して、「通常予測することができる行動」に起因する危険に対して安全であることを意味する。とくに上記の子供の転落事故タイプに関する判決例がこのことを明言している。「通常予測することができない行動」㊺、「通常予測することのできない（中略）異常な行動」㊻、「一歳七月程度の乳幼児が保護者の監護を離れたために生ずべき事故」㊼、「無軌道な行動」㊾に起因する事故について瑕疵を否定するのがその例である。

なお、瑕疵判断は、営造物の構造、用法のほか、「場所的環境及び利用状況」を考慮して行われるが、㊶では、駅周辺に視力障害者の利用施設が多いため視力障害者の利用も多かったという事情（高田馬場駅事件・東京地判昭和五四・三・二七判時九一九号七七頁参照）になかったことが、瑕疵否定の主たる理由とされている。これに対し、㊽では、小学校のプールが児童公園に隣接するため、そこで遊ぶ幼児にとって「一個の誘惑的存在」であったことが金網に忍び返しがないことを瑕疵とする主たる理由としている。

(4)　上記㊶は、「事故態様」との関連で瑕疵を問題とすべきものとし、「事故との関係で問題となる瑕疵」のみを問題とすべきだとする。見方によれば、瑕疵と事故との間の「因果関係」の問題でもある（校庭のアスファルト舗装とハードル走中の転倒死亡事故に関する東京高判昭和五三・九・一八判時九四七号九五頁参照）。また、㊳は、「時間的不可抗力」にかかわるが、事故が、設置・管理作用上の瑕疵によって生じたものではないとする評価を受けているわけである。

最後に、「予算制約論」については、道路に関する㊱・㊲などがこれを否定し、河川に関する㊿・㊾・㊿がこれを肯定するものと一般に理解されている。しかし、この言葉は多義的であって、いずれの判決も、現実の予算・財源のもとでしかるべき措置を講じておけば瑕疵なしとする見解はとらないものの、あるべき安全体制を想定するにあたって社会的資源配分の見地からする財政的制約論を排斥するもの̀で̀は̀ないと解される（拙著『実定行政法』二九〇〜二九一頁参照）。なお、㊹は、これに場合に応じた程度の差があることを認める。

三　国賠法に関するその他の判例

国賠法に関連する最高裁判例として、そのほか、目につくものとして、つぎのようなものがある。

国賠法三条の「費用負担者」に関するものとして、㊻最高裁昭和五〇年一一月二八日判決（民集二九巻一〇号一七五四頁）、㊼同平成元年一〇月二六日判決（判時一三三六号九九頁）があり、国賠法四条の「民法」の特則を定める失火責任法の適用に関して㊽同昭和五三年七月一七日判決（民集三二巻五号一〇〇〇頁）がある。

国賠責任と競合的に成立が問題となるものとして、損失補償責任と安全配慮義務違反にもとづく債務不履行責任がある。前者については、㊾最高裁昭和四三年一一月二七日判決（刑集二二巻一二号一四〇二頁）以来、憲法二九条三項を直接の根拠とする損失補償請求が認められている。しかし、最高裁判例としては、傍論どまりで、これを認めた実例はまだない。周知のとおり、予防接種事故事例に関する下級審判決例がこれを認めている（東京地判昭和五九・一・一八判時一一一八号二八頁、大阪地判昭和六二・九・三〇判時一二五五号四五頁、福岡地判平成元・四・一八判時一三一三号一七頁等）が、上記㉚と㉛は、後遺症障害の発生と禁忌者識別の二点について過失を推定することによって問題を処理しようとするもののようである。後者については、⑥同昭和五〇年二月二五日判決（民集二九巻二号一四三頁）、⑥同昭和五八年五月二七日判決（民集三七巻四号四七七頁）、⑥同昭和六一年一二月一九日判決（判時一二二四号一三頁）がある。⑥は、自衛隊内の事故について安全配慮義務を認めたリーディング・ケースであり、⑥は道交法上の注意義務違反についてこれを否定し、⑥は外部から侵入した過激派による刺殺事件についてこれを肯定した。

最後に「訴訟手続上、とくに抗告訴訟手続との関係について論ずるものに、⑥最高裁昭和三六年四月二一日判決（民集一五巻四号八五〇頁）、⑥同昭和四二年九月一四日判決（民集二一巻七号一八〇七頁）、⑥同昭和四八年三月二七日判決（集民一〇八号五二九頁）がある。⑥・⑥は、国賠請求をするについて、あらかじめ行政処分の無効確認請求や取消請求の訴訟の提起を不要とするものであり、⑥は、違法内容と損害内容が同一の場合について、処分取消訴訟判決の既判力が国賠請求訴訟に及ぶとするものである。

三　課題と展望

一　最高裁判例のまだないもの

以上のように、目につくものだけでも、六十余の最高裁判例が国賠法の相当広範な分野にわたって、判例法を展開している。古崎慶長判事のいわれるように、今後の「国家賠償法学の課題の一つは、判例法の発見、確定と検討」の作業でなければならない。しかし、残念ながら、まだ最高裁判例が確定するに十分なだけ出そろっていない分野がいくつかある。その代表的なものは、上記の第三期に著増した「行政や立法の不作為を問責する事件」であり、とくに守備ミス型の危険管理責任に関するものである。最高裁も、上記⑲・⑳・㉑がとりあつかっているが、しかし、薬害（スモン訴訟、クロロキン訴訟がその例）、食品公害（カネミ油症訴訟がその例）、公害（水俣病訴訟がその例）、労務災害（クロム訴訟がその例）など、社会の耳目をひいた重大事件でありながら、下級審段階で和解が妥結したり、上告が断念されたり、時間的にいまだ上告審判決にいたらないなどの事情から、最高裁判決が出されていない。国賠法二条のいわゆる外在的瑕疵類型にかかわる飛騨川バス転落事故訴訟もその例である。

これらの守備ミス型の危険管理責任事例における一つの問題は、旧薬事法に例をみるように、安全確保措置をとるべき権限が法律上明文の規定によって与えられていないとき、いかに考えるべきか、「条理上の権限」、「条理上の義務」が認められるべきか、である（この問題については、古崎『国家賠償法の諸問題』一八六〜二〇一頁、拙著『実定行政法』三〇三頁参照）。

この問題は、さかのぼると、一般の行政上の権限・義務と区別して、損害塡補法上の作為の権限・義務が想定できるか、という問題とつらなる。これは法律上明文の規定がある場合も同様であって、最高裁判決による責任肯定例である上記⑲・⑳は、いずれも銃刀法二四条の二、警職法四条という特に権限行使について抑制的な明文の注意想定が設けられているものにかかわる（銃刀法二四条の二第四項、警職法一条二項参照）。この場合、一方において、このような注意規定にもかかわらず、具体的事情に即して、やはり権限を行使すべきであったとする解釈も可能であるが、他方において、このような解釈をとらないものにあっては、重大な損害の塡補に関するかぎり、塡補責任の論理的前提としての作為義務をみとめることもやむなしとする解釈も可能であろう。権限行使についてある程度の幅が想定できるとき、損害塡補責任上の作為義務が認められたゆえをもって、一般行政上にも積極的な権限行使が求められる場合には、上記のような注意規定をもうけた法の趣旨が没却されるおそれがある。そこで、後者のような解釈もあながちに否定すべきでないと考えるかどうか。今後の課題といえよう。

最高裁判例のごく大まかな傾向としては、下級審判決例によく例がみられる「損害の重大性ゆえの原則的違法論」よりも「正当な職務行為ゆえの違法性阻却論」の立場をしだいに鮮明にしつつあるように思われる。公務員の職務行為は、全国民に対する公務員法上の義務として、法律にもとづき法律にしたがって行われるものである点で、民間の営利活動などとは顕著な差異がみとめられるから、右の立場には基本的に正しいものがある。しかしながら、物事が正しいか正しくないかは視野のとり方による。諸外国に例をみるように、危険責任の法理なり損失補償責任などによって、負担の公平の見地からして是認できないような重大な損害の塡補が別途にはかられているとき、右のような方向による純化には、誰も不満をのべないであろう。しかし、このような別途の救済の途がとざされているとき、国賠責任の中に雑多なものが混入することはさけられない。このときには、「損害の重大性ゆえの原則的違法論」が現実に具体的妥当性をもつことを否定できないであろう。

「国賠法における違法」と「抗告訴訟に違法」の異同をめぐる議論もこの点に関連するが、このような現実的見地からする総合的視野からなさるべきであって、学者の理論的満足のためにだけされるべきではないであろう。

二 最高裁判例の射程範囲

相当広範な分野に最高裁判例がみられる今日、判例法の発見、確定と検討の作業にとって重要なことは、最高裁判決の射程範囲の問題である。水害訴訟における㊷と㊹の理解をめぐる議論がその代表例である。

最高裁判例の射程範囲と将来の動向をうらなうにあたって、一つの手がかりとなるのは最高裁判決のとる方法上の特色である。ごく大まかに、総合的一体的考察方法と分析的個別的考察方法とを区別すると、例えば、後者の例として、公務員の特定に関する⑩や、費用負担者に関する㊼を後者の例としてあげることができる。⑩は定期健康診断の一連の過程のうちレントゲン写真を読影した医師の行為だけを取り出して判断し、㊼は複合的施設（国立公園内の登山道）を構成する個別的施設（吊り橋）ごとに費用負担者を判断すべきものとしている。他方で、大東水害に関する㊷などにおいては、改修計画全体の合理性が問題とされているから、前者の例といってよい。

物事の生起に関して、マクロな見方を徹底すれば、この世の中に何一つとして新しいものはない。逆に、ミクロな見方を徹底すれば、何一つとして過去のものと同一のものはない。予見可能性の判断資料となるべき過去事例のとり方にも、この二つの見方によって、ずいぶんと違った空間的・時間的範囲の資料を取り込むこととなり、それによって全く異なった結論を導くことになる（拙著『実定行政法』三〇〇～三〇一頁参照）。

多摩川水害に関する㊹は、㊷と異なり、かなりミクロな見方をとっている点に特色がある。「本件堰及びその取付部護岸を含む全体としての本件河川部分の有すべき安全性」を問題としているからである。ただし、そこでいう予測可能性については、本件災害当時において、基本計画に定められた計画高水流量規模の流水（洪水）の通常の作用により、「本件堰及びその取付部護岸の欠陥から本件河川部分において破堤が生ずることの危険を予測することができたかどうか」と「堤内災害を予測することができたかどうか」という原審判決において明らかに区別されていた別個の二つのものが混同されているため、この破棄判決の拘束力には疑問の余地がある。いずれにせよ、何についてミクロであり、何についてマクロであるべきかが、具体的事案に即して検討されなければならない。なお、水害発生態様が各事例ごとに極めて個性に富んだものであるため、計画高水流量の内外、破堤・溢水といった一般的基準による処理になじまないものであって、道路事故においても事故態様に応じて瑕疵が判断されなければならない㊶のと同様、水害発生態様に応じて瑕疵が判断されなければならないことはかつて指摘したことがあるので、ここではくり返さない。

三　守備範囲論

ここでいう守備範囲論には、⑴既存制度間の守備範囲論、⑵構想される制度も加えての制度間の守備範囲論、⑶政府機能の守備範囲論の三つがある。

⑴には、国賠責任の中では一条責任と二条責任の分担（水害訴訟に関する㊾・㊿・(54)のほか、(55)における空港周辺対策、日本坂トンネルに関する東京地判平成二・三・一三判時一三三八号二一頁等参照）、国賠責任と損失補償責任、実定制度である個別的被害救済制度と国賠責任、是正手続と損害塡補手続などがある。

⑵には、危険責任や拡大された損失補償責任（いわゆる損害賠償と損失補償の中間事例について構想される各種の救済制度）、保険制度、損害塡補と被害者側の規制（拙著『実定行政法』三二一～三二三頁参照）などがある。

⑶には、加害者（いわゆる第二次的後見的責任、間接的責任）、被害者（自己責任）双方に対する関係での政府機能の守備範囲（根拠、性質、程度等）の問題がある。

（ジュリスト九九三号、一九九二年）

著者紹介──

遠藤博也（えんどう・ひろや）

〈略歴〉

1936年6月10日　徳島市に生まれる
1960年3月　東京大学法学部第二類卒業
1965年3月　東京大学大学院法学政治学研究科博士課程修了（法学博士）
1966年2月　北海道大学助教授（公法講座担任）
1970年8月　北海道大学法学部教授（公法講座担任）
1992年4月6日　逝　去

〈主要著作〉

行政行為の無効と取消（1968年，東京大学出版会），都市計画法50講（1974年，有斐閣），計画行政法（1976年，学陽書房），行政法Ⅱ（各論）（1977年，青林書院新社），行政法入門（原田・小高・田村共著）（1977年，有斐閣），教材行政法判例（熊本・秋山・畠山共編）（1977年，北大図書刊行会），講話行政法入門（1978年，青林書院新社），行政法学の基礎知識⑴⑵（広岡・田中舘共編）（1978年，有斐閣），国家補償法（上巻）〔現代法律学全集61〕（1981年，青林書院新社），講義行政法Ⅱ（行政救済法）（阿部泰隆共編著）（1982年，青林書院新社），国家補償法（中巻）〔現代法律学全集61〕（1984年，青林書院新社），講義行政法Ⅰ（総論）（阿部泰隆共編著）（1984年，青林書院新社），行政法スケッチ（1987年，有斐閣），実定行政法（1989年，有斐閣）

行政救済法　行政法研究Ⅲ

2011年（平成23年）7月30日　初版第1刷発行

著者　遠藤博也

発行者　今井貴
　　　　渡辺左近

発行所　信山社出版株式会社

〒113-0033　東京都文京区本郷6-2-9-102
TEL 03（3818）1019
FAX 03（3818）0344

Printed in Japan　印刷・製本／松澤印刷・渋谷文泉閣

ISBN978-4-7972-5873-8 C3332　012-050-015

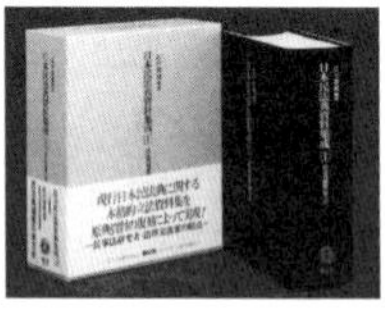

外尾健一著作集〔全8巻〕

労働者の権利が具体的には無に等しかった状況のなかから、基本的人権として法の体系のなかに定着し、今日にいたるまでのわが国の労働法の軌跡の一端を体験し、観察して来た著者の論文を、テーマ別にまとめた著作集。

1　労働権保障の法理

2　団結権保障の法理

3　労働権保障の法理〈1〉

4　労働権保障の法理〈2〉

5　日本の労使関係と法

6　フランス労働協約法の研究

7　フランスの労働組合と法

8　アメリカのユニオン・ショップ制

信山社

蓼沼謙一著作集〔全8巻+別巻〕

第Ⅰ巻　労働法基礎理論

労働法一般・方法論／労働基本権／

略歴･主要著作【作成】盛誠吾･石井保雄／【解説】毛塚勝利･石井保雄

第Ⅱ巻　労働団体法論

労働組合／不当労働行為／団体交渉／労働協約／【解説】石井保雄

第Ⅲ巻　争議権論(1)

争議権基礎理論／【解説】石井保雄

第Ⅳ巻　争議権論(2)

ロックアウト論／労働争議法の諸問題／【解説】石井保雄

第Ⅴ巻　労働保護法論

労働基準法／労働契約／就業規則／個別労働条件／【解説】毛塚勝利

第Ⅵ巻　労働時間法論(1)

労働時間法制／労働時間／【解説】毛塚勝利

第Ⅶ巻　労働時間法論(2)

年休権論

第Ⅷ巻　比較労働法論

アメリカ法研究／書評・紹介（サヴィニー、ジンツハイマー等）／

【解説】藤原稔弘

別　巻　労働法原理　H. ジンツハイマー 著

楢崎二郎・蓼沼謙一 訳

信山社